U0694444

企业新型学徒制电工中级理论教程

主　编　韩春霞　薛晓红
副主编　陈小娟　李璐君　李　虎

重庆大学出版社

内容提要

本书将电工中级的理论知识整合成电工基础、电路基础、常用电子元器件的认知、常用电子电路原理、三相交流异步电动机的基本控制电路、三相异步电动机的启动调速制动控制、典型机床电气控制线路分析与故障排查、可编程序控制器技术 8 个项目。本书配有与其理论对应的《企业新型学徒制电工中级实训教程》,将教学、培训与技能实训、考核相结合,真正做到理论联系实际。

本书可作为高职高专院校电气自动化、机电一体化类专业的教材,也可作为成人继续教育相关专业教材。学员可根据专业与自身情况,选取内容进行学习。

图书在版编目(CIP)数据

企业新型学徒制电工中级理论教程 / 韩春霞,薛晓
红主编. -- 重庆:重庆大学出版社,2021.1
ISBN 978-7-5689-2323-1

Ⅰ.①企…　Ⅱ.①韩…②薛…　Ⅲ.①汽车—电工—
技术培训—教材　Ⅳ.①U463.6

中国版本图书馆 CIP 数据核字(2020)第 175103 号

企业新型学徒制电工中级理论教程

主　编　韩春霞　薛晓红
副主编　陈小娟　李璐君　李　虎
责任编辑:周　立　付　勇　　版式设计:周　立
责任校对:刘志刚　　　　　　责任印制:张　策

*

重庆大学出版社出版发行
出版人:饶帮华
社址:重庆市沙坪坝区大学城西路 21 号
邮编:401331
电话:(023) 88617190　88617185(中小学)
传真:(023) 88617186　88617166
网址:http://www.cqup.com.cn
邮箱:fxk@ cqup.com.cn(营销中心)
全国新华书店经销
重庆俊蒲印务有限公司印刷

*

开本:787mm×1092mm　1/16　印张:16.5　字数:415 千
2021 年 1 月第 1 版　　2021 年 1 月第 1 次印刷
印数:1—1 000
ISBN 978-7-5689-2323-1　定价:56.00 元

编委会 （排名不分先后）

前　言

技能型人才的需求越来越大,技能型人才的培养是职业院校与企业当务之急。本书是根据《国家职业标准———电工中级》的要求,按照新员工入职或员工转岗的实际需要,确定电工应具备的知识能力结构,将理论知识与应用技能整合在一起,形成以岗位需求为目的、工种要求为导向的项目式教学的教材。结合新型学徒制的实际应用,培养学生和员工的职业综合能力。

本书适用于高职院校的电气自动化专业、机电一体化专业的学生;也适用于同等学历的职业教育和继续教育的专业技能学习。不同专业在使用时,可以根据自身需求、专业特点和岗位需要,自行取舍。

本书包含 4 个模块的内容:电工技术模块、电子技术模块、电机控制技术模块和 PLC 技术模块。通过 8 个项目 39 个任务;从电的产生、基本电工知识,到常用电子元件及其电路的分析;从电机结构、原理到电机的电气控制到可编程控制器工作原理、组成及程序编制。将知识点与技能训练有效地融合,使学员在理解的基础上掌握知识点。本书从基础出发,强调可操作性,强化技能训练,突出了岗位技能及理论相结合的特点。

同时根据学习、教学、培训的实际需求,配置了与课程内容相关微课视频、动画等数字化教学资源和二维码,方便教师、学生和学员更好的使用教材,掌握学习内容。教师和学生可以通过扫描教材二维码,进行资源的在线观看、浏览。本书配套有对应的实训教材《企业新型学徒制电工中级实训教程》,将理论教学,技能实训相结合,真正做到理实一体,建议配套使用。

本书由重庆电子工程职业学院韩春霞担任第一主编并负责统稿;重庆电子工程职业学院薛晓红担任第二主编。富士康科技集团李璐君,重庆长安汽车股份有限公司李虎担任副主编。其中,项目 1 和项目 2 由薛晓红编写;项目 3 和项目 4 由李璐君编写;项目 5、项目 6 和项目 7 由韩春霞编写;项目 8 由李虎编写。重庆电子工程职业学院陈小娟、吴伟龙,在本书的编写中,提出了许多宝贵的意见。

由于编者水平有限,书中难免存在疏漏之处,恳请读者批评指正。

编　者

2021 年 1 月

目　录

项目 **1**

电工基础

任务 1.1　用电的安全防护及急救措施

任务导入

在生产过程中如何安全用电？触电的原因及方式是什么？如果不慎发生触电事故,应采取哪些急救措施？

学习目标

知识目标：

➤了解触电对人体的危害

➤了解触电的方式

➤掌握安全用电与防护

➤掌握简单的急救措施

职业素养目标：

➤牢固树立安全用电的思想

➤养成良好的工作习惯

➤养成团队协作精神

➤培养创新意识及创新能力

➤养成严谨认真的学习态度

理论知识

随着电气化的发展,人们在生产和生活中大量使用电气设备和家用电器。在使用电能的过程中,如果不注意用电安全,可能造成人身触电伤亡事故或电气设备的损坏,甚至影响电力系统的安全运行,造成大面积的停电事故,使国家财产受到损失,给人们的生产和生活造成很大影响。因此,在使用电能时,必须注意安全用电,以保证人身、设备、电力系统三方面的安全,防止事故发生。

1.1.1　用电安全知识

1.什么是触电

人体触及带电体,承受过高的电压,导致死亡或受伤的现象叫触电。

2.触电种类

根据人体所受伤害,触电分两种类型:

一种类型:电伤——电流对人体表面的伤害。

由于电流的热效应、化学效应、机械效应或者是在电流的作用下,使熔化或蒸发的金属微粒侵入人体皮肤,皮肤局部发红、起泡、烧焦或组织破坏。如电弧烧伤、烙伤等。电伤多发生在 1 000 V 及 1 000 V 以上的高压带电体上,虽然一般不危及生命,但也不容忽视。

另一种类型:电击——电流对人体内部的伤害,造成人体内部组织的破坏。

当电流通过人体时,轻则使人体肌肉痉挛,产生麻木、刺痛感觉,重则造成呼吸困难、心脏停搏,甚至导致死亡等严重后果。电击多发生在对地电压 220 V 的低压线路或带电设备上,这些带电体是人们日常工作和生活中所容易接触到的。

3.触电因素

触电伤害的程度取决于通过人体电流的大小和触电时间长短等因素。触电电流大小取决于触电电压和人体电阻的大小。

①安全工频电流——人体触电后能摆脱的最大电流为安全工频电流,人体允许的安全工频电流为 30 mA。达到 50 mA,即有生命危险,称为工频危险电流。

②人体电阻——通常为 $10^4 \sim 10^5 \Omega$,但在电压较高时会发生击穿,迅速下降为 800 ~ 1 000 Ω。

③安全电压——电压是决定触电危险性的关键因素,电压越高,通过人体的电流越大,人就越危险。通常把 36 V 以下的电压定为安全电压。

④在一般环境中,人体的触电电流又分为感知电流、摆脱电流和致命电流。触电电流分类及范围见表1-1。

表 1-1　触电电流分类及范围

名称		成年男性	成年女性
感知电流	工频/mA	1.1	0.7
	直流/mA	5.2	3.5
摆脱电流	工频/mA	16	10.5
	直流/mA	76	51
致命电流	工频/mA	30~50	
	直流/mA	1 300(0.3 s),500(3 s)	

4.触电方式

触电方式分为直接触电和间接触电。

直接触电分为单相触电和两相触电。单相触电是指在人体和大地之间互不绝缘的情况下,人体的某一部分触及三相电源线中的任意一根导线时,电流从带电导体经过人体流入大地而造成的触电伤害。单相触电又分为中性点接地和中性点不接地两种情况。两相触电也叫相间触电,是指在人体和大地绝缘的情况下,同时接触到两根不同的相线,或者人体同时触及电气设备的两个不同的带电部位时,电流由一根相线经过人体到另一根相线,形成闭合回路。两相触电比单相触电更加危险。

间接触电主要有跨步电压触电和接触电压触电。

(1)供电系统中性点接地的单相触电(图 1-1)

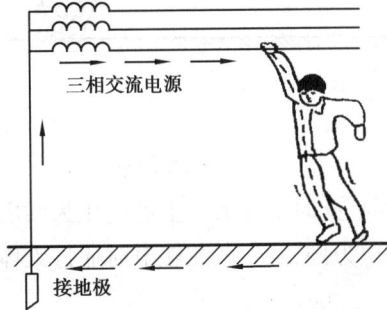

三相交流电源

接地极

图 1-1　供电系统中性点接地的单相触电

在中性点接地的供电系统中,人体触及三相电源中的某一项,电流经相线、人体、大地和中性点接地装置形成通路。

以在低压动力或照明线路中为例,发生中性点接地的单相触电时,通过人体的电流为:

$$I_b = \frac{U_P}{R_0 + R_b} = 219 \text{ mA} \gg 50 \text{ mA} \qquad\qquad 式(1\text{-}1)$$

式(1-1)中: U_p ——电源相电压 (220 V);

R_0 ——接地电阻 ≤4 Ω;

R_b ——人体电阻 1 000 Ω。

可见触电的后果很严重,且发生比例高,比较危险。

(2)供电系统中性点不接地的单相触电(图 1-2)

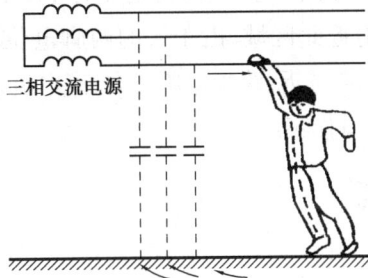

三相交流电源

图 1-2　供电系统中性点不接地的单相触电

中性点不接地的供电系统,站在大地上的人体触及三相电中的某一相,由于相线与大地之间存在电容,所以有对地的电容电流从另外两相流入大地,并全部通过人体流入人体触及的相线。对地的电容电流越大,其危险性越大。

（3）两相触电（图1-3）

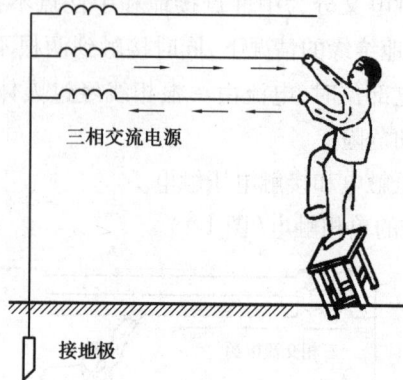

图1-3　两相触电

两相触电比单相触电更危险,此时加在人体上的电压为线电压。

以在低压动力或照明线路中为例,发生两相触电时通过人体的电流为:

$$I_b = \frac{U_1}{R_b} = \frac{380}{1\,000} = 0.38 \text{ A} \gg 219 \text{ mA} \gg 50 \text{ mA} \qquad \text{式}(1-2)$$

（4）跨步电压触电（图1-4）

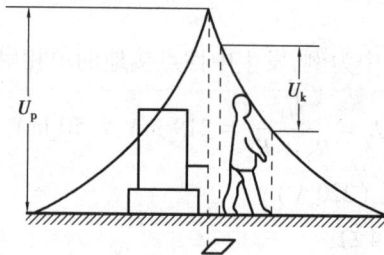

图1-4　跨步电压触电

当电气设备的绝缘损坏,或线路的某一相短线落地时,落地点的点位就是导线的电位,电流将从落地点或绝缘损坏处流入大地。形成以落地点为中心,向外辐射的一个电场,离落地点越远,电位越低。如果有人走近此区域,由于人的两脚电位不同,则在两脚之间出现电位差,称为跨步电压。离电流入地点越近,跨步电压越大;离电流入地点越远,跨步电压越小;在20 m以外,跨步电压很小,可以看作零。

1.1.2　安全用电规范

1.保护措施

①必须用绝缘材料将带电体封闭起来,保证人体不会触及带电体而发生触电事故。

②采用遮拦、护罩、护盖、栅栏等屏护装置将带电体与外界隔绝,防止人员接近、触及带电体,以杜绝不安全因素(这些措施称为屏护措施)。被屏护的带电部分应有明显标志。如"止

步,高压危险!""当心触电!"等。

③为防止人体触及或过分接近带电体,或者车辆和其他物体碰撞或过分接近带电体,避免火灾和各种短路事故的发生,在带电体与地面之间、带电体与带电体之间、带电体与其他设施之间,都必须保持一定的安全距离。

④所有电气设备的金属外壳都应有可靠的保护接地或保护接零措施,有可能被雷击的电气设备要安装避雷设施。

⑤照明等控制开关一定要接在火线上。

⑥已出现故障的电气设备、装置、线路不能继续使用,以避免扩大事故范围,需及时进行维修。

⑦设备操作要按规程,通电时,先合隔离开关,再合负荷开关;断电时先断负荷开关,再断隔离开关。

⑧在一个电源插座上不允许接过多或功率过大的用电器和设备。

⑨不能用潮湿的手或湿布去接触或擦抹开关、插座、电气设备的金属外壳。

⑩雷雨天气,不要靠近高压线杆、铁塔和避雷针的接地导线,以免遭到雷击。

2.保护接地与保护接零

(1)保护接地

保护接地是指将电气设备的金属外壳通过导体和接地极与大地可靠地连接。防止电气设备在正常运行时,不带电的金属外壳因漏电使人体接触时所发生触电事故而进行的接地,适用于中性点不接地的供电系统,如图1-5所示。

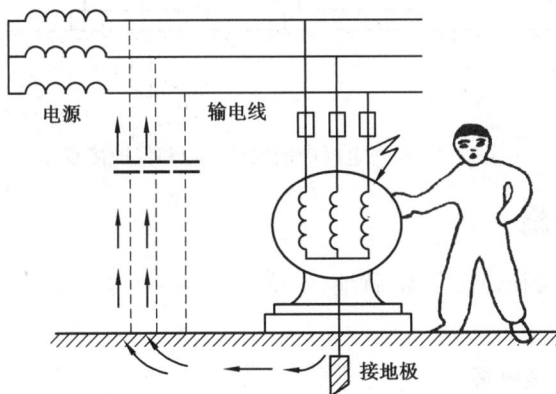

图1-5 保护接地

(2)保护接零

三相四线制中性点接地的供电系统中,由于单相对地电流较大,保护接地不能完全避免人体触电的危险,为防止因电气设备绝缘损坏而使人触电,将电气设备的外壳与变压器中性点引出的零线(或称中性线)相连接,如图1-6所示。

需要强调的是不允许两种保护方式混用。

因为当采用保护接地的某一电气设备发生漏电,熔体又未熔断时,接地短路电流将通过大地流向变压器工作的接地点,使零线上出现对地电压 U,从而使所有采用保护接零的设备外壳带有危险电压,如图 1-7 所示。

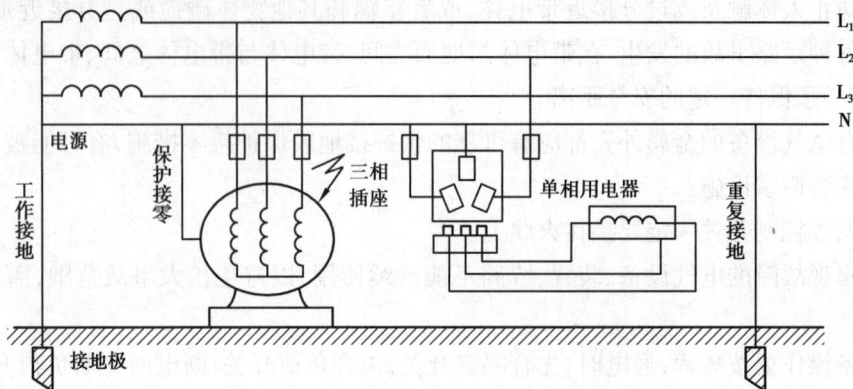

图 1-6　保护接零

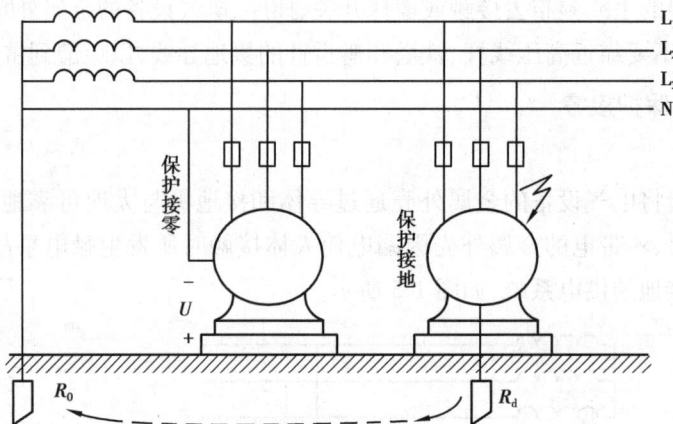

图 1-7　同一电网中的保护接地和保护接零

1.1.3　急救措施

触电现场急救要做到迅速、准确、就地、坚持。

1.急救原则

①使触电者尽快脱离电源。

②拨打急救电话。

③就地抢救。

急救时切不可用错误的方法处理触电者,如泼冷水、针刺人中、用导线绑在触电者身上"放电"等。

现场急救的常用方法,人工呼吸法、胸外心脏挤压法。千万不要停止救治而长途送往医院。

如果呼吸停止,应采用口对口人工呼吸法,迫使其体内外气体交换得以维持;如果心脏停止跳动,应采用胸外心脏挤压法,维持人体内的血液循环;如果呼吸、脉搏均已停止,应交替使用人工呼吸法和胸外心脏挤压法。

2.口对口人工呼吸法

①使触电者仰卧,将头偏向一侧,清除口中杂物,从而使呼吸道畅通,同时松开衣服、裤子,尤其是紧身衣物,以免影响呼吸时的胸廓和腹部自由扩张。然后使触电者颈部伸直,头部尽量后仰,鼻孔朝上,使舌根不致阻塞气流,如果舌头后缩,应拉出舌头;如果触电者牙关紧闭,可用木片、金属片从嘴角处伸入牙缝,慢慢撬开。

②救护者位于触电者头部一侧,一只手捏紧触电者的鼻孔(防止漏气),并用这只手的外缘压住额部,另一只手托住其颈部,将颈上抬。

③救护者深呼吸后,用嘴紧贴触电者的嘴(中间可垫一层纱布或薄布)大口吹气,约持续2 s,同时观察触电者胸部的隆起程度,以确定吹气量的大小,一般以胸部有起伏为宜。

④吹气完毕换气时,应立即离开触电者的嘴,并放开捏紧的鼻孔,让其自动向外呼气,约持续增长3 s。

按照上述步骤连续不断地进行抢救,直到触电者恢复自主呼吸为止。对成年人吹气14~16 次/min,大约5 s 一个循环。对儿童吹气18~24 次/min。

3.胸外心脏挤压法

①使触电者仰卧在硬板或平整的硬地面上,松开衣裤。救护者跪跨在触电者腰部两侧。

②救护者将一只手的掌根按于触电者前胸,中指指尖对准颈根凹陷下边缘,另一只手压在该手背上呈交叠状,肘关节伸直,靠体重和臂与肩部的用力,向触电者脊柱方向慢慢压迫胸骨,使胸廓下陷3~4 cm,使心脏受压,心室的血液被压出,流至触电者全身各部。

③双掌突然放松,依靠胸廓自身的弹性,使胸腔复位,让心脏舒张,血液流回心室。放松时,交叠的两掌不要离开胸部,只是不加力而已。

重复②、③步骤,约60 次/min。

4.救治要坚持到底

在触电者呼吸未恢复正常以前,无论什么情况,都不能中止抢救。即使在送往医院的途中也不能停止。

任务小结

①用电的安全防护包括触电的种类、触电的因素及触电的方式。
②安全用电规范包括安全用电规则及安全接地和安全接零。
③急救措施包括口对口人工呼吸和胸外心脏挤压。

任务 1.2　常用电工工具及常用电工仪表

任务导入

在生产过程中需要使用各种工具和仪表,那么应怎么正确使用这些工具、仪器仪表? 在使用过程中需要注意些什么呢?

学习目标

知识目标：

➤ 了解常用电工工具的使用方法

➤ 了解使用常用电工工具的注意事项

➤ 了解常用电工仪表的使用方法

➤ 了解使用常用电工仪表的注意事项

职业素养目标：

➤ 严格遵守操作规范

➤ 养成良好的工作习惯

➤ 养成团队协作精神

➤ 培养创新意识及创新能力

➤ 养成严谨认真的学习态度

理论知识

1.2.1　常用电工工具的使用

1.低压验电器（简称电笔）

（1）功能

低压验电器是用来检测对地电压 60～500 V 的低压电气设备和线路是否有电的专用工具。此外，还有：

①区别相线与中性线：氖管发光的即为相线；正常情况触及零线不发光。

②区别直流电与交流电：交流电，氖管里的两个极同时发光；直流电，只有一个极发光，发光的一极为直流电的负极。

正确使用电笔

③区别电压的高低：氖管发光越强，电压越高。

（2）低压验电器的使用方法

使用时，手指必须触及验电器尾部的金属部分，并使氖管小窗背光且朝自己，以便观测氖管的亮暗程度，防止因光线太强造成误判断。当用低压验电器测试带电体时，电流经带电体、低压验电器、人体及大地形成通电回路，只要带电体与大地之间的电位差超过 60 V 时，低压验电器中的氖管就会发光（图 1-8）。低压验电器检测的电压范围 60～500 V。

（3）注意事项

使用前，必须在有电源处对验电器进行测试，以证明该验电器确实良好，方可使用。验电时，应使验电器逐渐靠近被测物体，直至氖管发亮，不可直接接触被测体。手指必须触及笔尾的金属体，否则带电体也会误判为非带电体。要防止手指触及笔尖的金属部分，以免造成触电事故。

2.高压验电器（又称高压测电器）

（1）10 kV 高压验电器

高压验电器的组成如图 1-9 所示。

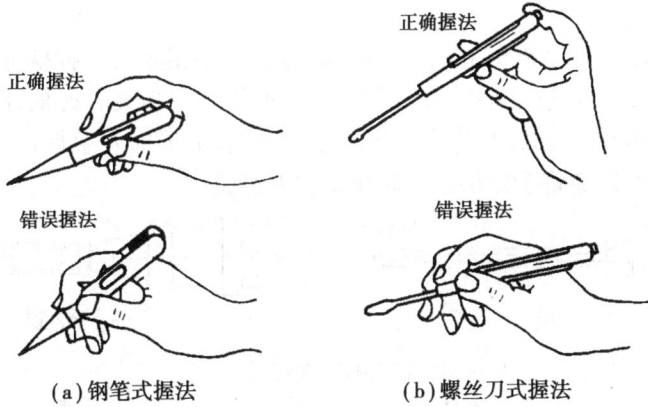

（a）钢笔式握法　　　　　　　（b）螺丝刀式握法

图 1-8　低压验电器的使用方法

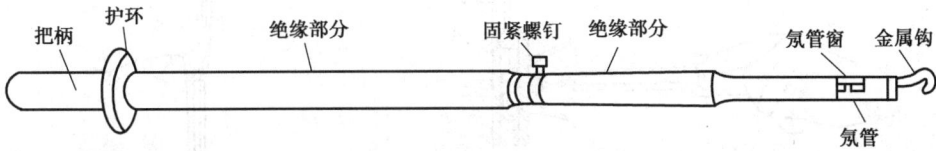

图 1-9　高压验电器组成

（2）高压验电器的使用方法

使用时，必须带上符合要求的绝缘手套，特别注意手握部位（图 1-10）不得超过护环，雨天不可在户外测验。不可一个人单独测验，身旁要有人监护。

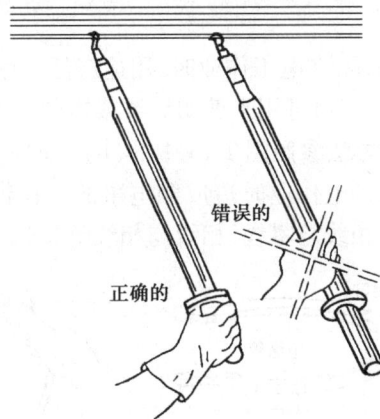

图 1-10　高压验电器的使用方法

3.螺丝刀

（1）功能

螺丝刀是一种用来拧转螺丝钉以迫使其就位的工具，通常有一个薄楔形头，可插入螺丝钉头的槽缝或凹口内，主要有一字（负号）和十字（正号）两种（图 1-11）。常见的还有六角螺丝刀，包括内六角和外六角两种。带电作业时，手不可触及螺丝刀的金属杆，以免发生触电事故。为防止金属杆触到人体或邻近带电体，金属杆应套上绝缘管。

（2）使用方法

如图 1-12 所示，使用大螺丝刀时，除大拇指、食指和中指要夹住握柄外，手掌还要顶住柄的末端以防实施旋转时滑脱。螺丝刀较小时，用大拇指和中指夹着握柄，同时用食指顶住柄的末端用力旋动。螺丝刀较长时，用右手压紧手柄并转动，同时左手握住螺丝刀的中间部分（不可放在螺钉周围，以免将手划伤），以防止螺丝刀滑脱。

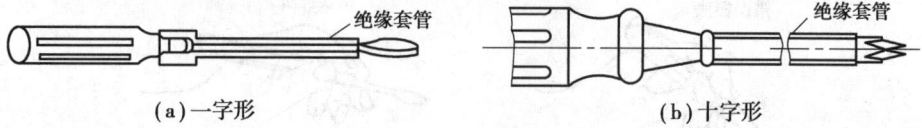

（a）一字形　　　　　　　　　　　（b）十字形

图 1-11　螺丝刀

（a）大螺钉螺丝刀的用法　　　　　（b）小螺钉螺丝刀的用法

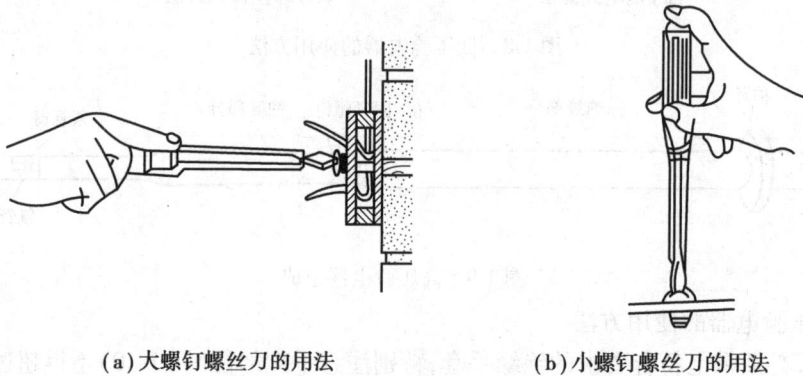

图 1-12　螺丝刀的使用方法

4.钢丝钳

钢丝钳构造如图 1-13（a）所示，在电工作业时，用途广泛。钳口可用来弯绞或钳夹导线线头；齿口可用来紧固或起松螺母；刀口可用来剪切导线或钳削导线绝缘层；侧口可用来铡切导线线芯、钢丝等较硬线材。使用方法参照图 1-13 中的（b）、（c）、（d）、（e）图。注意使用前，需检查钢丝钳绝缘是否良好，以免带电作业时造成触电事故。在带电剪切导线时，不得用刀口同时剪切不同电位的两根线（如相线与零线、相线与相线等），以免发生短路事故。

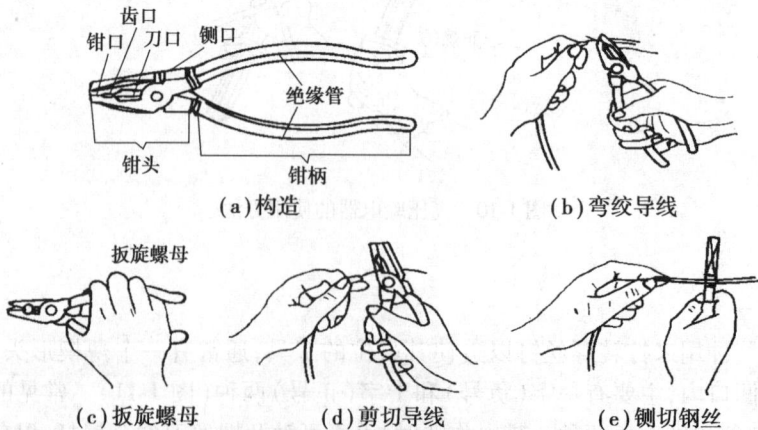

（a）构造　　　　　　　　　　　（b）弯绞导线

（c）扳旋螺母　　　　　（d）剪切导线　　　　　（e）铡切钢丝

图 1-13　钢丝钳的构造及使用方法

5.尖嘴钳及断线钳

尖嘴钳[图 1-14(a)]的用途:

①剪断细小金属丝。

②夹持较小螺钉、垫圈导线等元件。

③将单股导线弯成一定圆弧的接线鼻子。

④剪断导线、剥削绝缘层。

断线钳又称斜口钳[图 1-14(b)],专供剪断较粗的金属丝、线材及电线电缆等用。

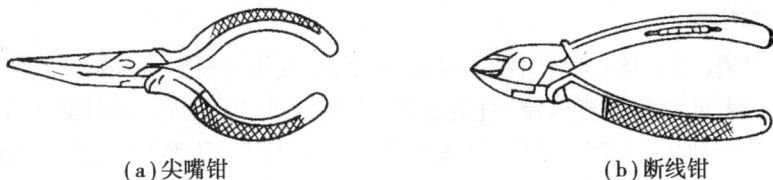

(a)尖嘴钳　　　　　　　　　(b)断线钳

图 1-14　尖嘴钳及断线钳

6.剥线钳

功能:用于剥落小直径导线绝缘层的专用工具,如图 1-15 所示。

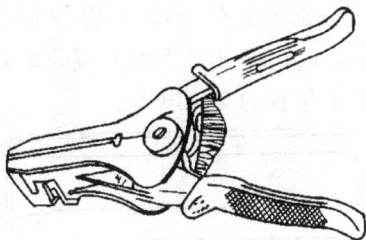

图 1-15　剥线钳

注意:不允许用小咬口剥大直径导线,以免咬伤导线芯,不允许当钢丝钳使用。

7.电工刀

功能:用来剖削电线线头,切割木台缺口,削制木槽的专用工具,如图 1-16 所示。在使用电工刀时不得用于带电作业,以免触电。应将刀口朝外剖削,并注意避免伤及手指。剖削导线绝缘层时,应使刀面与导线成较小的锐角,以免割伤导线。使用完毕,随即将刀身折进刀柄。

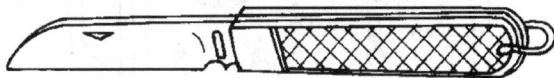

图 1-16　电工刀

8.活络扳手

活络扳手又叫活扳手,构造如图 1-17 所示,由手柄、蜗轮、轴销、呆扳唇、扳口和活络扳唇组成。活络扳手是一种旋紧或拧松有角螺丝钉或螺母的工具。电工常用的有 200、250、300 mm三种,使用时应根据螺母的大小选配。

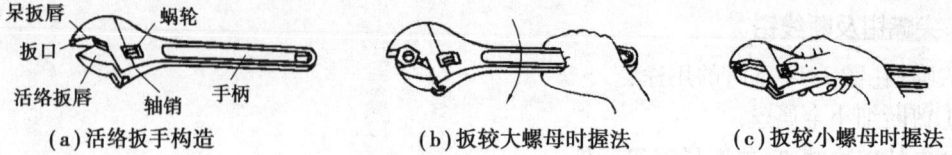

（a）活络扳手构造　　　　　（b）扳较大螺母时握法　　　　（c）扳较小螺母时握法

图 1-17　活络扳手的构造及使用方法

1.2.2　常用电工仪表

1.指针式万用表

指针式万用表（图 1-18）又被叫作多用表、三用表、复用表，是一种多功能、多量程的仪器，一般指针式万用表可测量直流电流、直流电压、交流电压、电阻等。指针式万用表的型号很多，但基本结构是类似的。指针式万用表的结构主要由表头、转换开关、测量线路、面板等组成。表头采用高灵敏度的磁电式机构，是测量的显示装置；转换开关用来选择被测电量的种类和量程，测量线路将不同性质和大小的被测电量转换为表头所能接受的直流电流。MF-500型万用表可以测量直流电流、直流电压、交流电压和电阻等多种电量。当转换开关拨到直流电流挡，可分别与 5 个接触点接通，用于测量 500、50、5 mA 和 500、50 μA 量程的直流电流。同样，当转换开关拨到欧姆挡，可分别测量×1、×10、×100、×1 kΩ、×10 kΩ 量程的电阻；当转换开关拨到直流电压挡，可分别测量 1、5、25、100、500 V 量程的直流电压；当转换开关拨到交流电压挡，可分别测量 500、100、10 V 量程的交流电压。

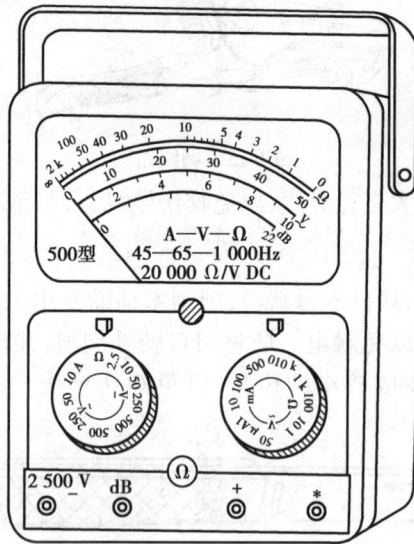

图 1-18　指针式万用表

使用万用表的口诀：

测量先看挡，不看不测量；

测量不拨挡，测完拨空挡；

表盘应水平，读数要对正；

量程要合适，读数要对正；

测 R 不带电，测 C 先放电；

测 R 先调零,换挡需调零;

黑负要记清,表内黑接+;

测 I 应串联,测 U 要并联;

极性不接反,单手成习惯。

指针式万用表使用时的注意事项:

①如果长时间不用时,需要将电池取出,以免电池漏液腐蚀表内器件。

②测量电流与电压时不能拨错挡位,如果误用电阻挡或电流挡测量电压,极容易将万用表烧毁。

③测量电流和电压时,要注意正负极性,不要接错。发现表针反转则应立即调换表笔,以免表针损坏。

④如果不知道被测电流或电压的范围,应采用最高量程,然后根据测出的大致范围改换小量程来提高精度,避免将万用表烧毁。

⑤在测量时万用表需要水平放置,以免因为倾斜而造成误差。磁场变化同样会影响测量结果,测量时请注意。

⑥在万用表对待测物进行检测时,不能用手去触摸表笔的金属部分,因为人是导体会分走一部分电信号使测量数据失真,同样对人体也是不安全的。

⑦不能在测量的同时进行挡位的转换,尤其是在高电压或大电流的测量情况下更要注意,否则可能损坏万用表。如需要换挡,需要断开表笔,换挡后再重新测量。

2.数字式万用表

(1)数字式万用表的基本原理

数字式万用表(图1-19)是利用一只灵敏的磁电式直流电流表(微安表)做表头。当微小电流通过表头,就会有电流指示。但表头不能通过大电流,所以,必须在表头上并联与串联一些电阻进行分流或降压,从而测出电路中的电流、电压和电阻。

(2)数字式万用表测量原理

1)测直流电流原理

如图1-20(a)所示,在表头上并联一个适当的电阻(叫分流电阻)进行分流,就可以扩展电流量程。改变分流电阻的阻值,就能改变电流测量范围。

2)测直流电压原理

如图1-20(b)所示,在表头上串联一个适当的电阻(叫倍增电阻)进行降压,就可以扩展电压量程。改变倍增电阻的阻值,就能改变电压的测量范围。

3)测交流电压原理

如图1-20(c)所示,因为表头是直流表,所以测量交流时,需加装一个并、串式半波整流电路,将交流进行整流变成直流后再通过表头,这样就可以根据直流电的大小来测量交流电压。扩展交流电压量程的方法与直流电压量程相似。

4)测电阻原理

如图1-20(d)所示,在表头上并联和串联适当的电阻,同时串接一节电池,使电流通过被测电阻,根据电流的大小,就可测量出电阻值。改变分流电阻的阻值,就能改变电阻的量程。

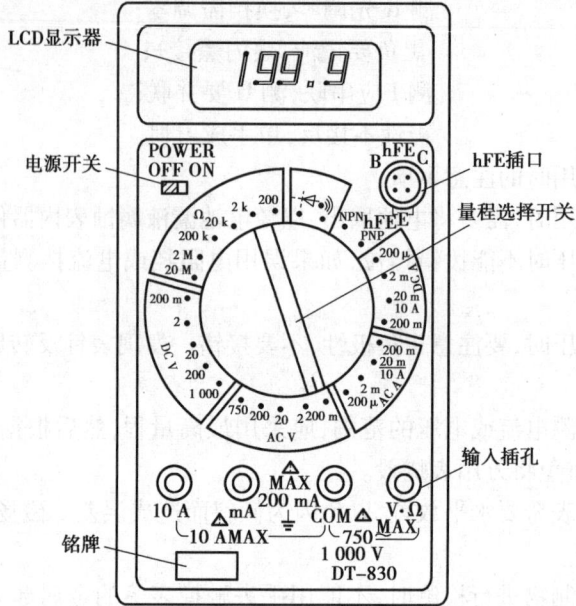

图 1-19　数字式万用表

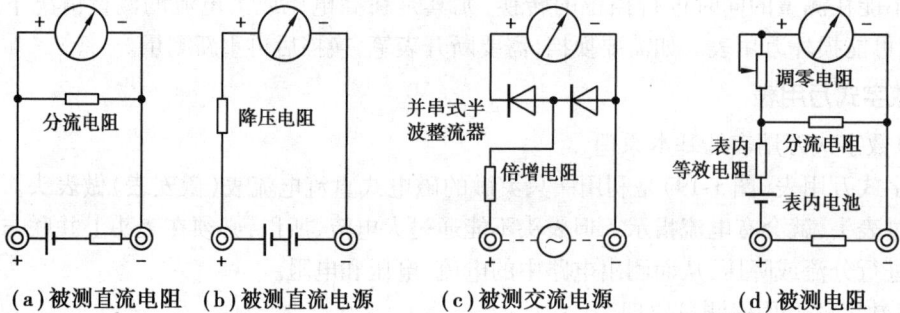

(a)被测直流电阻　　**(b)被测直流电源**　　**(c)被测交流电源**　　　　**(d)被测电阻**

图 1-20　数字式万用表测电阻原理

（3）数字式万用表的使用方法

1）直流电压的测量

直流电压的测量如电池、随身听电源等。首先将黑表笔插进"COM"孔，红表笔插进"V·Ω"。把旋钮选到比估计值大的量程（注意：表盘上的数值均为最大量程，"V−"表示直流电压挡，"V～"表示交流电压挡，"A"是电流挡），接着把表笔接电源或电池两端；保持接触稳定。数值可以直接从显示屏上读取，若显示为"1."，则表明量程太小，那么就要加大量程后再测量工业电器。如果在数值左边出现"−"，则表明表笔极性与实际电源极性相反，此时红表笔接的是负极。

2）交流电压的测量

表笔插孔与直流电压的测量一样，不过应该将旋钮打到交流挡"V～"处所需的量程即可。交流电压无正负之分，测量方法跟前面相同。无论测交流还是直流电压，都要注意人身安全，不要随便用手触摸表笔的金属部分。

3）直流电流的测量

先将黑表笔插入"COM"孔，若测量大于 200 mA 的电流，则要将红表笔插入"10 A"插孔并将旋钮打到直流"10 A"挡；若测量小于 200 mA 的电流，则将红表笔插入"200 mA"插孔，将旋钮打到直流 200 mA 以内的合适量程。调整好后，就可以测量了。将万用表串进电路中，保持稳定，即可读数。若显示为"1."，那么就要加大量程；如果在数值左边出现"–"，则表明电流从黑表笔流进万用表。

4）交流电流的测量

测量方法与 1）相同，不过挡位应该打到交流挡位，电流测量完毕后应将红笔插回"V·Ω"孔，若忘记这一步而直接测电压，表或电源会在"一缕青烟中上云霄"——报废。

5）电阻的测量

将表笔插进"COM"和"V·Ω"孔中，把旋钮打到"Ω"中所需的量程，用表笔接在电阻两端金属部位，测量中可以用手接触电阻，但不要把手同时接触电阻两端，这样会影响测量精确度——人体的电阻是很大，但同时也是很大的导体。读数时，要保持表笔和电阻有良好的接触。注意，单位：在"200"挡时单位是"Ω"，在"2 k"到"200 k"挡时单位为"kΩ"，"2M"以上的单位是"MΩ"。

6）二极管的测量

数字式万用表可以测量发光二极管、整流二极管。测量时，表笔位置与电压测量一样，将旋钮旋到"⊷"挡；用红表笔接二极管的正极，黑表笔接负极，这时会显示二极管的正向压降。肖特基二极管的压降是 0.2 V 左右，普通硅整流管（1N4000、1N5400 系列等）约为 0.7 V，发光二极管为 1.8~2.3 V。调换表笔，显示屏显示"1."则为正常，因为二极管的反向电阻很大，否则此管已被击穿。

7）三极管的测量

表笔插位同二极管一样，其原理与二极管相同。先假定 A 脚为基极，用黑表笔与该脚相接，红表笔与其他两脚分别接触其他两脚，若两次读数均为 0.7 V 左右，然后再用红表笔接 A 脚，黑表笔接触其他两脚，若均显示"1"，则 A 脚为基极，否则需要重新测量，且此管为 PNP管。那么集电极和发射极如何判断呢？数字表不能像指针表那样利用指针摆幅来判断，那怎么办呢？我们可以利用"hFE"挡来判断：先将挡位打到"hFE"挡，可以看到挡位旁有一排小插孔，分为 PNP 和 NPN 管的测量。前面已经判断出管型，将基极插入对应管型"B"孔，其余两脚分别插"C""E"孔，此时可以读取数值，即 β 值；再固定基极，其余两脚对调；比较两次读数，读数较大的管脚位置与表面"C""E"相对应。

小技巧：上述方法只能直接对如 9000 系列的小型管测量，若要测量大管，可以采用接线法，即用小导线将三个管脚引出。

8）MOS 场效应管的测量

N 沟道的有国产的 3D01、4D01，日产的 3SK 系列。G 极（栅极）的确定：利用万用表的二极管挡。若某脚与其他两脚间的正反压降均大于 2 V，即显示"1"，此脚即为栅极 G。再交换表笔测量其余两脚，压降小的那次中，黑表笔接的是 D 极（漏极），红表笔接的是 S 极（源极）。

3.兆欧表

（1）定义

兆欧表俗称摇表，它是用来检测电气设备、供电线路的绝缘电阻的一种可携式仪表（约 120 r/min），如图 1-21 所示。兆欧表标尺的刻度是以"MΩ"为单位。选用兆欧表时，其额定电压一定要与被测电气设备或线路的工作电压相适应。此外，兆欧表的测量范围也应与被测绝缘电阻的范围相吻合。

兆欧表测电机绕组对地绝缘电阻及绕组间绝缘电阻

①"地"（E）端钮：与被测设备外壳或接地端相连。

②"线"（L）端钮：与被测设备的导线相连。

③"屏"（G）端钮：与"线"端钮外面的一个铜环连接。在测量电缆或绝缘导体对地绝缘电阻时，与被测设备中间绝缘层相连。

（2）兆欧表的使用方法

（a）测量导线对地绝缘　　　　**（b）测量电动机绝缘**

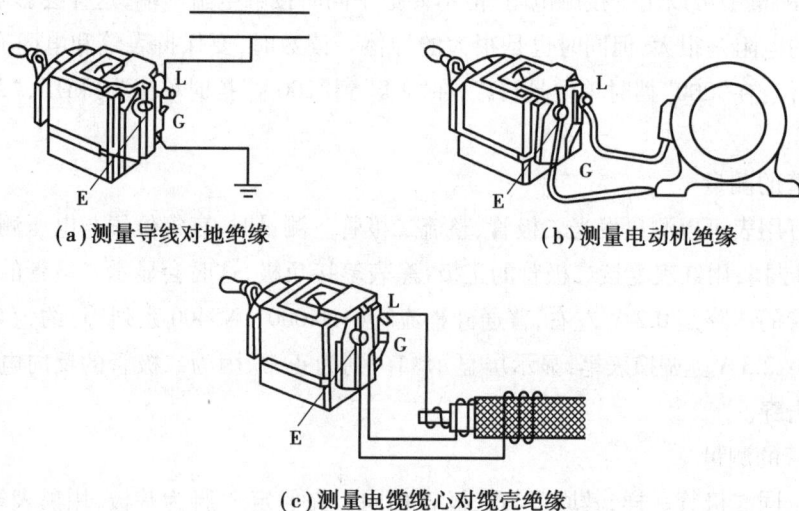

（c）测量电缆缆心对缆壳绝缘

图 1-21　兆欧表的使用

①测量前，应将兆欧表保持水平位置，左手按住表身，右手摇动兆欧表摇柄，转速约 120 r/min，指针应指向无穷大（∞），否则说明兆欧表有故障。

②测量前，应切断被测电器及回路的电源，并对相关元件进行临时接地放电，以保证人身与兆欧表的安全和测量结果准确。

③测量时必须正确接线。兆欧表共有 3 个接线端（L、E、G）。测量回路对地电阻时，L 端与回路的裸露导体连接，E 端连接接地线或金属外壳；测量回路的绝缘电阻时，回路的首端与尾端分别与 L、E 连接；测量电缆的绝缘电阻时，为防止电缆表面泄漏电流对测量精度产生影响，应将电缆的屏蔽层接至 G 端。

④兆欧表接线柱引出的测量软线绝缘应良好，两根导线之间和导线与地之间应保持适当距离，以免影响测量精度。

⑤摇动兆欧表时，不能用手接触兆欧表的接线柱和被测回路，以防触电。

⑥摇动兆欧表后,各接线柱之间不能短接,以免损坏。

(3)兆欧表的使用要求

1)测量前检测仪表是否正常

①开机检查显示,正常显示OL。

②看挡位是否可以正常转换(一般都有挡位选择即电压选择)。

③按下测试键检查有无相应电压输出。

方法:用一台普通万用表选择直流电压最高挡位,然后将表笔插入兆欧表输出端,最后按下兆欧表测试键观测万用表上有无相应电压值的显示。

2)测量前准备工作完成后进入实地测量

①如果测量时显示OL,有可能被测电阻超出仪表测量范围可以转换挡位(MΩ、GΩ,根据仪表本身功能配置来定)。

②仪表没有电压输出无法测试,可根据第一款中相关介绍进行检测。

③电子兆欧表多采用倍压电路,五号电池或者九伏电池供电工作时所需供电电流较大,故在不使用时务必要关机(即便有自动关机功能的建议用完后就手动关机)。

4.钳形电流表

钳形电流表(图1-22)是由电流互感器和电流表组成的。

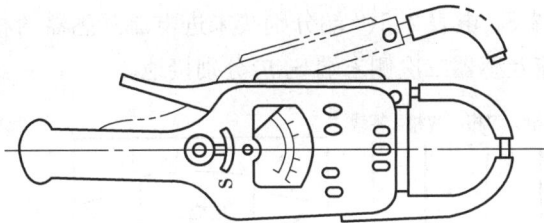

图1-22 钳形电流表

(1)作用

钳形电流表的作用是不切断电路时测量电流。

(2)原理

钳形电流表由互感器和整流电表组成,利用感应方式测量电流。

(3)钳形电流表的使用方法

①测量前要机械调零。

②选择合适的量程,先选大,后选小量程或看铭牌值估算。

③当使用最小量程测量,其读数还不明显时,可将被测导线绕几匝,匝数要以钳口中央的匝数为准,则读数=指示值×量程/满偏×匝数。

④测量时,应使被测导线处在钳口的中央,并使钳口闭合紧密,以减少误差。

⑤测量完毕,要将转换开关放在最大量程处。

(4)钳形电流表使用时的注意事项

①被测线路的电压要低于钳表的额定电压。

②测高压线路的电流时,要戴绝缘手套,穿绝缘鞋,站在绝缘垫上。

③钳口要闭合紧密不能带电换量程。

5.三相四线有功电能表

三相电能表主要是用来测量三相交流电路中电源输出或者负载消耗的电能。它是由单相电能表发展而来,可以将三相电能表看成是 2 块或 3 块单相电能表的组合。其主要由测量机构、补偿调整装置和辅助部件等结构构成。三相电能表分为三相三线电能表和三相四线电能表。

三相四线有功电能表的接线

三相四线电能表有三组电磁元件一个转动结构,根据电磁元件安装不同分为双转盘式和三转盘式。三元件双转盘式三相四线电能表其结构主要是三组电磁元件中的一组电磁元件单独作用一个转盘,其他两组电磁元件共同作用在另一个转盘上,两转盘同轴作用,该方式下电磁元件保持一致的工作气隙可减少相对误差,是目前感应式三相电能表主要采用的结构。

三相四线电能表和单相及三相三线电表外观上最大的不同是其共有 11 个接线端,常用在动力和照明混合的供电电路。

三相四线有功电能表的接线方法如图 1-23 所示,三相四线有功电能表经电流互感器接入,相线 U、V、W 分别穿过电流互感器,电能表 1、4、7 端分别接电流互感器二次侧首端 S_1,3、6、9 端分别接二次侧末端 S_2,电表 2、5、8 端分别接未进电流互感器的相线 U、V、W,其连片应拆下。为保证安全,电流互感器二次侧末端 S_2 应分别接地。

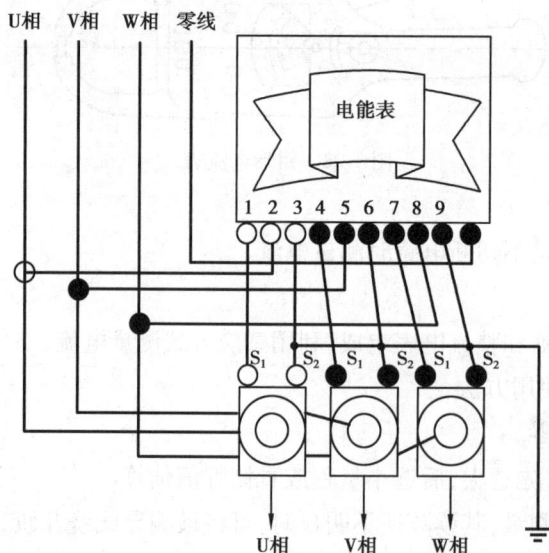

图 1-23 三相四线有功电能表接线

6.电动式功率表

（1）电动式功率表

电动式功率表用来测量功率。监测线路负荷大小、测量用电器功率大小以及功率因数。

（2）电动式功率表的原理

电动式功率表的固定部分是由两个平行对称的线圈组成,这两个线圈可以彼此串联或并联连接,从而可得到不同的量限。可动部分主要由转轴和装在轴上的可动线圈、指针、空气阻尼器、产生反抗力矩和将电流引入动圈的游线组成。

电动式功率表的固定线圈串联在被测电路中,流过的电流就是负载电流,因此,这个线圈称为电流线圈。可动线圈在表内串联一个电阻值很大的电阻 R 后与负载电流并联,流过线圈的电流与负载的电压成正比,而且差不多与其相同,因而这个线圈称为电压线圈。固定线圈产生的磁场与负载电流成正比,该磁场与可动线圈中的电流相互作用,使动圈产生一力矩,并带动指针转动。在任一瞬间,转动力矩的大小总是与负载电流以及电压瞬时值的乘积成正比,但由于转动部分有机械惯性存在,因此偏转角决定了力矩的平均值,也就是电路的平均功率,即有功功率。

任务小结

①常用电工工具包括常用电工工具的功能、使用方法及注意事项等。
②常用电工仪表包括常用电工仪表的功能、使用方法及注意事项等。

任务 1.3　导线的连接及绝缘恢复

任务导入

在生产过程会遇到导线再连接,如何正确地连接导线以及绝缘恢复呢?

学习目标

知识目标:
➢掌握不同导线的连接方法
➢掌握导线再连接后的绝缘恢复
职业素养目标:
➢掌握扎实的专业技能
➢养成良好的工作习惯
➢养成团队协作精神
➢培养创新意识及创新能力
➢养成严谨认真的学习态度

理论知识

1.3.1 导线连接

1.导线连接的基本要求

导线连接是电工作业的一项基本工序,也是一项十分重要的工序。导线连接的质量直接关系到整个线路能否安全可靠地长期运行。对导线连接的基本要求:连接牢固可靠、接头电阻小、机械强度高、耐腐蚀耐氧化、电气绝缘性能好。

2.常用连接方法

需连接的导线种类和连接形式不同,其连接的方法也不同。常用的连接方法有绞合连接、紧压连接、焊接等。连接前应小心地剥除导线连接部位的绝缘层,注意不可损伤其芯线。

(1)绞合连接

绞合连接是指将需连接导线的芯线直接紧密绞合在一起。铜导线常用绞合连接。

1)单股铜导线的直接连接

①小截面单股铜导线的连接方法,如图 1-24 所示。先将两导线的芯线线头作 X 形交叉,再将它们相互缠绕 2~3 圈后扳直两线头,最后将每个线头在另一芯线上紧贴密绕 5~6 圈后剪去多余线头即可。

②大截面单股铜导线的连接方法,如图 1-25 所示。先在两导线的芯线重叠处填入一根相同直径的芯线,再用一根截面约 1.5 mm^2 的裸铜线在其上紧密缠绕,缠绕长度为导线直径的 10 倍左右,然后将被连接导线的芯线线头分别折回,最后将两端的缠绕裸铜线继续缠绕 5~6 圈后剪去多余线头即可。

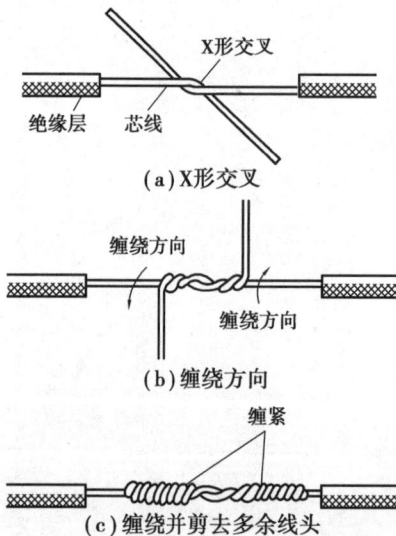

图 1-24　单股铜导线的连接方法

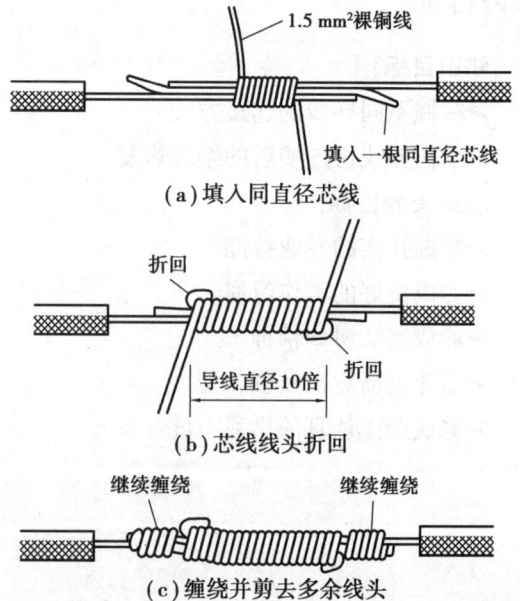

图 1-25　大截面单股铜导线的连接方法

③不同截面单股铜导线的连接方法,如图 1-26 所示。先将细导线的芯线在粗导线的芯线上紧密缠绕 5~6 圈,然后将粗导线芯线的线头折回紧压在缠绕层上,最后用细导线芯线在其上继续缠绕 3~4 圈后剪去多余线头即可。

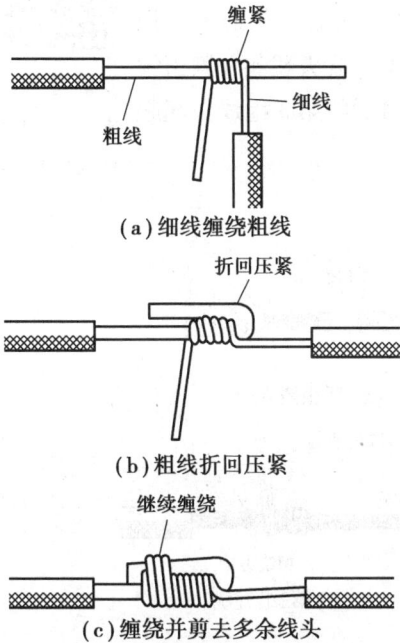

（a）细线缠绕粗线

（b）粗线折回压紧

（c）缠绕并剪去多余线头

图 1-26 不同截面单股铜导线的连接方法

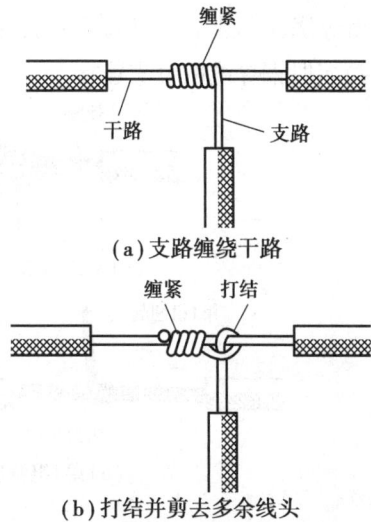

（a）支路缠绕干路

（b）打结并剪去多余线头

图 1-27 单股铜导线的 T 字分支连接

2）单股铜导线的分支连接

①单股铜导线的 T 字分支连接,如图 1-27 所示,将支路芯线的线头紧密缠绕在干路芯线上 5~8 圈后剪去多余线头即可。对于较小截面的芯线,可先将支路芯线的线头在干路芯线上打一个环绕结,再紧密缠绕 5~8 圈后剪去多余线头即可。

②单股铜导线的十字分支连接,如图 1-28 所示。将上下支路芯线的线头紧密缠绕在干路芯线上 5~8 圈后剪去多余线头即可。可以将上下支路芯线的线头向一个方向缠绕[图 1-28（a）],也可以向左右两个方向缠绕[图 1-28（b）]。

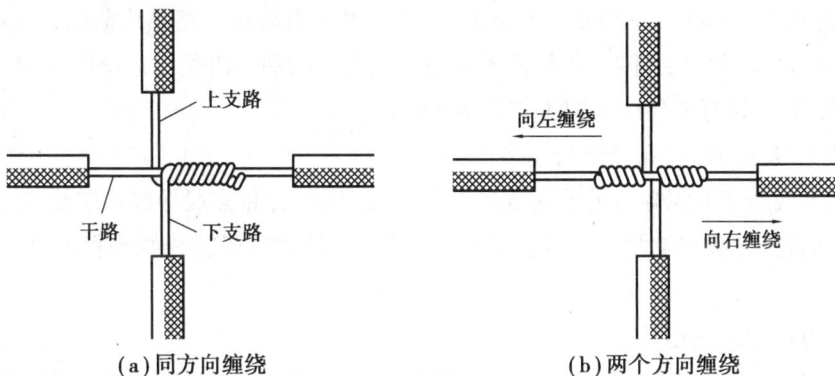

（a）同方向缠绕

（b）两个方向缠绕

图 1-28 单股铜线的十字分支连接

3）多股铜导线的直接连接

多股铜导线的直接连接如图 1-29 所示，首先将剥去绝缘层的多股芯线拉直，将其靠近绝缘层的约 1/3 芯线绞合拧紧，而将其余 2/3 芯线呈伞状散开，另一根需连接的导线芯线也如此处理。然后将两伞状芯线相对着互相插入后捏平芯线，将每一边的芯线线头分作 3 组，先将某一边的第 1 组线头翘起并紧密缠绕在芯线上，再将第 2 组线头翘起并紧密缠绕在芯线上，最后将第 3 组线头翘起并紧密缠绕在芯线上。以同样方法缠绕另一边的线头。

多股导线的
直线连接与
绝缘恢复

4）多股铜导线的分支连接

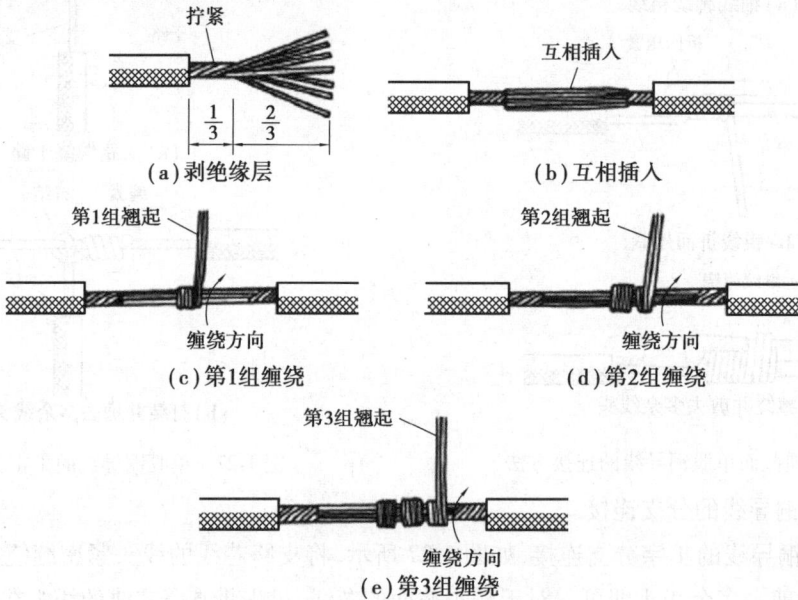

（a）剥绝缘层　（b）互相插入
（c）第1组缠绕　（d）第2组缠绕
（e）第3组缠绕

图 1-29　多股铜导线的直接连接

多股铜导线的 T 字分支连接有两种方法，一种方法如图 1-30 所示，将支路芯线 90°折弯后与干路芯线并行[图 1-30（a）]，然后将线头折回并紧密缠绕在芯线上即可[图 1-30（b）]。

另一种方法如图 1-31 所示，将支路芯线靠近绝缘层的约 1/8 芯线绞合拧紧，其余 7/8 芯线分为两组[图 1-31（a）]，一组插入干路芯线当中，另一组放在干路芯线前面，并朝右边按图 1-31（b）所示方向缠绕 4~5 圈。再将插入干路芯线当中的那一组朝左边按图 1-31（c）所示方向缠绕 4~5 圈，连接好的导线如图 1-31（d）所示。

5）单股铜导线与多股铜导线的连接

单股铜导线与多股铜导线的连接方法如图 1-32 所示，先将多股导线的芯线绞合拧紧成单股状，再将其紧密缠绕在单股导线的芯线上 5~8 圈，最后将单股芯线线头折回并压紧在缠绕部位即可。

6）同一方向导线的连接

当需要连接的导线来自同一方向时，可以采用图 1-33 所示的方法。对于单股导线，可将一根导线的芯线紧密缠绕在其他导线的芯线上，再将其他芯线的线头折回压紧即可。对于多

（a）支路折弯与干路并行

（b）线头折回并缠绕

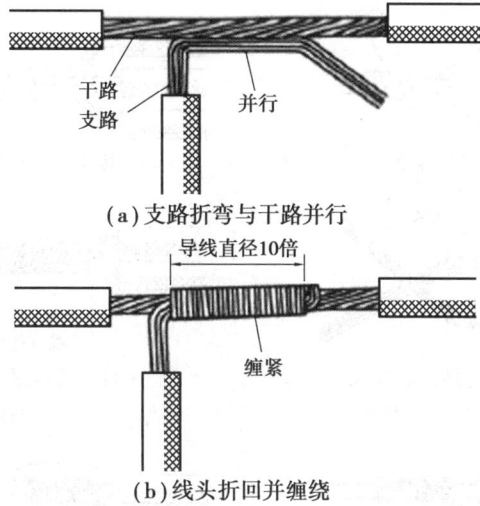

图 1-30 多股铜导线的 T 字分支连接一

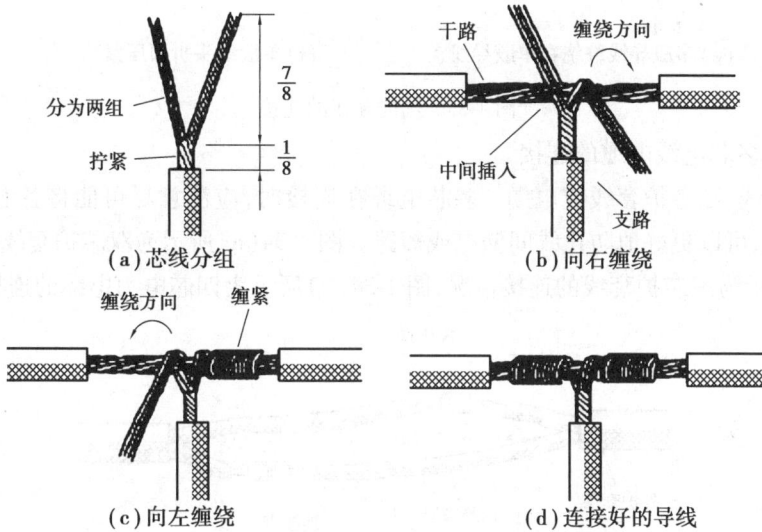

（a）芯线分组

（b）向右缠绕

（c）向左缠绕

（d）连接好的导线

图 1-31 多股铜导线的 T 字分支连接二

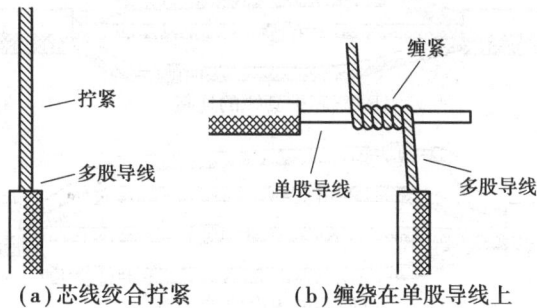

（a）芯线绞合拧紧

（b）缠绕在单股导线上

图 1-32 单股与多股铜导线的连接

股导线,可将两根导线的芯线互相交叉,绞合拧紧即可。对于单股导线与多股导线的连接,可将多股导线的芯线紧密缠绕在单股导线的芯线上,再将单股芯线的线头折回压紧即可。

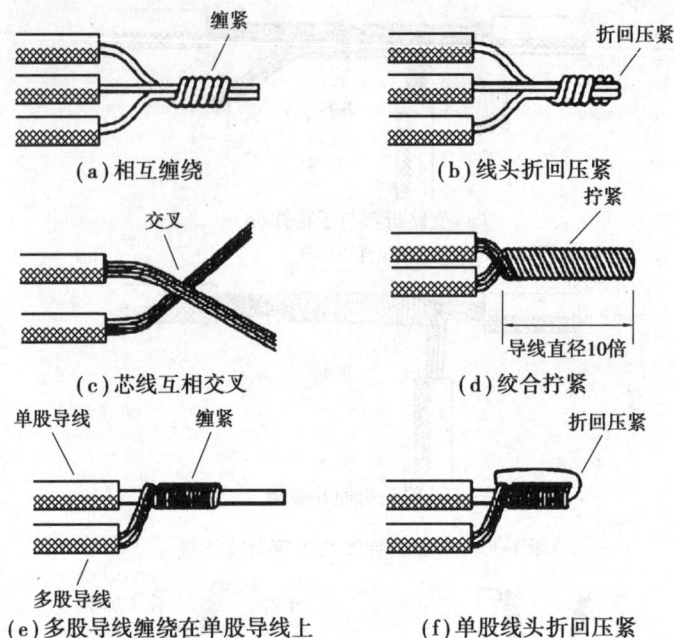

图 1-33　同向导线的连接

7) 双芯或多芯电线电缆的连接

双芯护套线、三芯护套线或电缆、多芯电缆在连接时,应注意尽可能将各芯线的连接点互相错开位置,可以更好地防止线间漏电或短路。图 1-34(a)所示为双芯护套线的连接情况,图 1-34(b)所示为三芯护套线的连接情况,图 1-34(c)所示为四芯电力电缆的连接情况。

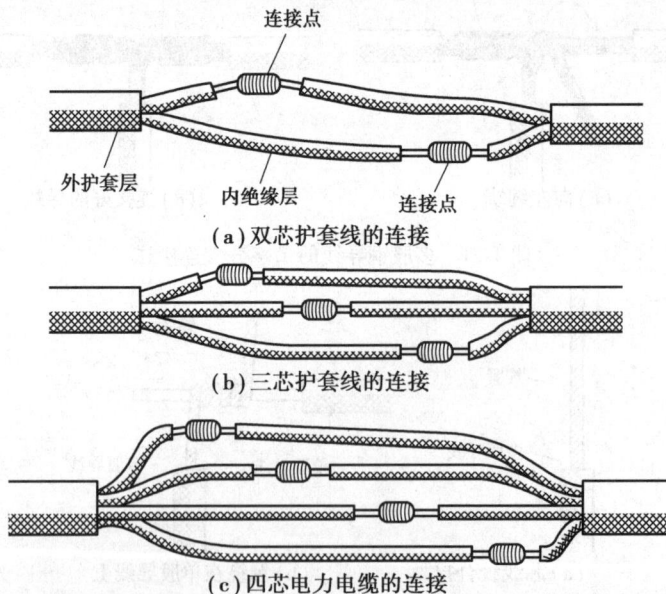

图 1-34　双芯、多芯导线的连接

铝导线虽然也可采用绞合连接,但铝芯线的表面极易氧化,日久将造成线路故障,因此铝导线通常采用紧压连接。

（2）紧压连接

紧压连接是指用铜或铝套管套在被连接的芯线上,再用压接钳或压接模具压紧套管使芯线保持连接。铜导线(一般是较粗的铜导线)和铝导线都可以采用紧压连接,但铜导线的连接应采用铜套管,铝导线的连接应采用铝套管。紧压连接前应先清除导线芯线表面和压接套管内壁上的氧化层和粘污物,以确保接触良好。

①铜导线或铝导线的紧压连接。压接套管截面有圆形和椭圆形两种。圆截面套管内可以穿入一根导线,椭圆截面套管内可以并排穿入两根导线。圆截面套管使用时,将需要连接的两根导线的芯线分别从左右两端插入套管相等长度,以保持两根芯线的线头的连接点位于套管内的中间。然后用压接钳或压接模具压紧套管,一般情况下只要在每端压一个坑即可满足接触电阻的要求。在对机械强度有要求的场合,可在每端压两个坑。对于较粗的导线或机械强度要求较高的场合,可适当增加压坑的数目。

椭圆截面套管使用时,将需要连接的两根导线的芯线分别从左右两端相对插入并穿出套管少许,然后压紧套管即可。椭圆截面套管不仅可用于导线的直线压接,而且可用于同一方向导线的压接,还可用于导线的 T 字分支压接或十字分支压接。

②铜导线与铝导线之间的紧压连接。当需要将铜导线与铝导线进行连接时,必须采取防止电化腐蚀的措施。因为铜和铝的标准电极电位不一样,如果将铜导线与铝导线直接绞接或压接,在其接触面将发生电化腐蚀,引起接触电阻增大而过热,造成线路故障。常用的防止电化腐蚀的连接方法有两种。

一种方法是采用铜铝连接套管。铜铝连接套管的一端是铜质,另一端是铝质,如图 1-35（a）所示。使用时将铜导线的芯线插入套管的铜端,将铝导线的芯线插入套管的铝端,然后压紧套管即可,如图 1-35（b）所示。

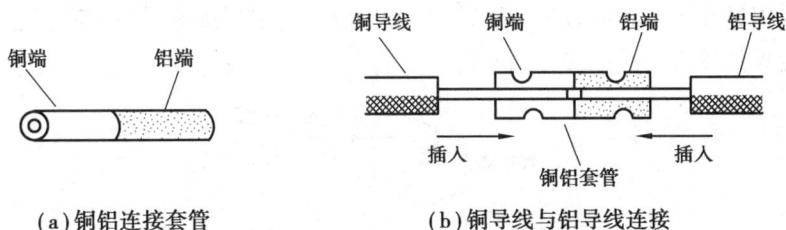

（a）铜铝连接套管   （b）铜导线与铝导线连接

图 1-35 铜导线与铝导线的压紧连接

另一种方法是将铜导线镀锡后采用铝套管连接。由于锡与铝的标准电极电位相差较小,在铜与铝之间夹垫一层锡也可以防止电化腐蚀。具体做法是先在铜导线的芯线上镀上一层锡,再将镀锡铜芯线插入铝套管的一端,铝导线的芯线插入该套管的另一端,最后压紧套管即可,如图 1-36 所示。

1.3.2 焊接

焊接是指将金属(焊锡等焊料或导线本身)熔化融合而使导线连接。电工技术中导线连接的焊接种类有锡焊、电阻焊、电弧焊、气焊、钎焊等。

1.铜导线接头的锡焊

较细的铜导线接头可用大功率(如 150 W)电烙铁进行焊接。焊接前应先清除铜芯线接

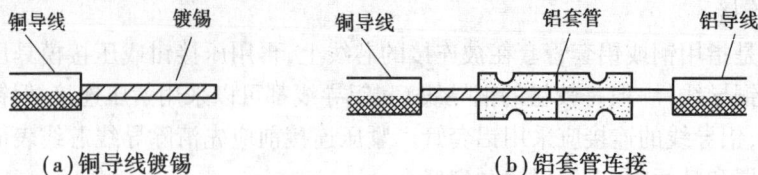

（a）铜导线镀锡　　　　　　　　　（b）铝套管连接

图 1-36　铜导线与铝导线的套管连接

头部位的氧化层和黏污物。为增加连接可靠性和机械强度，可将待连接的两根芯线先行绞合，再涂上无酸助焊剂，用电烙铁蘸焊锡进行焊接即可，如图 1-37 所示。焊接中应使焊锡充分熔融渗入导线接头缝隙中，焊接完成的接点应牢固光滑。

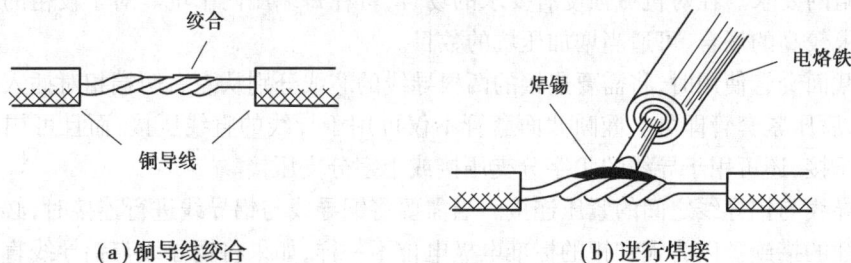

（a）铜导线绞合　　　　　　　　　（b）进行焊接

图 1-37　铜导线的焊接

较粗（一般指截面 16 mm² 以上）的铜导线接头可用浇焊法连接。浇焊前同样应先清除铜芯线接头部位的氧化层和黏污物，涂上无酸助焊剂，并将线头绞合。将焊锡放入化锡锅内加热熔化，当熔化的焊锡表面呈磷黄色说明锡液已达符合要求的高温，即可进行浇焊。浇焊时，将导线接头置于化锡锅上方，用耐高温勺子盛上锡液从导线接头上面浇下，如图 1-38 所示。刚开始浇焊时因导线接头温度较低，锡液在接头部位不会很好地渗入，应反复浇焊，直至完全焊牢为止。浇焊的接头表面也应光洁平滑。

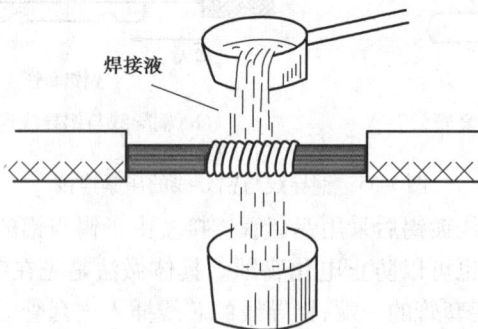

图 1-38　浇焊

2.铝导线接头的焊接

铝导线接头的焊接一般采用电阻焊或气焊。电阻焊是指用低电压大电流通过铝导线的连接处，利用其接触电阻产生的高温高热将导线的铝芯线熔接在一起。电阻焊应使用特殊的降压变压器（1 kVA、初级 220 V、次级 6~12 V），配合专用焊钳和碳棒电极一起使用，如图1-39所示。

3.气焊

气焊指利用气焊枪的高温火焰,将铝芯线的连接点加热,使待连接的铝芯线相互熔融连接。气焊前应将待连接的铝芯线绞合,或用铝丝或铁丝绑扎固定,如图1-40所示。

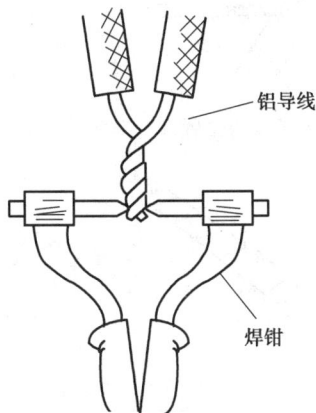

铝导线

焊钳

图 1-39　电阻焊

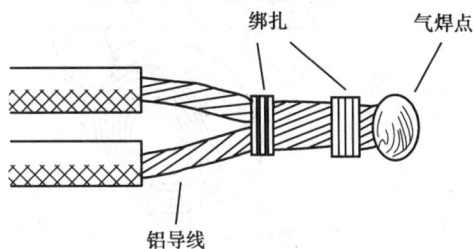

绑扎　气焊点

铝导线

图 1-40　气焊

1.3.3　导线连接处的绝缘处理

为了进行连接,导线连接处的绝缘层已被去除。导线连接完成后,必须对所有绝缘层已被去除的部位进行绝缘处理,以恢复导线的绝缘性能,恢复后的绝缘强度应不低于导线原有的绝缘强度。

导线连接处的绝缘处理通常采用绝缘胶带进行缠裹包扎。一般电工常用的绝缘带有黄蜡带、涤纶薄膜带、黑胶带、塑料胶带、橡胶胶带等。绝缘胶带常用宽度为 20 mm 的,使用较为方便。

1.一般导线接头的绝缘处理

一字形连接的导线接头可按图1-41所示进行绝缘处理,先包缠一层黄蜡带,再包缠一层黑胶带。将黄蜡带从接头左边绝缘完好的绝缘层上开始包缠,包缠两圈后进入剥除了绝缘层的芯线部分[图1-41(a)]。包缠时黄蜡带应与导线成55°左右倾斜角,每圈压叠带宽的1/2[图1-41(b)],直至包缠到接头右边两圈距离的完好绝缘层处。然后将黑胶带接在黄蜡带的尾端,按另一斜叠方向从右向左包缠[图1-41(c)、图1-41(d)],仍每圈压叠带宽的1/2,直至将黄蜡带完全包缠住。包缠处理中应用力拉紧胶带,注意不可稀疏,更不能露出芯线,以确保绝缘质量和用电安全。对于 220 V 线路,也可不用黄蜡带,只用黑胶带或塑料胶带包缠两层。在潮湿场所应使用聚氯乙烯绝缘胶带或涤纶绝缘胶带。

2.T 字分支接头的绝缘处理

导线分支接头的绝缘处理基本方法同上,T 字分支接头的包缠方向如图1-42所示。走一个 T 字形来回,使每根导线上都包缠两层绝缘胶带,每根导线都应包缠到完好绝缘层的 2 倍胶带宽度处。

3.十字分支接头的绝缘处理

对导线的十字分支接头进行绝缘处理时,包缠方向如图1-43所示。走一个十字形来回,

2倍带宽

黄蜡带

(a) 黄蜡带包缠

$\frac{1}{2}$ 带宽

~55°

(b) 包缠角度与位置

黑胶带

(c) 黑胶带接黄蜡带包缠

(d) 黑胶带包缠

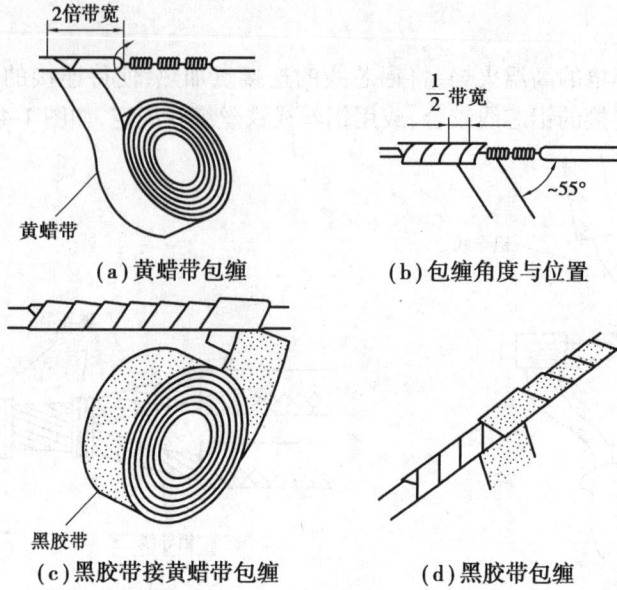

图 1-41　一字形连接接头的绝缘处理

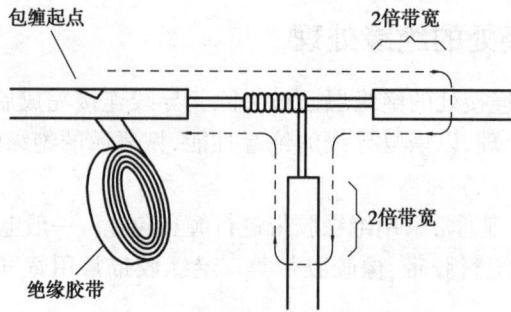

包缠起点

2倍带宽

2倍带宽

绝缘胶带

图 1-42　T字分支接头绝缘处理

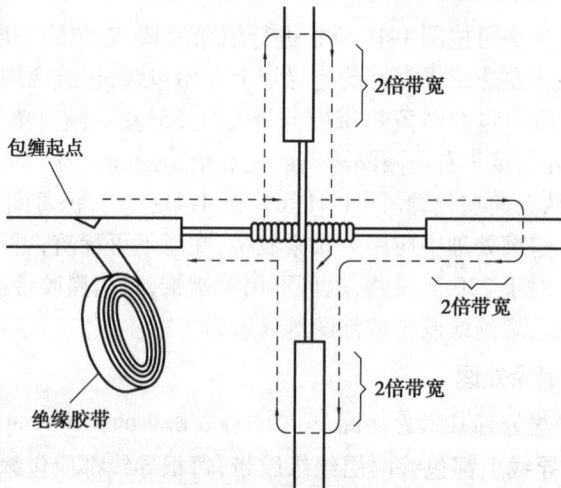

2倍带宽

包缠起点

2倍带宽

2倍带宽

绝缘胶带

2倍带宽

图 1-43　十字分支接头绝缘处理

使每根导线上都包缠两层绝缘胶带,每根导线也都应包缠到完好绝缘层的 2 倍胶带宽度处。

任务小结

①导线连接包括单芯导线的连接、多芯导线的连接,包括直线连接,T 形连接、十字连接等。

②导线的绝缘恢复包括一般导线接头的绝缘处理、T 字分支接头的绝缘处理和十字分支接头的绝缘处理。

任务 1.4　焊接工具与材料

任务导入

在电路板制作与调试过程中,元器件焊接是非常重要的一个环节,焊接质量将直接影响到电路工作的可靠性。因此,焊接技术是从事电类工作者的基本功,只有熟练掌握焊接技术,才能保证电路的焊接质量,以减少电路调试过程中不必要的故障隐患。那么,焊接的工具和材料有哪些呢?

学习目标

知识目标:

➢认知电烙铁、焊料、助焊剂

职业素养目标:

➢养成严谨科学的工作态度

➢养成团队协作精神

➢培养创新意识及创新能力

➢养成严谨认真的学习态度

理论知识

焊接工具(图 1-44)主要包括:电烙铁、焊料、助焊剂等。

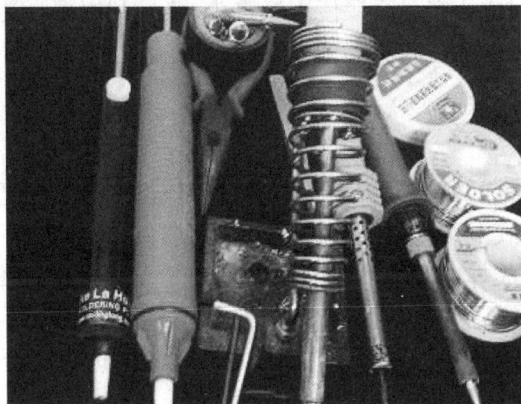

图 1-44　常用焊接工具

1.4.1 电烙铁

1.分类

电烙铁是手工焊接的重要工具,表述其性能的指标有输出功率及其加热方式。电烙铁输出功率越大,发出的热量就越大,温度则越高,常用的规格有 20 W、25 W、30 W、45 W、75 W、100 W 等。典型电烙铁的结构如图 1-45 所示。

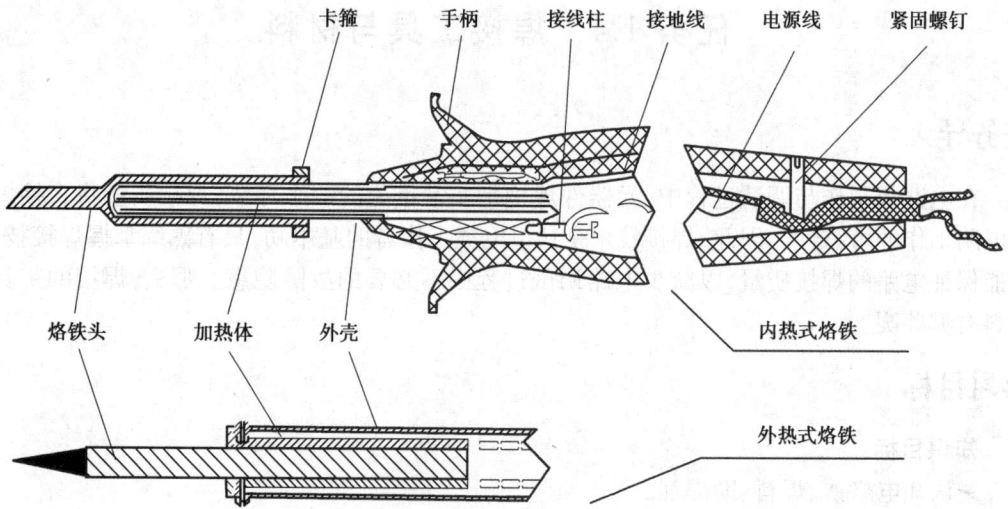

图 1-45　典型电烙铁的结构

按照加热方式,电烙铁分为外热式和内热式两种。

（1）外热式电烙铁

外热式电烙铁的烙铁芯安装在烙铁头外。外热式电烙铁体积和质量都较大,价格也较高,预热时间长,如图 1-46 所示。

（2）内热式电烙铁

内热式电烙铁的结构,如图 1-47 所示。烙铁芯安装在烙铁头内,与空气隔绝,所以优点是不容易氧化,寿命长,同时由于热量直接传入烙铁头,热量利用率高达 85%~90%,且发热快。其缺点是钢管与胶木柄结合处比较脆弱,使用时切不可用力过大。另外,烙铁芯中的瓷棒,瓷管细而薄,经不起震动或敲击。

2.电烙铁的选用

选用何种规格的电烙铁,要根据被焊元件而定。外热式电烙铁适用于焊接电子管电路、体积较大的元器件,内热式电烙铁适用于焊接电子元器件、集成电路和印刷电路。如果电烙铁规格使用不当,轻者造成焊点质量不高,重者损害所含元器件或线路板的焊点与连线。

常用的几种烙铁头的外形有圆斜面式、凿式、锥式和斜面复合式。凿式烙铁头多用于电器维修工作,锥式烙铁头适合于焊接高密度的焊点和小面怕热的元件,当焊接对象变化大时,可选用适合于大多数情况的斜面复合式的烙铁头。

为保证可靠方便地焊接,必须合理使用烙铁头形状和尺寸。选择烙铁头的依据是,它的接触面积小于被焊点(焊盘)的面积。烙铁头接触面积过大,会使过量的热量传导给焊接部位,损坏元器件。一般来说,烙铁头越长越粗,则温度越低,焊接时间就越长;反之,烙铁头尖的温度越高,焊接越快。

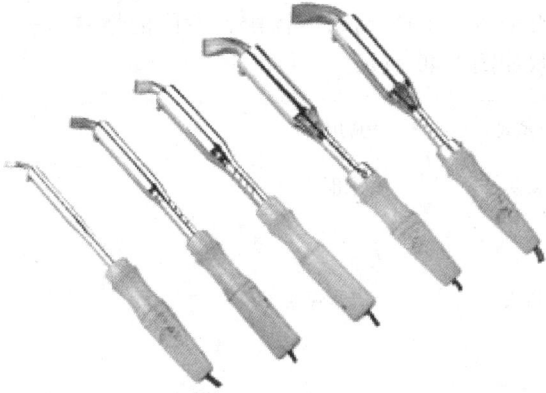

图 1-46 外热式电烙铁

YZ-121胶木柄20 W 35 W 50 W
Bakelite handle

图 1-47 内热式电烙铁

常见的电烙铁还有下面4种,如图 1-48 所示。从左往右、自上而下看,分别是长寿命电烙铁、手动送锡电烙铁、温控式电烙铁、热风拔焊台。

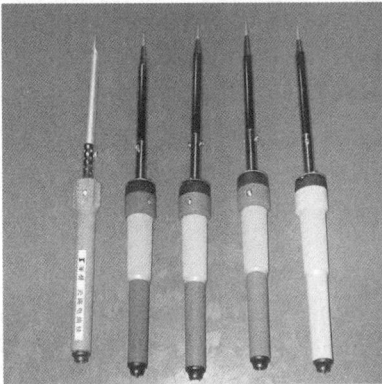

(a)长寿命电烙铁

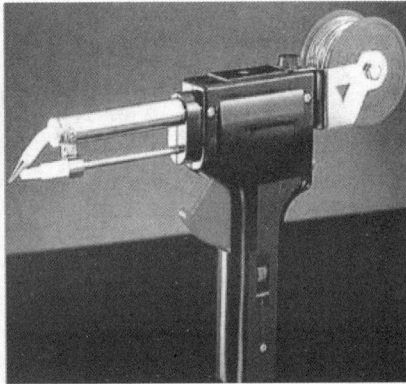

(b)手动送锡电烙铁

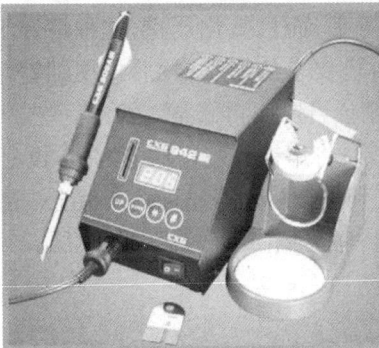

(c)温控式电烙铁

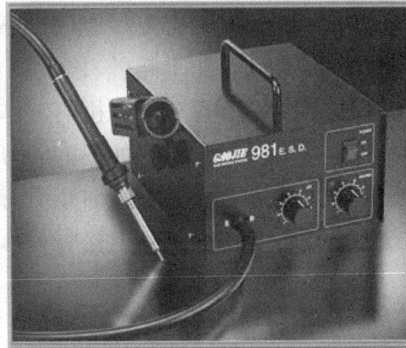

(d)热风拔焊台

图 1-48 常见的电烙铁

3.电烙铁的维护

（1）烙铁头

烙铁头一般用紫铜制成,对于有镀层的烙铁头,一般不要锉或打磨。因为电镀层的目的就是保护烙铁头不易腐蚀。还有一种新型合金烙铁头,寿命较长,但需配备专门的烙铁。一般用于固定产品的印制板焊接。常用烙铁头形状如图1-49所示。

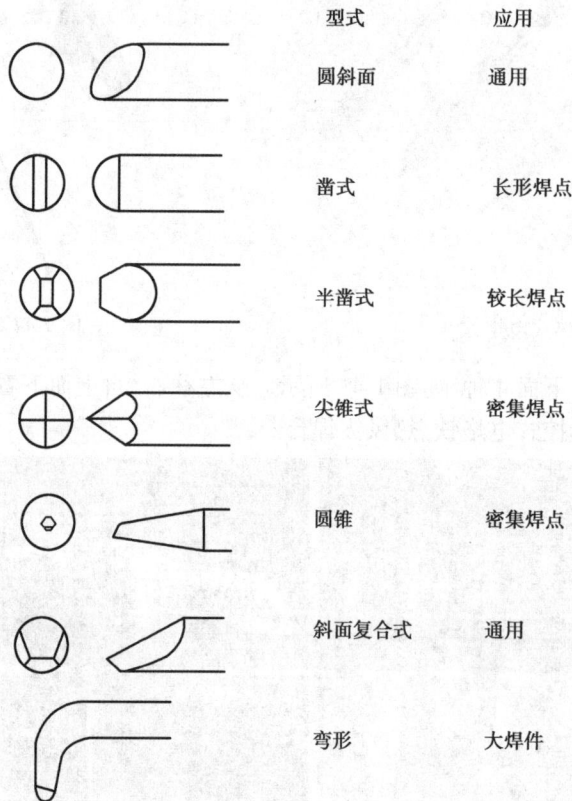

型式	应用
圆斜面	通用
凿式	长形焊点
半凿式	较长焊点
尖锥式	密集焊点
圆锥	密集焊点
斜面复合式	通用
弯形	大焊件

图1-49　常用烙铁头形状

（2）普通烙铁头的修整和镀锡

烙铁头经使用一段时间后,会发生表面凹凸不平,而且氧化严重,这种情况下需要修整。一般将烙铁头拿下来,夹到台钳上粗锉,修整为自己要求的形状,然后再用细锉修平,最后用细砂纸打磨光。对焊接数字电路、计算机的工作来说,锉细,再修整。

修整后的烙铁应立即镀锡,方法如图1-50所示,将烙铁头装好通电,在木板上放些松香并放一段焊锡,烙铁沾上锡后在松香中来回摩擦,直到整个烙铁修整面均匀镀上一层锡为止。

注意:烙铁通电后一定要立刻蘸上松香,否则表面会生成难镀锡的氧化层。

1.4.2　焊料

凡是用来熔合两种或两种以上的金属面,使之成为一个整体的金属或合金都叫焊料。按组成成分焊料可分为:锡铅焊料、银焊料和铜焊料;按熔点焊料又可分为:软焊料(熔点在450℃以下)和硬焊料(熔点高于450℃)。常用的是锡铅焊料,即焊锡丝,它是锡和铅的合

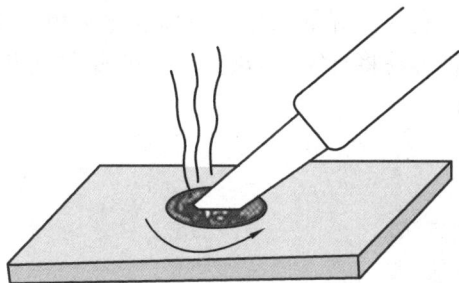

图 1-50　普通烙铁头的修整和镀锡

金,是软焊料。

　　锡铅合金焊锡的共晶点配比为锡 63%,铅 37%,这种焊锡称为共晶焊锡,共晶点的温度为 183 ℃。当锡含量高于 63% 时,溶化温度升高,强度降低。当锡含量小于 10% 时,焊接强度差,接头发脆,焊料润滑能力差。最理想的是共晶焊锡,在共晶温度下,焊锡由固体直接变为液体,无须经过半液体状态。共晶焊锡的熔化温度比非共晶焊锡要低,这样就减少了被焊接的元器件受热损坏的机会。同时,由于共晶焊锡固化时是由液体直接变成固体,也减少了虚焊现象,所以共晶焊锡应用广泛。

　　为了使用方便,常用焊锡丝。焊锡丝用锡铅焊料制成,有的焊锡丝中心加有助焊剂松香,则称松香焊锡丝。如果在助焊剂松香中加入盐酸二乙胺,就构成活性焊锡丝。焊锡丝(图 1-51)的直径有:0.5、0.8、0.9、1.0、1.2、1.5、2.0、3.0、4.0、5.0 mm 等多种。

图 1-51　焊锡丝

1.4.3　焊剂

　　对焊剂要求熔点低于焊锡熔点,有较高的活化性和较低的表面张力,受热后能迅速而均匀地流动,不产生有刺激性的气味和有害气体。不导电、无腐蚀性、残留物无副作用,容易清洗、配制简单、原料易得、成本低。

　　助焊剂一般分无机系列、有机系列和树脂系列,常用的是松香酒精助焊剂。为了改善助焊剂的活性,可添加适量的活性剂,如水杨酸、氟碳表面活性剂等。

　　注意:由于焊丝成分中,铅占一定比例,众所周知铅是对人体有害的重金属,因此操作时应戴手套或操作后洗手,避免食入。焊剂加热挥发出的化学物质对人体是有害的,如果操作时鼻子距离烙铁头太近,则很容易将有害气体吸入。一般烙铁离开鼻子的距离应至少不少于30 cm,通常以 40 cm 时为宜。

任务小结

①电烙铁的种类及使用方法。
②焊料的种类及使用方法。
③助焊剂的种类及使用方法。

任务 1.5　手工焊接基本操作及技术要点

任务导入

　　焊接技术是从事电类工作者的基本功,只有熟练掌握焊接技术,才能保证电路的焊接质量,以减少电路调试过程中不必要的故障隐患。手工焊接的基本操作步骤有哪几步呢?焊接时的技术要点和注意事项又有哪些呢?

学习目标

知识目标:
➤掌握手工焊接的基本操作
➤理解手工焊接的技术要点
职业素养目标:
➤养成严谨科学的工作态度
➤养成团队协作精神
➤培养创新意识及创新能力
➤养成严谨认真的学习态度

理论知识

　　手工焊接时,首先要注意安全。使用前除了用万用表欧姆挡测量插头两端是否短路或开路现象外,还要用 R×10 k 挡或 R×1 k 挡测量插头和外壳之间的电阻。如电阻大于 2~3 MΩ 就可以使用,否则需要检查漏电原因,并加以排除方能使用。

　　电烙铁初次使用时,要先将烙铁头浸上一层焊锡。方法是将烙铁头加热以后,用烙铁架上的海绵垫(海绵垫需要浸水)旋转摩擦数遍,直到烙铁头变亮,涂上焊锡膏,加锡即可。这样做不但能够保护烙铁头不被氧化,而且使烙铁头传热快,使用日久。电烙铁在使用中不能用来任意敲击,应轻拿轻放,以免损坏内部发热器件而影响使用寿命。

1.5.1　焊接基础知识

1.焊接操作姿势

使用电烙铁需要掌握正确的握持方法。手持烙铁方法(图 1-52)一般有"反握法""正握法"和"握笔法"三种,前者[图1-52(a)]是使用小型电烙铁常用的一种方式,适用于焊接小型电子元器件。当被焊元器件体积较大,使用的电烙铁也较大时,一般采用后两者[图1-52(b)、(c)]。

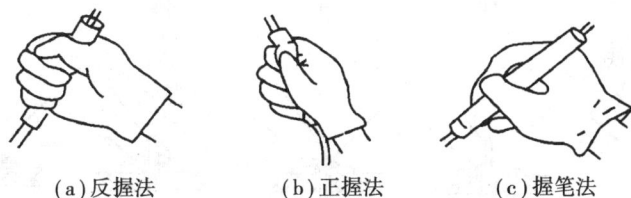

(a)反握法　　　(b)正握法　　　(c)握笔法

图1-52　手持烙铁的三种方法

使用电烙铁要配置烙铁架,一般放置在工作台右前方,电烙铁用后一定要稳妥放于烙铁架上,并注意导线等物不要碰烙铁头。

焊锡丝拿法(图1-53)有两种:

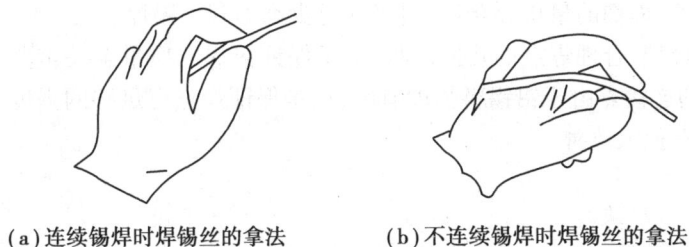

(a)连续锡焊时焊锡丝的拿法　　　(b)不连续锡焊时焊锡丝的拿法

图1-53　焊锡丝的两种拿法

2.焊接的基本操作

五步法(图1-54)作为一种初学者掌握手工锡焊技术的训练方法,是卓有成效的。正确的五步法如下:

①准备施焊。一手拿好焊锡丝,一手拿好电烙铁。

②加热焊件。烙铁头加热被焊接面,注意烙铁头要同时接触焊盘和元器件的引线,时间为1~2 s。

③熔化焊料。电烙铁头长时间不使用其表面会有一层氧化物,使电烙铁头呈黑色状态,这时不易吃上锡,应去掉氧化层上的锡。方法是将电烙铁头在含水的海绵垫上摩擦几下,就电可去掉氧化层,烙铁头就可以吃上锡了。保持这层锡,可延长烙铁头寿命。焊接面被加热到一定温度时,焊锡丝从烙铁对面接触被焊接的引线(不是送到烙铁头上),时间1~2 s。

④移开焊锡。当焊丝熔化并浸润焊盘和引线后,同时向左右45°方向移开焊锡丝和电烙铁,整个焊接过程约2 s。

⑤移开烙铁。当焊丝移开后,最后移开电烙铁。

3.锡焊基本条件

①焊件可焊性:一般铜及其合金、金、银、锌、镍等具有较好可焊性,而铝、不锈钢、铸铁等可焊性差,一般需采用特殊焊剂及方法才能进行焊锡。

②焊料合格:铅锡焊料成分不合规格或杂质超标都会影响焊锡质量,特别是含有某些杂质,如锌、铝、镉等,即使是0.001%的含量也会明显影响焊料润湿性和流动性,降低焊接质量。

焊接技术要点

准备施焊　　加热焊件　　熔化焊料　　移开焊锡　　移开烙铁

焊锡　烙铁

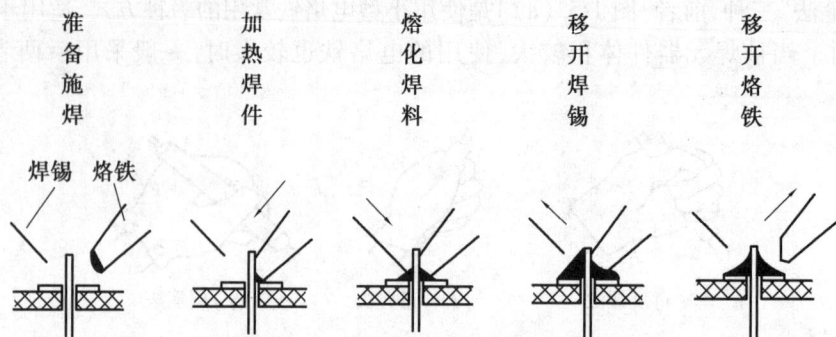

图1-54　焊接的基本操作五步法

③焊剂合适:焊接不同的材料要选用不同的焊剂,即使是同种材料,当采用的焊接工艺不同时也往往要用不同的焊剂。对手工锡焊而言,采用松香和活性松香能满足大部分电子产品的装配要求。另外,焊剂的量也要合适,过多或过少都不利于锡焊。

④焊点设计合理:合理焊点的几何形状,对于保证锡焊的质量至关重要,如图1-55所示。图1-55(a)所示的连接点由于铅锡料强度有限,很难保证焊点有足够的强度;而图1-55(b)所示的接头设计则有很大改善。

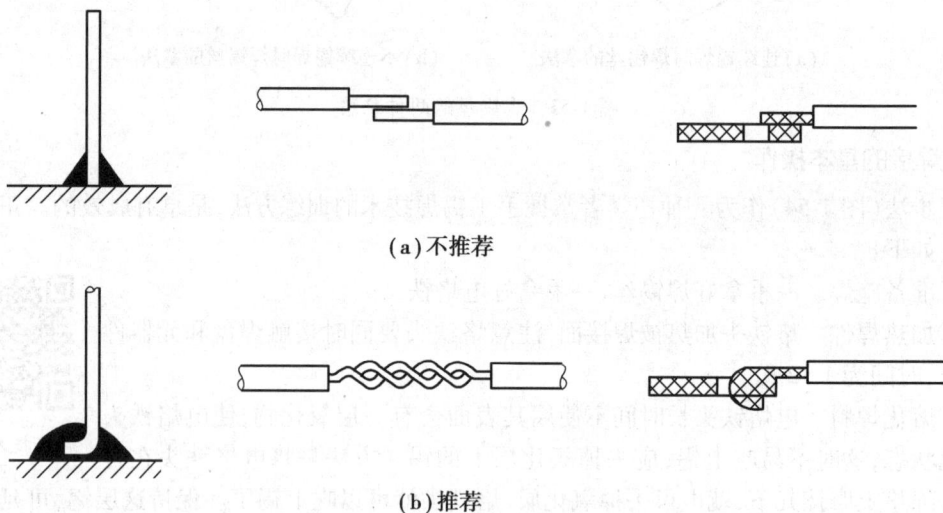

(a)不推荐

(b)推荐

图1-55　焊点设计合理与否示意图

4.手工焊接注意事项

(1)掌握好加热时间

在保证焊料润湿焊件的前提下时间越短越好。

(2)保持合适的温度

保持烙铁头在合适的温度范围。

一般经验是烙铁头温度比焊料熔化温度高50 ℃较为适宜。

(3)用烙铁对焊点加力加热是错误的

用烙铁对焊点加力加热会造成被焊件的损伤,例如电位器、开关、接插件的焊接点往往都是固定在塑料构件上,加力的结果容易造成元件失效。

1.5.2　手工焊接技术要点与元件的装拆

1.可焊性处理

为避免虚焊,提高焊接的质量和速度,在装配前需要对元器件的焊接表面进行可焊性处理——镀锡。通常是对经过清洁的元器件引线浸涂助焊剂(盒式焊锡膏)后,用蘸锡的电烙铁头沿着引线镀锡(注意:要使引线镀层薄而均匀,表面光亮),然后再一次浸涂助焊剂。在镀锡前要仔细观察元器件引线原来是何种镀层,按照不同的方法进行清洁。常见的镀层有银、金和铅锡合金等几种材料,镀银引线容易产生不可焊的黑白氧化膜,必须用小刀刮去,直到露出紫铜表面;如果是镀金引线,因为其基材难于镀锡,所以不能把镀金层刮掉,可以用绘图粗橡皮擦去表面污物;近年出现的镀铅锡合金引线可在较长时间内保持良好的可焊性。新购买的正品元器件(即在可焊性合格期内)可免去镀铝工作,用镊子轻捋管腿,然后直接浸涂助焊剂。

2.元器件的插装和成形

元器件在印制板上的插装分卧式和立式两种:卧式是元器件与印制板平行,立式是元器件与印制板垂直,两种形式都应使元器件的引线尽量短。在单面印制电路板上卧式装配时,小功率的元器件总是平行地紧贴板面,在双面板上,元器件则需离开板面约 1 mm,避免因元器件发热而减弱铜箔的附着力,并防止短路。立式装配时,单位面积上容纳元器件的数量多,适合紧凑密集的产品,但立式装配的机械性能较差、抗震能力弱,如果元器件倾斜,有可能接触邻近元器件而造成短路。

元器件在清洗镀锡后,应按照印制板的尺寸要求使其引线弯曲成形,以便于插入孔内。为避免损坏元器件,成形时必须注意:引线弯曲的最小半径不得小于引线直径的 2 倍,即不能打死弯;引线弯曲处离元器件本体至少 3 mm,对于容易崩裂的玻璃封装元器件,引线成形更应该注意这一点。图 1-56 是常见的元器件插装和引线成形的方式。图 1-57 是元器件插装形式。

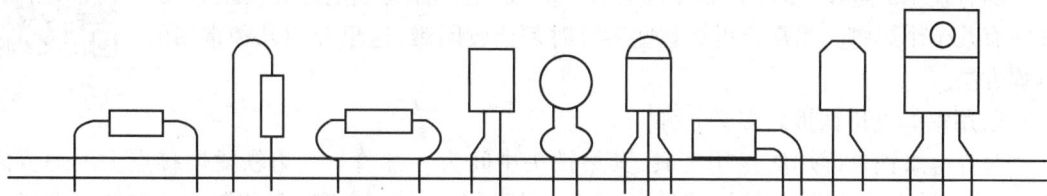

图 1-56　常见的元器件插装和引线成形的方式

插装元器件要注意以下原则:

①装配时,应先安装那些需要机械固定的元器件,如散热片、卡子、支架等,后安装靠焊接固定的元器件。否则,就会在机械紧固时使印制板受力变形而损坏其他元器件。

②各种元器件的插装,应使标记和色码朝上,易于辨认,标记的方向应从左到右,或从上到下;尽量使元器件两端的引线长度相等,把元器件放在两插孔中央,排列要整齐。有极性的元器件,插装时要保证极性正确。

③焊接时应先焊那些比较耐热的元器件,如接插件、小型变压器、电阻、电容等;后焊接那些比较怕热的元器件,如各种半导体器件、塑料元件、集成电路等。

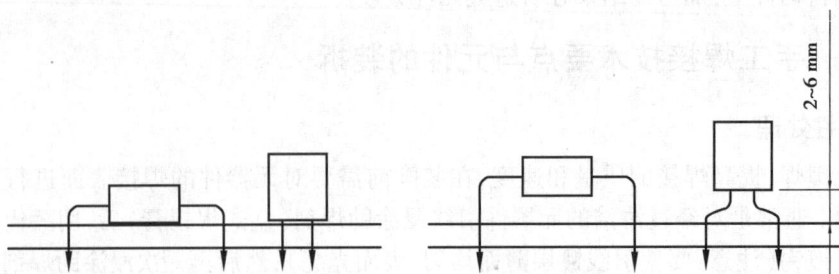

图 1-57　元器件插装形式

3.散热片安装

大功率器件常需装散热片。安装散热片时应使各引脚都从孔的中心穿过,避免短路,孔的周围不应有毛刺和碎屑。散热片与器件的表面应贴紧,上螺母时一定要加上弹簧垫圈(或称锁紧垫圈),以免以后散热片松动。螺母不能上得太紧,以免损坏器件。先用螺母固定,然后再焊需焊接的引脚。

4.装配检验

装配的基本要求是牢固可靠、不损伤元器件、不破坏元器件的绝缘性能,安装件的方向、位置要正确,上道工序不得影响下道工序。装配检验首先要检查各接线点焊接情况,有无虚焊、漏焊和短路情况;检查各导线有无裸露部位;绝缘有无损伤、压破;有无落入金属异物(如锡球、导线头、螺母、垫圈等)造成接线点之间的短路等。当焊接情况检查后,应检查每个零件的机械固定是否牢固,有无漏装螺丝、漏加垫圈等现象。面板上零件操作时有无松动转动、排列是否整齐、有极性的元器件安装方向是否正确等。

5.多脚元件的拆装

随着技术的进步,多脚元器件日益增多,特别是各种集成电路和转换开关,往往有几十个焊脚。当需要拆焊这些零件时都比较困难,这里介绍几种常用的拆焊方法。

拆焊技术要领

1)用锡焊电烙铁拆装多脚元件

锡焊电烙铁是拆焊的专用工具,其烙铁头中间为一细管。当烙铁烫熔接点上的焊锡之后,一按烙铁上的按键,弹簧活塞弹出,细管即把焊锡吸掉,焊脚脱离印制板。如此一个脚一个脚地剥离,直到全部引脚均脱离印制板后,才可取下多脚元件。

2)用电烙铁加吸锡器拆装多脚元件

这与上述方法相似,用电烙铁和专用吸锡器也能方便地完成拆装工作。当电烙铁熔化接点上的焊锡后,迅速把熔锡吸入管内,从而使元器件和印制板分离。吸锡器也可自制,可利用较粗的注射器针头磨平、倒角后就能方便地使用。其吸锡作用是靠毛细管作用自动进行的。

3)用电烙铁和金属网带拆装多脚元件

还有一种毛细管原理吸锡的方法,就是将易吃锡的编织铜线置于待拆焊的接点上,将电烙铁放在编织铜线上面,当焊锡熔化时即被编织铜线吸收,元件脚自然脱开印制线路板。

4)用热吹风机拆装多脚元器件

方法是手握吹风机,先远距离对准元器件旋转吹风逐渐靠近,直到元器件移动为止。

1.5.3　导线焊接

1.常用连接导线

焊接时常用的连接导线,如图 1-58 所示。

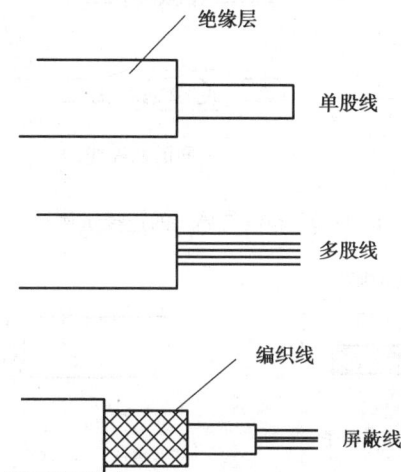

图 1-58　焊接时常用的连接导线

2.导线焊前处理

主要包括剥绝缘层和预焊。

(1)导线同接线端子连接的三种基本形式(图 1-59)

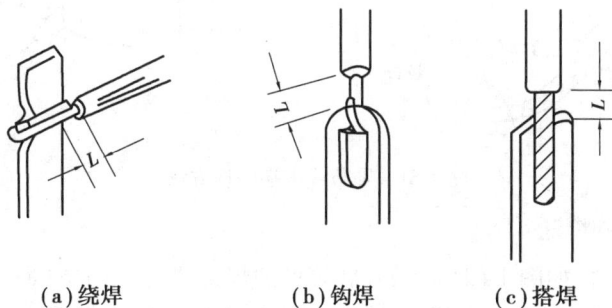

(a)绕焊　　　　**(b)钩焊**　　　　**(c)搭焊**

图 1-59　导线同接线端子连接的基本形式

(2)导线与导线的连接(图 1-60)

导线之间的连接以绕焊为主,操作步骤为去掉一定长度绝缘皮;端子上锡,选择穿上合适套管;绞合,施焊;趁热套上套管,冷却后套管固定在接头处。

(3)屏蔽线末端处理(图 1-61)

屏蔽线或同轴电缆末端的连接对象不同处理方法也不同。

无论采用何种连接方式均不应使芯线承受压力。

绞合焊接

整形

热缩变管

（a）粗细不等的两根线　　　　　（b）相同的两根线　　　　　（c）简化接法

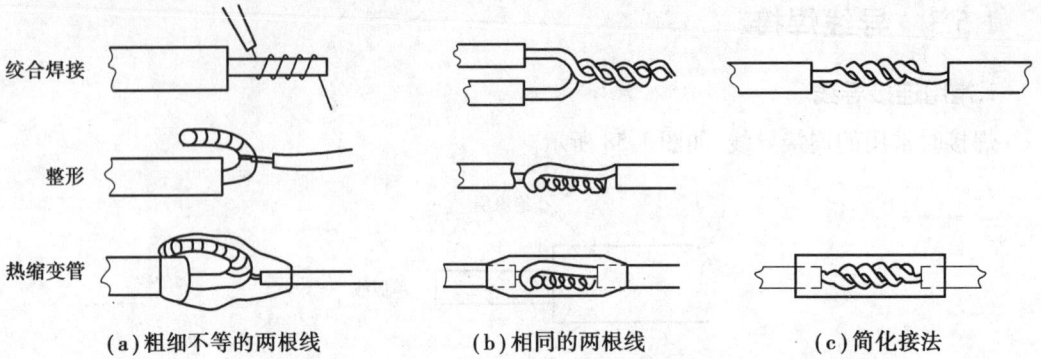

图 1-60　导线与导线的连接示例

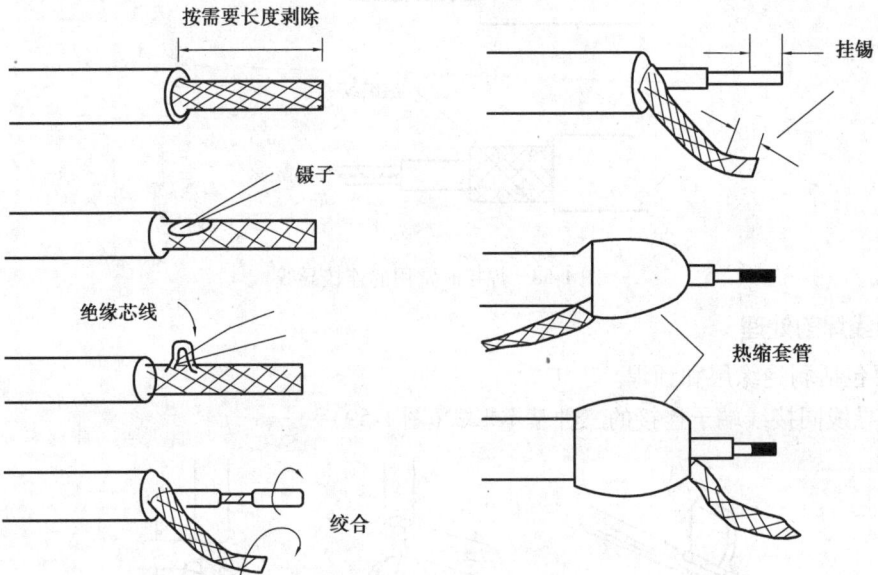

按需要长度剥除

挂锡

镊子

绝缘芯线

热缩套管

绞合

图 1-61　屏蔽线末端处理方法

3.几种典型焊点的焊法

环形焊件的焊接法,如图 1-62 所示;片状焊件的焊接法,如图 1-63 所示;在金属板上焊导线的方法,如图 1-64 所示;槽形、板形、柱形焊点焊接方法,如图 1-65 所示。

4.焊点质量分析与标准

（1）焊接质量

焊接质量主要包括电器的可靠连接、机械性能牢固和光洁美观 3 个方面,其中最关键的一点是必须避免虚焊。虚焊即焊点成为有接触电阻的不可靠的连接状态,使电路工作处于不正常或不稳定状态。虚焊可以引起电路噪声、使元器件易于脱落,虚焊也是电路调整工作和维修的重大隐患。

造成虚焊的主要原因如下:

①焊锡质量差,助焊剂的还原性不良或用量不够,被焊接表面可焊性处理不好。

②烙铁头的温度过高或过低、表面有氧化层。

图 1-62　环形焊件的焊接法

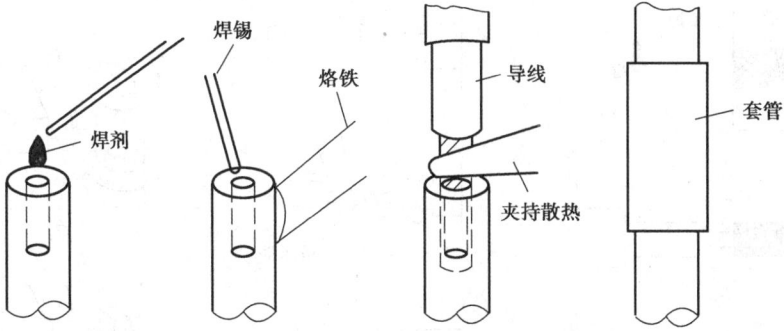

（a）焊件预焊　　　　　　　　　　　　（b）导线钩接

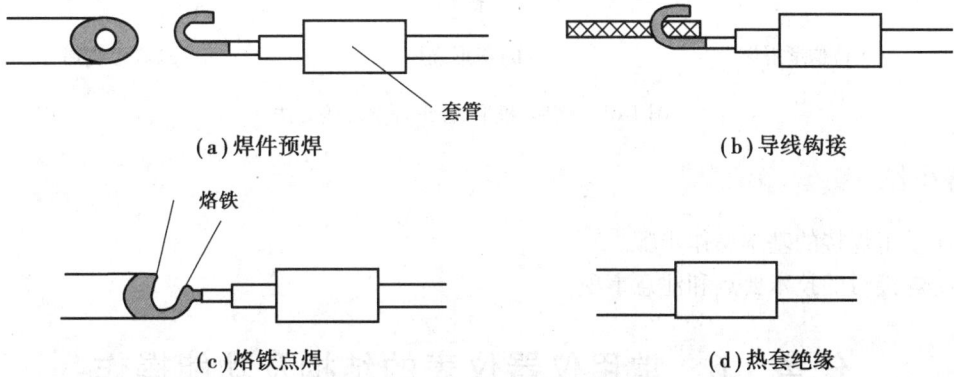

（c）烙铁点焊　　　　　　　　　　　　（d）热套绝缘

图 1-63　片状焊件的焊接法

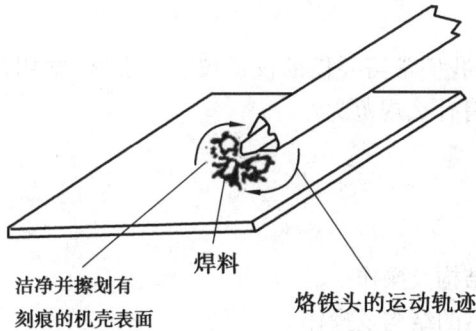

图 1-64　在金属板上焊导线的方法

③焊接时间掌握不好,焊锡尚未凝固而摇动被焊元件。

（2）质量检查

焊点的质量检查:合格的焊点不仅没有虚焊,而且焊锡量合适,大小均匀,表面有金属光泽,没有拉尖、气泡、裂纹等现象。表面有金属光泽是焊接温度合适的标志,也是美观的要求。合格的焊点形状为近似圆锥面表面微凹呈慢坡状。虚焊点表面往往呈凸形,有尖角、气泡、裂纹、结构松散、白色无光泽、不对称情况,可以鉴别出来。

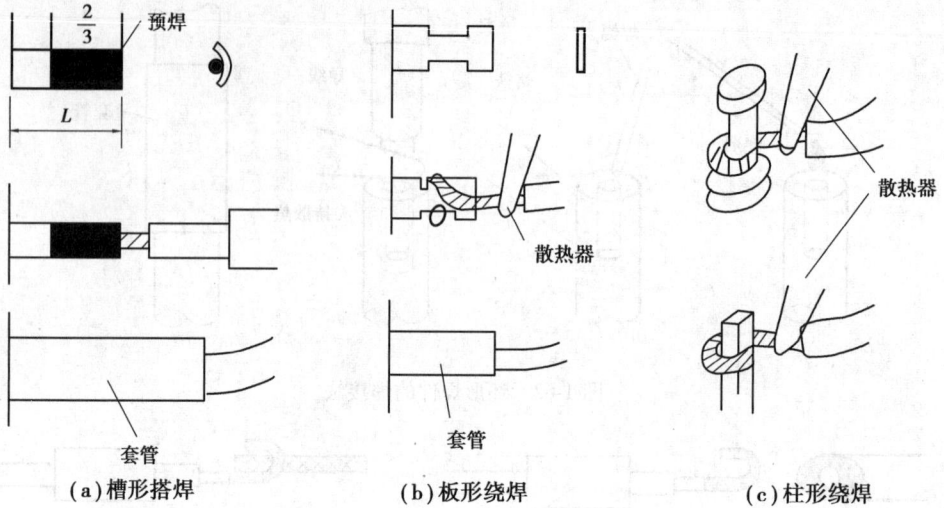

图 1-65　槽形、板形、柱形焊点焊接方法

任务小结

①手工焊接的基本操作步骤。
②焊接时的技术要点和注意事项。

任务 1.6　常用仪器仪表的结构及功能操作

任务导入

在电路维护和检测中,我们常需要借助仪器仪表。那么,常用仪器仪表有哪几种呢? 它们的结构如何? 操作方法有什么规范呢?

学习目标

知识目标:

➢理解双踪示波器的结构及操作
➢理解函数信号发生器的结构及操作

职业素养目标:

➢养成严谨科学的工作态度
➢养成团队协作精神
➢培养创新意识及创新能力
➢养成严谨认真的学习态度

理论知识

常用的仪器仪表有很多种,如万用表、双踪示波器、函数信号发生器、电工表、兆欧表等。下面主要介绍双踪示波器、函数信号发生器的结构和操作方法。

1.6.1　双踪示波器

双踪示波器(图 1-66)是一种应用非常广泛的电子测量仪器,它能更加准确地展现出人们肉眼看不到的电现象的变化。技术瞬息万变,双踪示波器的最新应用也层出不穷。

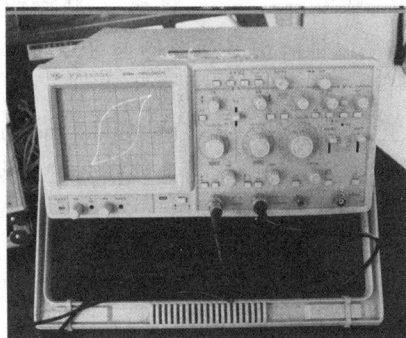

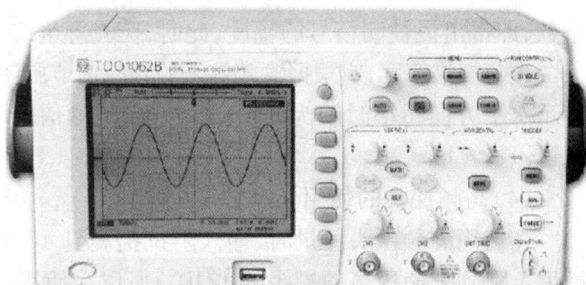

(a)模拟式　　　　　　　　　　　(b)数字式(SR-8型)

图 1-66　双踪示波器

1.结构

双踪示波器即将电压信号转化为可见的光信号投影在显示屏上的装置。双踪示波器具有两路输入端,可同时接入两路电压信号进行显示。在示波器内部,将输入信号放大后,使用电子开关将两路输入信号轮换切换到示波管的偏转板上,使两路信号同时显示在示波管的屏面上,便于进行两路信号的观测比较。

双踪示波器主要是由示波管、放大器、扫描和触发系统、电源 4 个部分组成。

其中示波器的显示系统中的显示器件是阴极射线管,缩写为 CRT。阴极射线管的基础是一个能产生电子的系统,称为电子枪。电子枪向屏幕发射电子,电子经聚焦形成电子束,并打在屏幕中心的一点上。由于屏幕的内表面涂有荧光物质,这样电子束打中的点就发出光。

2.双踪示波器的工作原理

电子枪被灯丝加热后发射电子,聚焦极将电子枪发射的电子聚焦为极细的电子束,使波形显示清晰。加速极上加有较高的正电压,吸引电子脱离电子枪高速运动;显示屏上加有极高的正电压,吸引电子撞击在显示屏面上,使显示屏面涂的荧光材料发光。垂直偏转板和水平偏转板上加有偏转电压,偏转电压的极性和幅值控制电子束撞击显示屏面的位置。当偏转电压跟随输入信号变化时,就可以使电子束在屏面上"画"出信号波形。

3.用方法及使用注意事项

以图 1-66(b)所示的 SR-8 型双踪示波器为例来介绍它的使用方法和使用注意事项。使用方法如下:

(1)时基线的调节

将示波器的控制件调至适当位置。如看不到光迹,判断光迹偏离方向,然后松开按键,把光迹移至荧光屏中心位置。

(2)聚焦和辅助聚焦调节

聚焦调节旋钮用于调节光迹的聚焦(粗细)程度,使用时以图形清晰为佳。把光点或时基线移至荧光屏中心位置,然后调节聚焦及辅助聚焦,使光点或时基线最清晰。

（3）输入信号的连接

以显示校准信号（1 V1 000 Hz 方波）为例,用同轴电缆将校准信号接入 YA 通道,YA 通道的输入耦合开关置于"AC"位置,根据输入信号的幅度调节旋钮的位置,灵敏度开关（V/div）置于"0.2"挡,并将其微调旋至满度的校准位置上,触发方式置于"自动"。将旋钮指示的数值（如 0.2 V/div,表示垂直方向每格幅度为 0.2 V）乘以被测信号在屏幕垂直方向所占格数,即得出该被测信号的幅度,此时,荧光屏上应显示出约 5 div 的矩形波。

调节扫描速度,应根据输入信号的频率调节旋钮的位置,将该旋钮指示数值（如 0.5 ms/div,表示水平方向每格时间为 0.5 ms）,乘以被测信号一个周期占有格数,即得出该信号的周期,也可以换算成频率。

（4）高频探头的使用

在使用高频探头测量时,输入阻抗提高到 10 MΩ,但同时也引进 10∶1 的衰减,使测量灵敏度下降到未使用高频探头的 1/10。所以在使用高频探头测量电压时,被测电压的实际值应是荧光屏上读数的 10 倍。在使用高频探头测量快速变化的信号时,必须注意探头的接地点应选择在被测点附近。

（5）交替和断续的选择

第一,"交替"显示方式的特点是:扫描周期要比被测信号周期长,即扫描频率要比信号频率低,否则就无法观测到完整的一个周期的波形。在双踪示波器使用中若采用这种显示方式在采用低速扫描时,会产生明显的闪烁现象,甚至可以看出两个通道的转换过程。因此,"交替"显示方式不适用于观测频率较低的信号。

第二,"断续"显示方式的特点是:电子开关频率要比扫描频率高得多,否则当者频率相近时,波形将产生明显的间断现象。因此,在双踪示波器使用过程中"断续"显示方式不适用于观测频率较高的信号。

第三,"交替"或"断续"显示方式的触发都应选择"内触发",因为采用这两种显示方式所显示的波形都是经多次扫描形成的,只有取用被测信号本身做触发信号,才能做到每次扫描起点一致,也才能保证所显示的波形稳定。对两个信号做一般比较时,如观测频率、幅度、波形失真等,采用上述"内触发"方式是可以的,但是,当涉及这两个信号之间的相位关系及时间关系时,因为触发信号是有极性的,所以只能采用其中一个通道的信号作为触发信号,这样就有了一个统一的时间标准,相位关系就能如实地显示出来（图 1-67）。例如,SR-8 型双踪示波器的"拉-YB"拉出后,扫描的触发信号即取自 YB 通道的输入信号。两个输入信号中,选哪一个信号作为触发信号,就应把该信号从 YB 输入端输入。还应注意,使用双踪示波器观测脉冲信号时,触发方式开关应置"常态"。

4.双踪示波器使用注意事项

①开机之前检查供电电源是否跟双综示波器要求的电源一致及接地状况,然后再检查它的各个外部操作部件是否完好。

②使用示波器时,辉度不宜设置过亮,且光点不能长期停在某点,无操作时最好将辉度调暗。

③调聚焦时,宜采用光点聚焦,不宜采用扫描线聚焦,为了后续的电子束能较好地在 X、Y 轴聚拢。

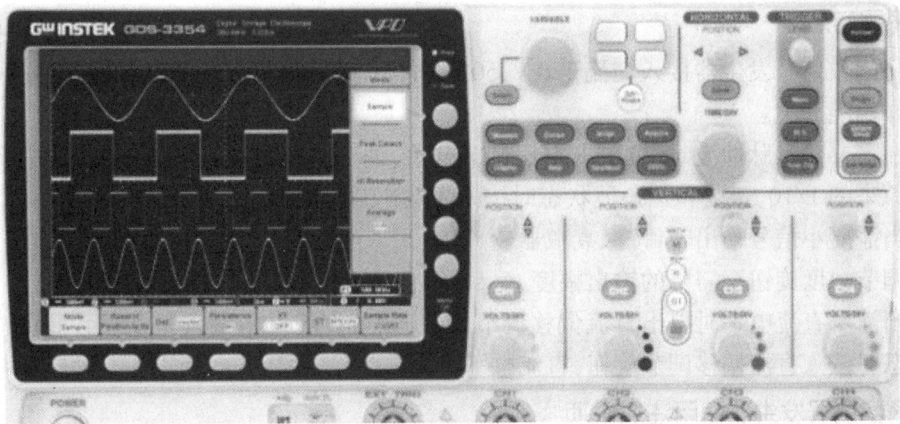

图 1-67　测量中的示波器

④输入电压幅值不能超过其允许值,信号线连接,注意防干扰。可采用屏蔽线或高频同轴电缆及合理选用探头。

⑤示波器不可在电场或磁场使用,以免干扰信号,对信息提取产生较大误差。

⑥观察电信号波形图时宜在屏幕中心区域进行,提高获取信息的准度。

1.6.2　函数信号发生器

函数信号发生器(图 1-68)是一种信号发生装置,能产生某些特定的周期性时间函数波形(正弦波、方波、三角波、锯齿波和脉冲波等)信号,频率范围可从几 μHz 到几十 MHz。除供通信、仪表和自动控制系统测试用外,还广泛用于其他非电测量领域。一般将其与双踪示波器配合使用。

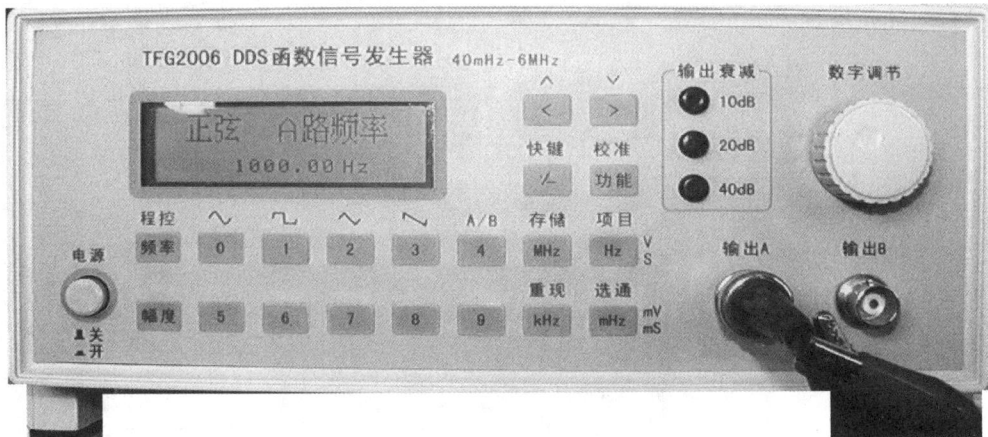

图 1-68　函数信号发生器

1.工作原理

函数信号发生器系统主要由主振级、主振输出调节电位器、电压放大器、输出衰减器、功率放大器、阻抗变换器和指示电压表构成。当输入端输入小信号正弦波时,该信号分两路传输,一路完成整流倍压功能,提供工作电源;另一路进入一个反相器的输入端,完成信号放大功能。该放大信号经后级的门电路处理,变换成方波后经输出,输出端为可调电阻。

2.使用方法

①将函数信号发生器接入交流 220 V、50 Hz 电源,按下电源开关,指示灯亮。按下所需波形的选择功能开关。

②在需要输出脉冲波时,拉出占空比调节开关,调节占空比可获得稳定清晰波形。此时频率为原来的 1/10,正弦和三角波状态时按入占空比开关旋钮。

③当需要小信号输出时,按入衰减器。

④调节幅度旋钮至需要的输出幅度。

⑤当需要直流电平时拉出直流偏移调节旋钮,调节直流电平偏移至需要设置的电平值,其他状态时按入直流偏移调节旋钮,直流电平将为零。

3.函数信号发生器使用注意事项

①仪器需预热 10 min 后方可使用。

②把仪器接入电源之前,应检查电源电压值和频率是否符合仪器要求。

③不得将大于 10 V(DC 或 AC)的电压加至输出端。

任务小结

①双踪示波器的结构及操作。

①函数信号发生器的结构及操作。

项目 2

电路基础

任务 2.1　电阻器、电感器、电容器

任务导入

电子元器件几乎无所不在,常见的电阻器、电感器、电容器分别有什么作用呢? 又如何检测呢?

学习目标

知识目标:

➢掌握电阻的基础知识,学会电阻识别与检测的方法

➢掌握电感的相关知识,学会电感识别与检测的方法

➢掌握电容的相关知识,学会电容识别与检测的方法

职业素养目标:

➢养成严谨科学的工作态度

➢养成团队协作精神

➢培养创新意识及创新能力

➢养成严谨认真的学习态度

理论知识

在我们日常的生活中,电子元器件几乎无所不在,家用电器、计算机、手机等各种现代化的智能设备都能看到它们的影子。电子元器件是元件和器件的总称,电子元件是指在工厂生产加工时不改变分子成分的成品,如电阻器、电容器、电感器等,因为它本身不产生电子,它对电压、电流也没有控制和变换作用,所以又称无源器件。电子器件是指在工厂生产加工时改变了分子结构的成品,如晶体管、电子管、集成电路等,因为它本身能产生电子,对电压、电流有控制、变换作用(放大、开关、整流、检波、振荡和调制等),所以又称有源器件。

2.1.1 电阻器

1.电阻器的定义

导体对电流所呈现的阻碍作用称为电阻。电阻器是电路中应用最广泛的一种元件,由电阻材料制成,有一定结构形式,由电阻体、骨架和引出端三部分构成,而决定其阻值的只有电阻体。电阻器在电路中的主要作用是调节和稳定电流和电压,即起降压、分压、限流、分流、隔离、过滤(与电容器配合)匹配和信号幅度调节等。电阻用"R"表示,单位是欧姆,用符号"Ω"表示。其他单位有:千欧(kΩ)、兆欧(MΩ)、吉欧(GΩ)等。电阻的单位换算关系为:1 GΩ = 1 000 MΩ,1 MΩ = 1 000 kΩ,1 kΩ = 1 000 Ω。

2.电阻的命名方法

普通电阻的命名方法如图 2-1 所示。

第1部分:主称		第2部分:材料		第3部分:特征			第4部分:序号
符号	意义	符号	意义	符号	电阻器	电位器	
R	电阻器	T	碳膜	1	普通	普通	对主称、材料相同,
W	电位器	H	合成膜	2	普通	普通	仅性能指标尺寸大小
		S	有机实芯	3	超高频	—	有区别,但基本不影
		N	无机实芯	4	高阻	—	响互换使用的产品,
		J	金属膜	5	高温	—	给同一序号;若性能
		Y	氧化膜	6	—	—	指标、尺寸大小明显
		C	沉积膜	7	精密	精密	影响互换,则在序号
		I	玻璃釉膜	8	高压	特殊函数	后面用大写字母作为
		P	硼酸膜	9	特殊	特殊	区别代号。
		U	硅酸膜	G	高功率	—	
		X	线绕	T	可调	—	
		M	压敏	W	—	微调	
		G	光敏	D	—	多圈	
				B	温度补偿用	—	
				C	温度测量用	—	
		R	热敏	P	旁热式	—	
				W	稳压式	—	
				Z	正温度系数	—	

图 2-1 电阻的命名方法

3.电阻的识读

(1)电阻的直接标示法(图 2-2)

电阻的直接标示法是将电阻器的阻值和误差等级直接用数字印在电阻器上,其允许误差直接用百分数表示,若电阻上未标注偏差,均为±20%。

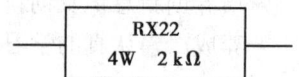

```
        ┌─────────────┐
  ──────┤   RX22      ├──────
        │ 4W    2 kΩ  │
        └─────────────┘
```

图 2-2 电阻的直标法

电阻直接标示法通常适用于阻值较小的电阻。

(2)电阻的文字符号标示法

电阻的文字符号标示法是将电阻器的标称阻值用阿拉伯数字和文字符号两者有规律的组合来表示的方法。例如:电阻器上标志符号为"6k8"表示电阻的阻值为 6.8 kΩ。表示允许误差的文字符号:D、F、G、J、K、M 与它们相对应的允许偏差分别为:±0.5%、±1%、±2%、±5%、±10%、±20%。例如:电阻器上标志 50 ΩJ,表示电阻为 50Ω,允许偏差为±5%。

（3）贴片电阻器的标示法

用三位数码表示标称值的标志方法称为数码标示法（图 2-3）。从左到右，第 1、2 位为有效值，第 3 位为倍乘，即 10 的几次方，单位为欧姆 Ω。例如：标有"223"，表示该电阻阻值为22 kΩ；如果电阻值带有小数或是纯小数，则用"R"表示"小数点"，R 前为整数，R 后为小数。例如："8R20"表示贴片电阻器的阻值为 8.2 Ω。

图 2-3　贴片电阻器的标示法

（4）电阻的色环标示法

电阻的色环标示法如图 2-4 所示。

颜色		第1环	第2环	第3环	乘数	误差
	棕	1	1	1	10^1	±1%
	红	2	2	2	10^2	±2%
	橙	3	3	3	10^3	
	黄	4	4	4	10^4	
	绿	5	5	5	10^5	±0.5%
	蓝	6	6	6	10^6	±0.25%
	紫	7	7	7	10^7	±0.10%
	灰	8	8	8	10^8	±0.05%
	白	9	9	9	10^9	
	黑	0	0	0	10^0	
	金					±5%
	银					±10%
	无					±20%

图 2-4　电阻的色环标示法

（5）电阻的应用

电阻的应用方法如图 2-5 所示。

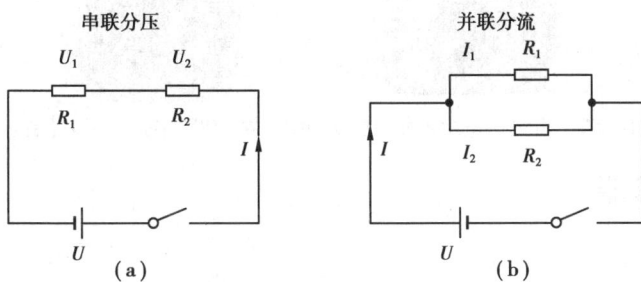

图 2-5　电阻的应用

【例 2-1】　计算图 2-6 所示电路中的电流 I，已知 $R_1 = 10\ \Omega$，$R_2 = 8\ \Omega$，$R_3 = 2\ \Omega$，$R_4 = 6\ \Omega$，路端电压 $U = 140$ V。

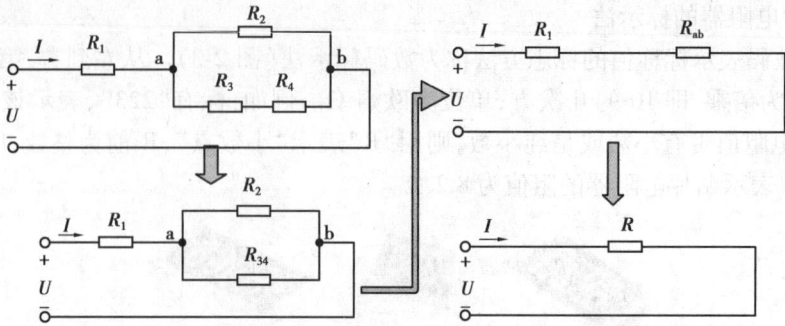

图 2-6　例 2-1 图

解：

$$R_{34} = R_3 + R_4 = 2\ \Omega + 6\ \Omega = 8\ \Omega$$

$$R_{ab} = \frac{R_2 R_{34}}{R_2 + R_{34}} = \frac{8 \times 8}{8 + 8}\ \Omega = 4\ \Omega$$

$$R = R_1 + R_{ab} = 10\ \Omega + 4\ \Omega = 14\ \Omega$$

$$I = \frac{U}{R} = \frac{140}{14}\text{A} = 10\ \text{A}$$

（6）检测电阻器的方法

检测电阻器的好坏时可使用万用表（图 2-7），具体方法如下：首先将挡位置于电阻挡，然后根据被测电阻器标称的大小选择量程，将两表笔（不分正负）分别接电阻器的两端引脚，表针应指在相应的阻值刻度上，如果表针不动和指示不稳定或指示值与电阻器上的标示值相差很大，则说明该电阻器已损坏。

注意：测量电阻时，不能带电测量。

测量单个电阻时，不能在线测量，精确测量电阻阻值，可用单臂电桥。

单臂电桥的使用

电子元件的测试
（电阻、电容、电感）

图 2-7　可测试电阻的指针式万用表（左）和数字式万用表（右）

2.1.2　电感器

1.电感器的定义

将绝缘的导线在磁环或磁棒上绕成一定圈数的各种线圈称为电感线圈或电感器。当一定数量变化的电流通过线圈时，线圈会产生感应电动势，其产生感应电动势大小的能力，称为电感量，简称电感。电感器又称扼流器、电抗器、动态电抗器。电感器是一种非线性元件，能够把电能转化为磁能而贮存起来。电感器一般由骨架、绕线、屏蔽罩、封装材料、磁心或铁心等构成,它的结构类似于变压器,但却只有一个绕组。随着技术的不断进步,电感在封装方式上发生了很大的变化。在一些主板或显卡上已看不到由铜丝缠绕的"轮胎"式线圈,取而代之的是体积较小的封装立式电感线圈或是黑色塑料封装的屏蔽式电感,如图2-8所示。

图2-8　电感器的部分实物

电感器具有一定的电感阻止电流的变化。它在电路中的基本用途有:扼流、交流负载、振有抽头的荡、陷波、调谐、补偿、偏转等。电感的符号用字母"L"表示,电感的单位为亨利,简称亨,用字母H表示。其国际单位制是亨利(H),还有毫亨(mH)和微亨(μH)。

单位之间的换算关系为:$1\ H = 10^{3}\ mH = 10^{6}\ \mu H$。

2.电感线圈的型号及命名方法

电感线圈的型号及命名方法如图2-9所示。

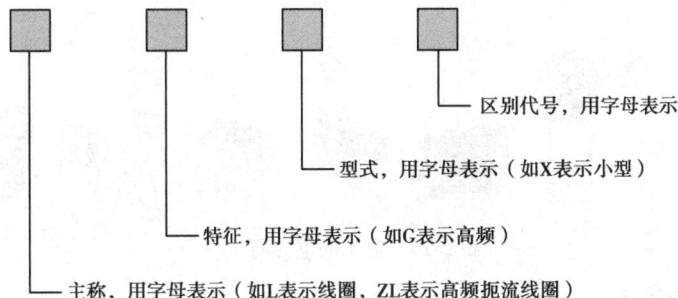

区别代号,用字母表示

型式,用字母表示(如X表示小型)

特征,用字母表示(如G表示高频)

主称,用字母表示(如L表示线圈,ZL表示高频扼流线圈)

图2-9　电感线圈的型号及命名方法

3.电感标称值的标示方法

电感标称值表示了线圈本身储存磁能的本领,同时也反映了电感器通过变化电流时产生感应电动势的能力。

对振荡线圈的要求较高,允许误差为$0.2\% \sim 0.5\%$。

对耦合阻流线圈要求则较低,一般在$10\% \sim 15\%$。

电感器的标称电感量和误差的常见标示方法有直接标志法和色标法,类似于电阻器的标注方法,单位是用微亨(μH)。

4.检测方法

检测电感器好坏可采用以下方法进行:

(1)观察法

首先进行外观检查,看线圈有无松散,引脚有无折断、生锈现象。电感器的外部损坏主要有两种情况:一种是引脚断裂;另一种是贴片式电感器,有时还会出现龟裂和外封固层破裂现象,这些现象可以直观进行判断。

(2)万用表检测法

将万用表置于"R×1"挡,红、黑两表笔各接电感器的任一引出端,此时指针应向右摆动。根据测出的电阻值大小进行判别,若测得电阻值为零,则说明该被测电感器内部存在短路性

51

故障;若被测电感器直流电阻的大小与骨架、导体结构有直接关系,只要能测出电阻值,则基本上认为被测电感器是正常的。

对于有金属屏蔽罩的电感器线圈,还需检查它的线圈与屏蔽罩间是否短路;对于有磁芯的可调电感器,螺纹配合要好。

2.1.3 电容器

1.电容器的定义

电容器(图 2-10)是在电路中用来储存电荷、容纳电荷的器件。和电阻、电感一样,电容器也是电路中的基本元器件。电容器简称为电容,它是一种能贮存电荷的容器,由于电荷的贮存意味着能量的贮存,因此也可说电容器是一个贮能元件,确切地说是储存电能,在电路中用于调谐、滤波、耦合、旁路、能量转换和延时等。在数码相机中通常采用贴片电容器,它是由两片靠得较近的金属片中间再隔以绝缘物质而组成的。衡量电容器储存电场能量本领大小的参量称为电容量,用"C"表示,国际单位制中用法拉(F)、微法(μF)和皮法(pF)。

单位之间的换算关系为:1 法拉$(F) = 10^3$ 毫法$(mF) = 10^6$ 微法$(μF) = 10^9$ 纳法$(nF) = 10^{12}$ 皮法(pF)。

图 2-10　常见的电容器

2.电容的型号命名法

电容的型号命名方法如图 2-11 所示。

第1部分		第2部分		第3部分		第4部分
用字母表示主体		用字母表示材料		用字母表示特征		用数字或字母表示序号
符号	意义	符号	意义	符号	意义	意义
C	电容器	C	瓷介	T	铁电	包括: 品种、尺寸代号、温度特性、直流工作电压、标称值、允许误差、标准代号等
		I	玻璃釉	W	微调	
		O	玻璃膜	J	金属化	
		Y	云母	X	小型	
		V	云母纸	S	独石	
		X	纸介	D	低压	
		J	金属化纸	M	密封	
		B	聚苯乙烯	Y	高压	
		F	聚四氟乙烯	C	穿心式	
		L	涤纶			
		S	聚碳酸酯			
		Q	漆膜			
		H	纸膜复合			
		D	铝电解			
		A	钽电解			
		G	金属电解			
		N	铌电解			
		T	钛电解			
		M	压敏			
		E	其他材料电解			

图 2-11　电容的型号命名法

CJX-250-0.33-±10%：

C—主称：电容；

J—材料：金属化介质；

X—特征：小型；

250—耐压：250 V；

0.33—标称容量为 0.33 μF；

±10%—允许误差为±10%。

3.常用电容器的图形符号及分类

常用电容器的图形符号及分类如图 2-12 所示。

图形符号	─┤├─	─┤├─ +	🗲	🗲	🗲 🗲
名称	电容器	电解电容器	可变电容器	微调电容器	同轴双可变电容

图 2-12　常用电容器的图形符号及分类

4.电容标称值的识别方法

电容标称值的识别方法如图 2-13 和图 2-14 所示。图 2-13 中是各个级别所对应的电容允许误差，例如"02"表示电容的允许误差为±2%。

级别	01	02	Ⅰ	Ⅱ	Ⅲ	Ⅳ	Ⅴ	Ⅵ
允许误差	1%	±2%	±5%	±10%	±20%	+20%~−30%	+50%~−20%	+100%~−10%

图 2-13　电容标称值的识别方法

用 J、K、M、N 分别表示±5%、±10%、±20%、±30%；

用 D、F、G 分别表示±0.5%、±1%、±2%；

用 P、S、Z 分别表示±100%～0%、±50%～20%、±80%～20%。

图 2-14 中的电容标识为"HM222M"，最后的"M"即表示允许误差为±20%。

（1）直标法

将电容的容量直接标注于电容实物表面。如图 2-15 所示，电容所标注的"33 000 μF"，即表示该电容的阻值。

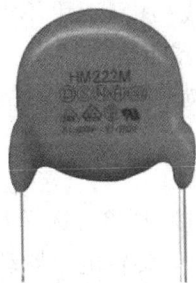

图 2-14　电容标称值的识别　　　图 2-15　电容的直标值

（2）文字符号法

将容量的整数部分写在容量单位标志符号前面，小数部分放在单位符号后面。如：3.3 pF 标志为 3p3，1 000 pF 标志为 1n，6 800 pF 标志为 6n8，2.2 μF 标志为 2μ2。

（3）数字标示法

体积较小的电容器常用数字标志法（图 2-16）。一般用三位整数表示。第 1 位、第 2 位为有效数字，第 3 位表示有效数字后面 0 的个数，单位为皮法（pF），但是当第 3 位数是 9 时表示 10^{-1}。如："224"表示容量为 220 000 pF，"473"表示容量为 47 000 pF，而"339"表示容量为 33×10^{-1} pF（3.3 pF）。

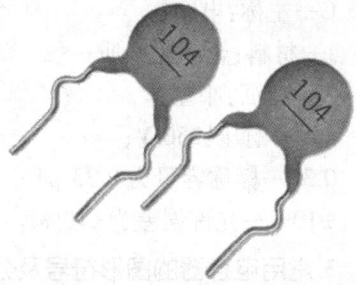

图 2-16　数字标示的电容

（4）色标法

电容器的色标法原则上与电阻器类似，其单位为皮法（pF）。

电子元件的测试
（电阻、电容、电感）

5.检测方法

（1）电解电容器的检测

电解电容器的检测最主要的是容量和漏电流的测量。如正、负极标志脱落，还应进行极性判别。用万用表测量电解电容的漏电流时，可用万用表电阻挡测电阻的方法，量程可以用估测的方法选择。估测 1 000 pF 以上的皮法级电容的容量，大小用 R×10 kΩ 挡。1 000 pF 或稍大一点的电容，只要表针稍有摆动，即可认为容量够了。万用表的黑表笔接电容器的"+"极，红表笔接电容器的"-"极，此时表针迅速向右摆动，然后慢慢退回，待指针不动时其指示的电阻值越大表示电容器的漏电流越小；若指针根本不向右摆，说明电容器内部已断路或电解质已干涸而失去容量。

（2）对中、小容量电容器的测试

对中、小容量电容器的测试无正、负极之分，绝缘电阻很大，因此漏电流很小。若用万用表的电阻挡直接测量其绝缘电阻，则表针摆动范围极小不易观察，用此法主要是检查电容器的断路情况。

对于 0.01 μF 以上的电容器，必须根据容量的大小，分别选择万用表的合适量程，才能正确加以判断。

如测 300 μF 以上的电容器可选择"R×10 k"或"R×1 k"挡；测 0.47～10 μF 的电容器可用"R×1 k"挡；测 0.01～0.47 μF 的电容器可用"R×10 k"挡等。

具体方法是：用两表笔分别接触电容的两根引线（注意双手不能同时接触电容器的两极），若表针不动，将表针对调再测，仍不动，说明电容器断路。

对于 0.01 μF 以下的电容器不能用万用表的欧姆挡判断其是否断路，只能用其他仪表（如 Q 表）进行鉴别。

（3）对可变电容的测试

对可变电容的测试主要是测量是否发生碰片（短接）现象。选择万用表的电阻（R×1）挡，将表笔分别接在可变电容器的动片和定片的连接片上。旋转电容器动片至某一位置时，若发现有直通（即表针指零）现象，说明可变电容器的动片和定片之间有碰片现象，应予以排除后再使用。

任务小结

①电阻器的定义、作用、识别及检测方法。

②电感器的定义、作用、识别及检测方法。

③电容器的定义、作用、识别及检测方法。

任务 2.2　电路参量及模型

任务导入

什么是电路？电路的作用是什么？电路相关的参数有哪些？电路的构成又有哪些？

学习目标

知识目标：

➤了解什么是电路及电路的作用

➤了解电路的组成

➤掌握电路分析方法

职业素养目标：

➤具备分析问题、解决问题的能力

➤养成良好的工作习惯

➤养成团队协作精神

➤培养创新意识及创新能力

➤养成严谨认真的学习态度

理论知识

2.2.1　电路及电路模型

1.电路的作用

电路指电流所通过的路径,也称回路或网络,是由电气设备和元器件按一定方式连接起来,以实现特定功能的电气装置。

在电力、通信、计算机、信号处理、控制等各个电气工程技术领域中,都使用大量的电路来完成各种各样的任务。电路的作用大致分为以下两方面。

（1）电能的传输和转换

电能的传输和转换,例如电力供电系统、照明设备、电动机等。此类电路主要利用电的能量,其电压、电流、功率相对较大,频率较低,称为强电系统。

（2）信号的传递和处理

信号的传递和处理,例如电话、扩音机电路用来传送和处理音频信号,万用表用来测量电压、电流和电阻,计算机的存储器用来存放数据和程序。此类电路主要用于处理电信号,其电压、电流、功率相对较小,频率较高,称为弱电系统。

实际电路虽然多种多样,功能也各不相同,但它们都受共同的基本规律支配。

2.电气图及电路模型

实际电路要工作,首先要由电源或信号源提供电能或电信号,向电路输入电压、电流后,推动用电设备(也称负载)工作以实现特定的功能。电源或信号源又称激励,由激励在电路中各部分引起的电压和电流输出称为响应。

人们在日常生活中所用的手电筒电路就是一个最简单的电路,它由干电池、灯泡、手电筒壳(连接导体)组成,如图2-17(a)所示。

电源——干电池是将非电能(此处为化学能)转换为电能的设备;

负载——灯泡是将电能转换成非电能(此处为光能)的设备;

控制元件——开关是接通或断开电路,起控制电路作用的元件;

导线——连接导体负责把电源与负载连接起来。

一个完整的电路是由电源(或信号源)、负载和中间环节(如开关、导线等)3个基本部分组成的。各种实际电路的种类和作用不同,规模相差也很大,小到硅片上的集成电路,大到高低压输电网,但都可以分解成以上三大部分。各种电路中随着电流的流动,都在进行着不同形式能量之间的转换。

在实际应用中,为了便于分析,通常用电路图来表示电路。在电路图中,各种电气元件都不需要画出原有的形状,而是采用统一规定的图形符号来表示。图2-17(b)所示就是图2-17(a)所示手电筒的电路原理图。

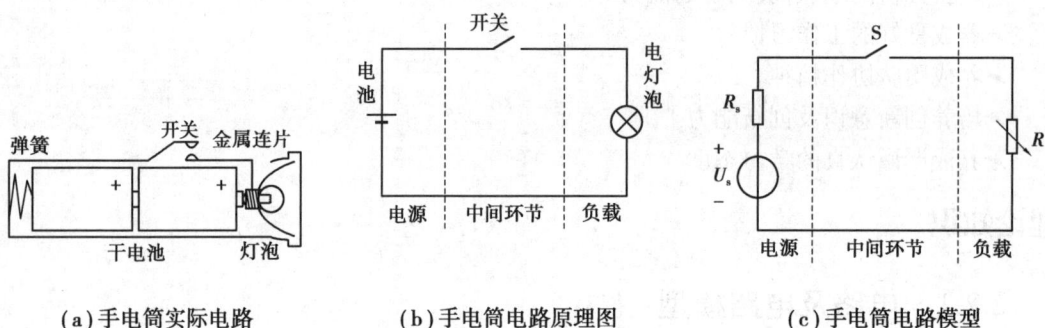

| (a)手电筒实际电路 | (b)手电筒电路原理图 | (c)手电筒电路模型 |

图2-17　电路模型

为便于理论研究,常用与实际电气设备和元器件相对应的理想化元器件构成电路,并用统一规定的符号表示作为实际电路的"电路模型",如图2-17(c)所示。本书在进行理论分析时所指的电路,均指这种电路模型。

但是不可能制造出完全理想的器件,比如:

①一个实际的电阻器在有电流流过的同时还会产生磁场,因而还兼有电感的性质。

②一个实际电源总有内阻,因而在使用时不可能总保持一定的端电压。

③连接导体总有一点电阻,甚至还有电感。

这样往往给分析电路带来了困难,因此,必须在一定条件下对实际器件加以理想化,忽略它的次要性质,用一个足以表征其主要性能的模型来表示。例如:

①灯泡的电感是极其微小的,把它看作一个理想的电阻元件是完全可以的。

②一个新的干电池,其内阻与灯泡的电阻相比可以忽略不计,把它看作一个电压恒定的

理想电压源也是完全可以的。

③在连接导体很短的情况下,导体的电阻完全可以忽略不计,可看作理想导体。

于是这个理想电阻元件就构成了灯泡的模型,理想电压源就构成了电池的模型,理想导体则构成了连接导体的模型。

各种实际元器件都可以用理想模型来近似地表征它的性质,只有对这样用理想模型表征的元器件所构成的电路模型,人们才有可能进行定性和定量的研究分析。电路理论分析的对象是电路模型,而非实际电路。

3.电路研究的理想化假设

实际的电路元器件在工作时,其电和磁现象同时存在,且发生在整个元器件中,复杂地交织在一起。为了方便分析,在一定的条件下,假定电路中的电磁现象可以分别研究,且可以用数学方法精确定义。如电阻表示只消耗电能的元件,电容表示只存储电场能量的元件,电感表示只存储磁场能量的元件,电压源和电流源均表示只提供电能的元件等。

上述元件的一个共同特点是都只有两个端钮,故称为二端元件(或称单口元件)。除二端元件外,往往还需要四端元件(或称双口元件),如受控源、理想变压器、耦合电感等。

4.集总假设的适用条件

"集总"的含义是:元器件中的电场和磁场可以分隔,并分别加以表征和研究,即元器件中交织存在的电场和磁场之间不存在相互作用。但实际上,若电场与磁场间存在相互作用时将产生电磁波,这样电路中的一部分能量将通过辐射而损失掉。

由此可见,上述集总假设的使用是有条件的,只有在辐射能量可以忽略不计的情况下才能采用集总假设,即当实际电路元件或部件的外形尺寸远比通过它的电磁波信号的波长小得多,可以忽略不计时,方可采用集总假设。

这种元件和部件称为集总元件,是抽象的理想元件模型,由集总元件构成的电路模型,称为集总电路。

例如,我国电力用电的频率为 50 Hz,对应的波长为 6 000 km。对一般的用电设备和其中的元器件而言,其尺寸与这一波长相比完全可以忽略不计,因此集总假设的概念是完全适用的。但对远距离输电线来说,就必须考虑到电场、磁场沿电路分布的现象,不能用集总参数而要用分布参数来表征。

2.2.2　电路变量

电路的电性能可以用一组表示为时间函数的变量来描述,最常用到的是电流、电压和电功率。本书中各电量单位都采用国际单位制。

1.电流

自然界中存在正、负两种电荷,在电源的作用下,电路中形成了电场,在电场力的作用下,处于电场内的电荷发生定向移动,形成电流,习惯上把正电荷运动的方向规定为电流的方向。

电流的大小称为电流强度(简称电流),是指单位时间内通过导体横截面的电荷量,即

$$i(t) = \frac{dq}{dt} \qquad\qquad 式(2-1)$$

式中,电荷 q 的单位为库[仑](C);时间 t 的单位为秒(s);电流 i 的单位为安[培](A)。除了

A 外,常用的单位有毫安(mA)、微安(μA),它们之间的换算关系如下:

$$1A = 10^3 mA$$
$$1mA = 10^3 \mu A$$

如果电流的大小和方向不随时间变化,这种电流称为恒定电流,简称直流,一般用大写字母 I 表示。

如果电流的大小和方向都随时间变化,则称为交变电流,简称交流,一般用小写字母 i 表示。

2.电压

电压是指电场中两点间的电位差(电势差),电压的实际方向规定为从高电位指向低电位,即

$$u(t) = \frac{dW}{dq} \qquad\qquad 式(2-2)$$

式中,dq 为由 a 点转移到 b 点的正电荷量,单位为库[仑](C);dW 为转移过程中电场力对电荷 dq 所做的功,单位为焦[耳](J);电压 $u(t)$ 的单位为伏[特](V)。

如果正电荷由 a 点转移到 b 点,电场力做了正功,则 a 点为高电位,即正极,b 点为低电位,即负极;如果正电荷由 a 点转移到 b 点,电场力做了负功,则 a 点为低电位,即负极,b 点为高电位,即正极。

如果正电荷量及电路极性都随时间变化,则称为交变电压或交流电压,一般用小写字母 u 表示;若电压大小和方向都不变,称为直流(恒定)电压,一般用大写字母 U 表示。

3.参考方向

在实际问题中,电流和电压的实际方向事先可能是未知的,或难以在电路图中标出,例如交流电流,就不可能用一个固定的箭头来表示其实际方向,所以引入参考方向的概念。参考方向可以任意选定,在电路图中,电流的参考方向用箭头表示;电压的参考方向(也称参考极性)则在元件或电路的两端用"+""-"符号来表示,"+"号表示高电位端,"-"号表示低电位端;有时也用双下标表示,如 u_{AB} 表示电压参考方向由 A 指向 B。

如果电流或电压的实际方向(虚线箭头)与参考方向(实线箭头或"+""-")一致,则用正值表示;如果两者相反,则为负值,如图 2-18 所示。这样,可利用电流或电压的正负值结合参考方向来表明实际方向。

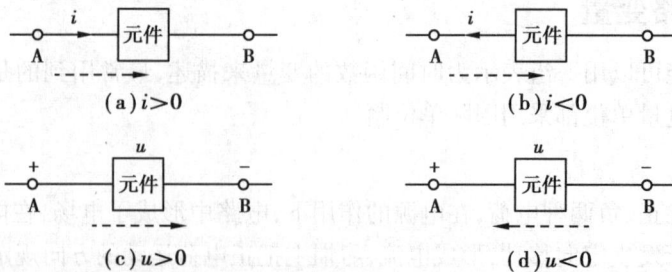

图 2-18　参考方向

在分析电路时,应先设定好合适的参考方向,在分析与计算的过程中不再任意改变,最后由计算结果的正、负值来确定电流和电压的实际方向。

如果指定流过某元件(或电路)的电流参考方向是从标以电压的正极性的一端指向负极性的一端,即两者的参考方向一致,则把电流和电压的这种参考方向称为关联参考方向;当两者不一致时,称为非关联参考方向,如图 2-19 所示。

(a)关联参考方向　　　　　　(b)非关联参考方向

图 2-19　关联参考方向

在分析计算电路时,对无源元件常取关联参考方向,对有源元件则常取非关联参考方向。

4.电功率

电功率表示电路或元件中消耗电能快慢的物理量,定义为电流在单位时间内所做的功,即

$$p(t) = \frac{\mathrm{d}W}{\mathrm{d}t} \qquad \text{式(2-3)}$$

当时间 t 的单位为秒(s),功 W 的单位为焦[耳](J)时,功率 p 的单位为瓦[特](W)。

设定电流和电压为关联参考方向时,由式(2-2),有 $\mathrm{d}W = u(t)\mathrm{d}q$,再结合式(2-3),有

$$p(t) = \frac{\mathrm{d}W}{\mathrm{d}t} = u(t)\frac{\mathrm{d}q}{\mathrm{d}t} = u(t)i(t) \qquad \text{式(2-4)}$$

此时把能量传输(流动)的方向称为功率的方向,若 $p(t) > 0$,表示此电路(或元件)吸收能量,此时的 $p(t)$ 称为吸收功率;若 $p(t) < 0$,表示此电路(或元件)发出能量,此时的 $p(t)$ 称为发出功率。

对于 $p(t) = u(t)i(t)$,当设定电流和电压为非关联参考方向时,若 $p(t) > 0$,表示此电路(或元件)发出能量,此时的 $p(t)$ 称为发出功率;若 $p(t) < 0$,此电路(或元件)吸收能量,此时的 $p(t)$ 称为吸收功率。

根据能量守恒定律,对于一个完整的电路来说,在任一时刻各元件吸收的电功率的总和应等于发出电功率的总和,或电功率的总代数和为零。

【例 2-2】　图 2-20 所示电路中已标出各元件上电流、电压参考方向,已知 $i = 2$ A,$u_1 = 3$ V,$u_2 = -8$ V,$u_3 = 5$ V,试求各元件吸收或发出的功率,并验证整个电路的电功率是否平衡。

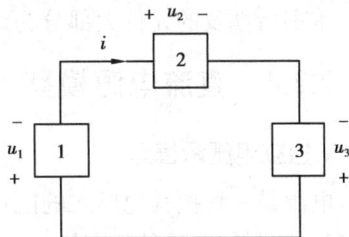

图 2-20　例 2-2 图

解: 对元件 1 和元件 2,其上的电压和电流为关联参考方向,有

$$p_1 = u_1 i = 2 \times 3 \text{ W} = 6 \text{ W} > 0 \qquad \text{(吸收功率)}$$

$$p_2 = u_2 i = 2 \times (-8) \text{ W} = -16 \text{ W} < 0 \qquad \text{(发出功率)}$$

对元件 3,其上的电压和电流为非关联参考方向,有

$$p_3 = u_3 i = 2 \times 5 \text{ W} = 10 \text{ W} > 0 \qquad \text{(吸收功率)}$$

电路吸收的总功率为

$$p_{吸} = p_1 + p_3 = 6 \text{ W} + 10 \text{ W} = 16 \text{ W}$$

电路发出的总功率为

$$p_发 = p_2 = 16 \text{ W}$$

可见 $p_发 = p_吸$，总功率平衡。

功率平衡的规律可用于电路设计或求解电路的结果验证。

在电压、电流选定关联参考方向时，电路从 t_0 到 t 时间内所吸收的电能 W 为

$$W(t_0,t) = \int_{t_0}^{t} P(\xi) \mathrm{d}\xi = \int_{t_0}^{t} u(\xi)i(\xi) \mathrm{d}\xi \qquad 式(2\text{-}5)$$

电能的单位是［焦耳］（J），在电力系统中，电能的单位通常用千瓦时（kW·h）来表示，也称度（电），它们之间的换算关系为

$$1 \text{ 度（电）} = 1 \text{ kW·h} = 3.6 \times 106 \text{ J}$$

注意，实际的电气设备都有额定的电压、电流和功率限制，使用时不要超过规定的额定值，否则易使设备损坏。超过额定功率称为超载，低于额定功率称为欠载。

2.2.3　电路元件

在电路理论中，实际的元件是用理想化的电路元件的组合来表示的。理想的电路元件有二端元件和多端元件之分，又有有源、无源的区别。本书所涉及的无源理想二端元件有电阻、电感和电容，无源理想多端元件有晶体管、运算放大器、变压器等；有源元件有理想电压源和理想电流源。

每一个理想电路元件的电压 u 或电流 i，或者电压与电流之间的关系都有着确定的规定，例如电阻元件上的电压与电流关系为 $u = f(i)$。这种规定充分地表征了此电路元件的特性，称为元件的约束。有时，在元件约束里也用到电荷 q 和磁通 Φ（或磁通链 ψ）等，如电容元件上电荷与电压的关系为 $q = f(u)$，电感元件上磁通链与电流的关系为 $\psi = f(i)$。

如果表征元件特性的代数关系为线性关系，对应的元件称为线性元件；否则称为非线性元件。

如果元件参数是时间 t 的函数，对应的元件称为时变元件；否则称为时不变元件，元件参数为常数。

本书所涉及的元件大部分为线性时不变元件，且大多为二端元件。

2.2.4　直流电源模型

1.独立电压源模型

电源是一种把其他形式的能量转换成电能的装置。任何电路工作时都首先要由电源提供能量，实际的电源种类多样，有电池、发电机、信号源等。电池能把化学能转换成电能，发电机能把机械能转换成电能，信号源是指能提供信号的电子设备。近年来，新能源的应用发展很快，如太阳能和风力发电等。

独立源是从实际电源中抽象出来的一种电路模型，分为独立电压源（也称理想电压源，简称电压源）和独立电流源（也称理想电流源，简称电流源）。电压源的电压或电流源的电流一定，不受外电路的控制而独立存在。

电压源的端电压为定值 U_s 或者是一定的时间函数 $u_s(t)$，与流过它的电流或其他支路的电流无关。当电流为零时，其两端仍有电压 U_s 或 $u_s(t)$。独立电压源的符号及特性曲线如图2-21所示。

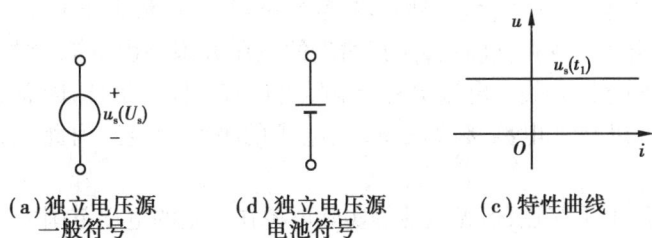

(a)独立电压源　　　　(d)独立电压源　　　　(c)特性曲线
　一般符号　　　　　　电池符号

图 2-21　独立电压源的符号及特性曲线

端电压为定值 U_s 的电压源,称为直流(恒定)电压源;端电压是一定的时间函数 $u_s(t)$ 的电压源,称为交变电压源;端电压随时间做周期性变化且在一个周期内的平均值为零的电压源,称为交流电压源。

在 u-i 平面上,电压源在 t_1 时刻的伏安特性曲线是一条平行于 i 轴且纵坐标为 $u_s(t_1)$ 的直线,如图 2-21(c)所示。特性曲线表明了电压源端电压与电流大小无关。

电压源两端的电压由其本身独立确定,而流过它的电流并不是由电压源本身所能确定的,而是和与之相连接的外电路有关。电流可以从不同的方向流过电压源,因而电压源既可以对外电路提供能量,也可以从外电路接收能量,视电流的方向而定。因此,电压源是一种有源元件。

理想电压源实际上不存在,但通常的电池、发电机等实际电源在一定的电流范围内可近似地看成是一个理想电压源。也可以用电压源与电阻元件来构成实际电源的模型,本书在后面再讨论这个问题。此外,电压源也可用电子电路来辅助实现,如晶体管稳压电源。

2.独立电流源

独立电流源也是一种电路模型。电流源是一种能产生电流的装置。例如光电池在一定条件下,在一定照度的光线照射时就被激发产生一定值的电流,该电流与照度成正比,该光电池可视为电流源。

流过电流源的电流为定值 I_s 或者是一定时间的函数 $i_s(t)$,与其两端的电压无关。当电压为零时,其发出的电流仍为 I_s 或 $i_s(t)$。

独立电流源的元件符号如图 2-22(a)所示,在表示直流(恒定)电流源时,$i_s(t)=I_s$,箭头表示电流的参考方向,对已知的直流电流源,常使参考方向与实际方向一致。

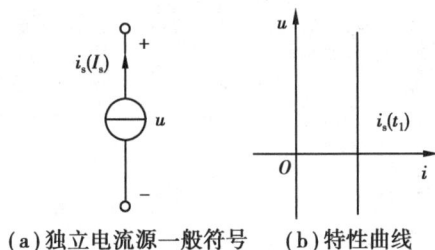

(a)独立电流源一般符号　　　(b)特性曲线

图 2-22　独立电流源的符号及特性曲线

电流是一定时间函数 $i_s(t)$ 的电流源,称为交变电流源;电流随时间做周期性变化且在一个周期内的平均值为零的电流源,称为交流电流源。

在 u-i 平面上,电流源在 t_1 时刻的伏安特性曲线是一条平行于 u 轴且横坐标为 $i_s(t_1)$ 的直线,如图 2-22(b)所示。特性曲线表明了电流源端电压与电流大小无关。

电流源的电流由其本身独立确定,而其两端的电压并不是由电流源本身所能确定的,而是和与之相连接的外电路有关。电流源两端电压可以有不同的极性,因而电流源既可以对外电路提供能量,也可以从外电路接收能量,视电压的极性而定。因此,电流源是一种有源元件。

理想电流源实际上不存在,但光电池等实际电源在一定的电压范围内可近似地看成是一个理想电流源。也可以用电流源与电阻元件来构成实际电源的模型,本书将在后面再讨论这个问题。此外,电流源也可用电子电路来辅助实现。

3.受控源

受控源又称非独立源,也是一种理想电路元件,具有与独立源完全不同的特点。以受控电压源为例,它的电压是受同一电路中其他支路的电压或电流控制的。

受控源原本是从电子器件中抽象而来的。例如,晶体管的集电极电流受基极电流控制,运算放大器的输出电压受输入电压控制,场效应管的漏极电流受栅极电压控制等。

受控源是一种四端元件,它含有两条支路,一条是控制支路,另一条是受控支路。受控支路为一个电压源或一个电流源,它的输出电压或输出电流(称为受控量)受另外一条支路的电压或电流(称为控制量)的控制,该电压源、电流源分别称为受控电压源和受控电流源,统称为受控源。

任务小结

①电路基础知识包括电路、电路模型的概念。
②电路分析的电量包括电压、电流、电功率。
③电路由电阻、电容、电感等元器件组成。

任务 2.3　电路定律

任务导入

在电路分析过程中需要遵循相应电路定律,那么都有哪些定律呢?

学习目标

知识目标:
➤了解电路定律
➤掌握电路定律分析方法
➤掌握电路分析方法

职业素养目标:
➤具备分析问题、解决问题的能力
➤养成良好的工作习惯
➤养成团队协作精神
➤培养创新意识及创新能力

➢养成严谨认真的学习态度

理论知识

2.3.1　基尔霍夫定律

电路的基本规律包含两方面的内容。一方面是将电路作为一个整体来看,应服从什么规律? 另一方面是电路的各个组成部分(电路元件)各有什么表现? 也就是其特性如何?

这两方面都必不可少。因为电路是由元件组成的,整个电路表现如何,既要看这些元件是怎样连接而构成一个整体的,又要看每个元件各具有什么特性。

这两个方面体现了电路的元件约束和拓扑约束。其中元件约束是指元件应满足的伏安关系(Voltage Current Relation,VCR),拓扑约束是指取决于互连方式的约束(即 KCL、KVL 定律),它们是电路分析中解决集总问题的基本依据。

基尔霍夫定律(Kirchhoff's laws)由德国物理学家基尔霍夫于 1847 年提出,是分析和计算较为复杂电路的基础,它既可以用于直流电路的分析,也可以用于交流电路的分析,还可以用于含有电子元件的非线性电路的分析。运用基尔霍夫定律进行电路分析时,仅与电路的连接方式有关,而与构成该电路的元器件具有的性质无关,即不论元件是线性还是非线性的,是时变还是时不变的都成立。基尔霍夫定律包括基尔霍夫电流定律(KCL)和基尔霍夫电压定律(KVL)。

1.几个重要的概念

（1）支路

电路中只通过同一电流的每个分支(branch)称为支路,由一个或多个二端元件串联组成。流经支路的电流称为支路电流。图 2-23 所示电路中共有 ac、ab、bc、ad、bd、cd 六条支路,其中 ad 和 cd 支路是由两个元件串联组成的(注意有些书中是把每一个二端元件看成一条支路)。

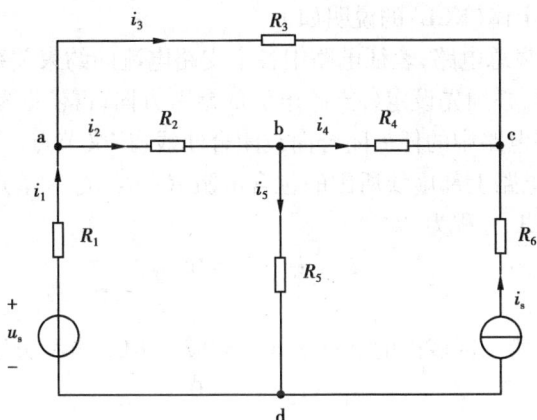

图 2-23　支路与节点

（2）节点

三条或三条以上支路的连接点称为节点(node)。在图 2-23 所示电路中,a、b、c、d 均为节点,共 4 个节点。

（3）回路

电路中的任一闭合路径称为回路（loop）。在图 2-23 所示电路中，abda、bcdb、acba、acda、abcda 等都是回路，共有 7 个回路。

（4）网孔

在回路内部不另含有支路的回路称为网孔（mesh）。在图 2-23 所示电路中，共有 abda、bcdb、acba 三个网孔。

2.KCL 定律

电荷守恒和电流连续性原理指出，在电路中任一点上，任何时刻都不会产生电荷的堆积或减少现象，由此可得基尔霍夫电流定律（KCL）。

对于任一集总电路中的任一节点，在任一时刻，流进该节点的所有支路电流的和等于流出该节点的所有支路电流的和，即

$$\sum i_{流入} = \sum i_{流出} \qquad 式（2-6）$$

如图 2-23 所示电路中节点 a，对其列出 KCL 方程为

$$i_1 = i_2 + i_3 \qquad 式（2-7）$$

对式（2-7）进行适当移项，若规定流入该节点的支路电流取正号，流出节点的支路电流取负号，可改写为

$$i_1 - i_2 - i_3 = 0 \qquad 式（2-8）$$

因而 KCL 也可描述为：对任一集总电路中的任一节点，在任一时刻，流入（或流出）该节点的所有支路电流的代数和为零。KCL 的数学表达式为

$$\sum_{k=1}^{K} i_k(t) = 0 \qquad 式（2-9）$$

式中，$i_k(t)$ 为流出（或流入）节点的第 k 条支路的支路电流；K 为节点处的支路数。

注意，电流"流入"或"流出"节点指的是电流参考方向。若规定流出节点的电流取正号，流入节点的电流取负号，式（2-9）也成立。

关于基尔霍夫电流定律（KCL）的说明如下：

①KCL 定律适用于集总电路，表征电路中各个支路电流的约束关系，与元件特性无关。

②使用 KCL 定律时，必须先设定各支路电流的参考方向，再依据参考方向列写方程。

③可将 KCL 推广到电路中的任一闭合面或闭合曲线（广义节点）。

例如，对图 2-24 中电路上部虚线所围的包含电阻 R_2、R_3、R_4 和节点 a、b、c 的封闭区域，i_1 和 i_s 流入，i_5 流出，其 KCL 方程为

$$i_1 + i_s - i_5 = 0 \qquad 式（2-10）$$

证明过程如下。

图 2-24 中上部虚线所围区域内的节点 a、b、c 对应的 KCL 方程分别是

$$i_1 - i_2 - i_3 = 0$$
$$i_2 - i_4 - i_5 = 0$$
$$i_3 + i_4 + i_s = 0 \qquad 式（2-11）$$

将式（2-11）相加后，即得到上述结论。

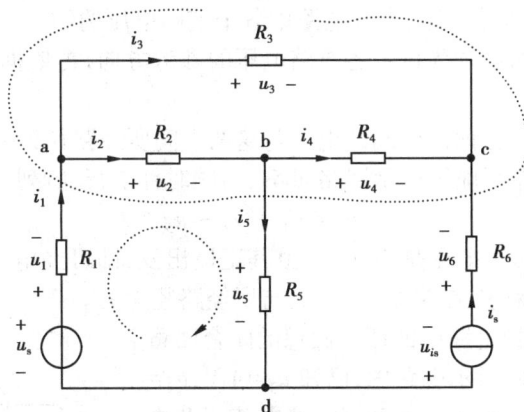

图 2-24　KCL 与 KVL 例图

【例 2-3】　如图 2-25 所示的部分电路中,已知 $i_a = 2\,\text{A}$, $i_1 = -4\,\text{A}$, $i_2 = 5\,\text{A}$,求 i_3、i_b 和 i_c。

解:应用基尔霍夫电流定律,依据图 2-25 中标出的各电流参考方向,分别由节点 a、b、c 的 KCL 方程,求得

$$i_3 = i_1 - i_a = -4\,\text{A} - 2\,\text{A} = -6\,\text{A}$$

$$i_b = i_2 - i_1 = 5\,\text{A} - (-4)\,\text{A} = 9\text{A}$$

$$i_c = i_3 - i_2 = -6\,\text{A} - 5\,\text{A} = -11\text{A}$$

或者在求得 i_b 后,把 3 个电阻看成广义节点,也可求得 i_c,有

$$i_c = -i_a - i_b = -2\,\text{A} - 9\,\text{A} = -11\,\text{A}$$

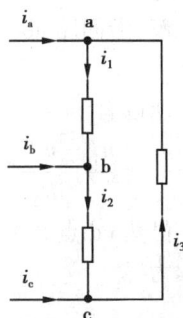

图 2-25　例 2-3 图

3.KVL 定律

由于电路中任意一点的瞬时电位具有单值性,若沿着任一路径,回到原来的出发点时,该点的电位是不会变化的,因此可得基尔霍夫电压定律(KVL)。

对于任一集总电路,在任一时刻,沿任一回路循环一周,该回路所有支路电压降的和等于所有支路电压升的和,即

$$\sum u_{升} = \sum u_{降} \qquad\qquad 式(2-12)$$

如图 2-24 中电路左下虚线所示回路 abda,选顺时针为绕行方向,所列出的 KVL 方程为

$$u_s = u_1 + u_2 + u_5 \qquad\qquad 式(2-13)$$

对式(2-13)适当移项,规定参考方向与绕行方向相同的电压取正号,参考方向与绕行方向相反的电压取负号,可改写为

$$-u_s + u_1 + u_2 + u_5 = 0 \qquad\qquad 式(2-14)$$

因而 KVL 也可描述为:对于任一集总电路中的任一回路,在任一时刻沿着该回路的所有支路电压的代数和为零。KVL 的数学表达式为

$$\sum_{k=1}^{K} u_k(t) = 0 \qquad\qquad 式(2-15)$$

式中,$u_k(t)$ 表示回路中第 k 条支路的支路电压;K 为回路中的支路数。

应用式(2-15)时,首先应选定回路的循环方向(沿回路顺时针或逆时针均可),然后自回路中任一点开始沿所选方向绕行一周,凡经过的支路电压的参考方向与回路绕行方向一致者,在该电压前取正号;反之取负号。

关于基尔霍夫电压定律(KVL)的说明如下:

①KVL 定律适用于集总电路,表征电路中各个支路电压的约束关系,与元件特性无关。

②使用 KVL 定律时,必须先设定各支路电压的参考方向,再依据参考方向和选定的绕行方向列写方程。

③由 KVL 定律可知,任何两点间的电压与这两点间所经路径无关。

例如,对图 2-24 中左下虚线所示回路 abda,沿顺时针绕行,所列出的 KVL 方程为

$$u_s = u_1 + u_2 + u_5 \qquad\qquad 式(2\text{-}16)$$

式(2-16)表明,u_s 两端电压是唯一的,由其正极出发,即可经电压源本身到负极,也可沿 u_1、u_2、u_5 到负极的路径来求,结果是一样的,与所经路径无关。

④KVL 定律可推广到电路中的任一假想的闭合回路上。

【例 2-4】 如图 2-26 所示电路中,已知 $u_1 = 4$ V,$u_2 = -1$ V,$u_3 = 2$ V,$u_4 = 3$ V,$R_1 = R_2 = 20$ Ω,求电流 i 和电压 u_{cd}。

解: 沿回路 abefa,由 KVL 定律,可列方程为

$$u_1 = u_2 + iR_2 + u_4$$

所以有

$$i = \frac{u_1 - u_2 - u_4}{R_2} = \frac{4 - (-1) - 3}{20} \text{ A} = 0.1 \text{ A}$$

图 2-26 例 2-4 图

虽然 cd 点并不闭合,但对回路 cbedc,也可以列 KVL 方程为

$$u_{cd} = u_3 + iR_2 + u_4 = (2 + 0.1 \times 20 + 3) \text{ V} = 7 \text{ V}$$

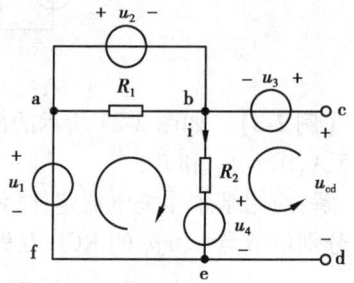

4.电路中 KCL、KVL 方程的独立性

在电路分析中,当电路中有多个未知的支路电压和电流时,常要运用 KCL、KVL 定律列写多个方程,组成线性方程组求解。那么,对于给定的电路,可以列出多少个独立有效的 KCL 和 KVL 方程呢?

图 2-27 所示电路中有 4 个节点($n=4$),可列出 4 个 KCL 方程,即

$$\text{节点 a}: i_1 = i_2 + i_3$$
$$\text{节点 b}: i_2 = i_4 + i_5$$
$$\text{节点 c}: i_3 + i_4 + i_s = 0$$
$$\text{节点 d}: i_5 = i_1 + i_s \qquad\qquad 式(2\text{-}17)$$

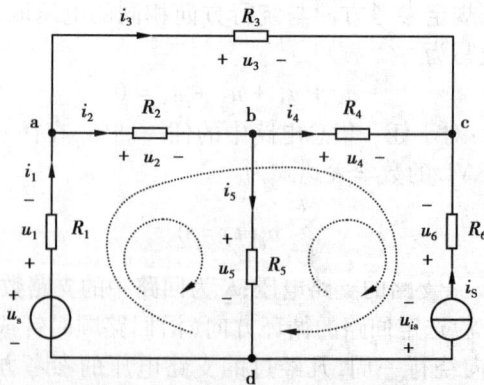

图 2-27 KCL、KVL 方程独立性例图

每一支路接在两个节点之间,因而每一支路电流对一个节点为流出,则对另一个节点为流入。因此,如对所有的节点写 KCL 方程,每一支路电流将出现两次,一次为正,一次为负。若把以上 4 个方程相加,必然得到等号两边为零的结果,即这 4 个方程不是相互独立的。

若从这 4 个方程中去掉任意一个,余下的 3 个方程一定是互相独立的。

结论 1:对于具有 n 个节点的电路,在任意($n-1$)个节点上可以得出($n-1$)个独立的 KCL 方程,相应的($n-1$)个节点称为独立节点。

在图 2-27 所示电路中,如果对回路 abda、回路 bcdb 和回路 abcda 列 KVL 方程,可得

$$abda: u_1 + u_2 + u_5 - u_s = 0$$
$$bcdb: u_4 - u_6 - u_{is} - u_5 = 0$$
$$abcda: u_2 + u_4 - u_6 - u_{is} - u_s + u_1 = 0 \qquad \text{式}(2-18)$$

观察发现,前两个方程两边相加即可得到第 3 式。即这 3 个回路电压方程相互是不独立的,其中任一个方程可以由另外两个方程导出,所以这 3 个 KVL 方程中只有两个是独立的。

结论 2:在平面电路中,其独立回路对应的 KVL 方程数等于其网孔数 m,而网孔数 $m=b-(n-1)$,其中 b 为支路数,n 为节点数。

除了 KCL、KVL 方程外,还可以依据电路中元件的特性(VCR 关系)列方程,如

$$u_1 = R_1 i_1$$
$$u_2 = R_2 i_2$$
$$u_3 = R_3 i_3 \qquad \text{式}(2-19)$$

结论 3:对一个具有 b 条支路的电路,可以列出联系 b 个支路电流变量和 b 个支路电压变量所需的 $2b$ 个独立方程式。

列写这些方程的基本依据是只取决于电路互连形式的拓扑约束(topological constraints)和取决于元件性质的元件约束(element constraints),分别由电路的 KCL、KVL 定律和元件的 VCR 关系描述。

根据两类约束列出支路电压变量、支路电流变量的联立方程组从而求得所需未知电压、电流的方法常称为 $2b$ 法。

$2b$ 法往往涉及求解大量联立方程式的问题,因此需要寻求减少联立方程式的电路分析方法。但是,从概念上说,$2b$ 法是很重要的,它是所有其他电路分析方法的基础。在计算机辅助电路分析中,这一方法具有易于形成方程式的优点,受到重视。

2.3.2 电路中电位的计算

电位也称电势,是表示电场中某点所具有能量的物理量,用符号 V 表示。如 a 点的电位记为 V_a,单位是 V。电场中每一点都有电位,可以直接比较各点电位的高低,而电压就是两点间的电位差,如 a、b 两点电压 $U_{ab}=V_a-V_b$,只能在两点间相互比较。

在电子技术中,常用电位的概念来分析电路中元件的工作状态,应用电位的概念还可以简化电路图的画法,便于分析计算。

1.电位

在电路中,电位指某点到参考点间的电压,通常设参考点的电位为零,用图符"⊥"表示。例如图 2-28 所示电路。

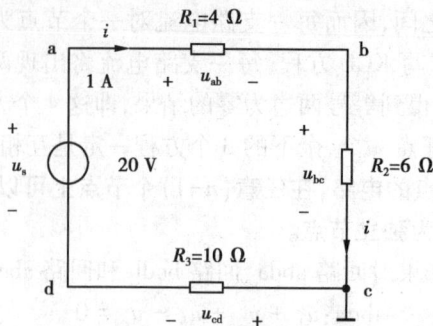

图 2-28　电位的计算

（1）取 c 点为参考点

c 点：$V_c = 0$ V，电路中电流 $i = 1$ A

b 点：$V_b = U_{bc} = iR_2 = (1 \times 6)$ V $= 6$ V

d 点：$V_d = U_{dc} = -iR_3 = (-1 \times 10)$ V $= -10$ V

说明：b 点电位为正，该点的电位比参考点高；d 点电位为负，该点的电位比参考点低。

（2）取 d 点为参考点

d 点：$V_d = 0$ V

c 点：$V_c = U_{cd} = iR_3 = (1 \times 10)$ V $= 10$ V

b 点：$V_b = U_{bd} = U_{bc} + U_{cd} = iR_2 + iR_3 = (1 \times 6 + 1 \times 10)$ V $= 16$ V

由上可知，在参考点不同的情况下，电路中同一点的电位也不相同。可见，电位是相对的，电路中某点电位的大小与参考点（即零电位点）的选择有关。零电位点可选电路上的任意点，习惯上规定大地为零电位点，对于机壳需要接地的设备，就可以把机壳作为参考点；在不接地的电子设备中，常把多个元器件汇聚的公共点设为零电位，也称接地。

而在图 2-28 所示电路中，a、b 两点的电压 $U_{ab} = iR_1 = 1 \times 4 = 4$ V，a、d 两点的电压 $U_{ad} = u_s = 20$ V，在以上参考点不同的两种情况下都始终不变。可见，电路中两点间的电压值是固定的，不会因参考点的不同而改变，即与零电位参考点的选取无关。

综上所述，计算电位的基本方法可归纳为如下几点：

①选定电路中某一点为参考点，设其电位为零。

②标出各电流参考方向及各元件两端电压的参考正、负极性。

③计算各点至参考点间的电压，即得到各点的电位。

从被求点开始通过一定的路径绕行到零电位参考点，则该点的电位等于此路径上所有电压降的代数和：电阻元件电压降写成 $\pm iR$ 的形式，当电流 i 的参考方向与路径绕行方向一致时，取"+"号；反之，则取"-"号。电源电动势写成 $\pm u_s$ 形式，当电动势的方向与路径绕行方向一致时，取"+"号；反之，则选取"-"号。

【例 2-5】　如图 2-28 所示电路，试通过路径 abc 和 adc 分别计算 a 点的电位。

解：由路径 abc，有

$$V_a = U_{ac} = U_{ab} + U_{bc} = iR_1 + iR_2 = 1 \times 4 \text{ V} + 1 \times 6 \text{ V} = 10 \text{ V}$$

由路径 adc，有

$$V_a = U_{ac} = U_{ad} + U_{dc} = u_s - iR_3 = 20 \text{ V} - 1 \times 10 \text{ V} = 10 \text{ V}$$

在上式中，由于 R_3 上电流参考方向与绕行方向相反，故 R_3 上电压取"-"号。

上两式求出的 a 点电位是一样的,可见,只要参考点确定,电路中各点电位就确定了,与分析时所取的路径无关。

2.简化电路

为了方便绘制电路图及简化计算过程,借助电位的概念,常采用简化电路图。

如图 2-29(a)所示电路,可简化为图 2-29(b)或图 2-29(c)所示的形式,一般将电路参考点(地)选取在与电源直接相连处,把与地相连的电源及其与地的连线去掉,并用带有"+""−"符号及大小的标注代替。电路的其他所有部分则保留。

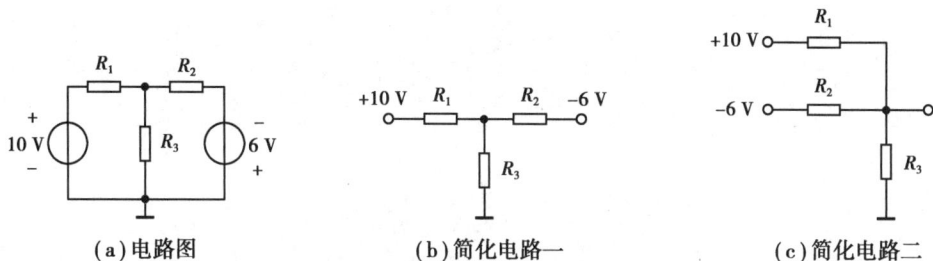

(a)电路图　　　　　　　　(b)简化电路一　　　　　　　　(c)简化电路二

图 2-29　简化电路图

3.简化电路的分析方法

【例 2-6】　如图 2-30(a)所示电路,求在开关 S 断开和闭合两种情况下,B 点的电位 V_B。

解:开关 S 断开时,电路没有构成电流通路,电流 $i=0$,R_1 上无压降,有

$$V_B = V_A - iR_1 = 10\text{ V} - 0\text{ V} = 10\text{ V}$$

开关 S 闭合时,电路电流 $i = \dfrac{V_A - V_C}{R_1 + R_2} = \dfrac{10-(-6)}{8+8}\text{ mA} = 1\text{ mA}$,

有

$$V_B = V_A - R_1 i = 10\text{ V} - 8 \times 1\text{ V} = 2\text{ V}$$

若不熟悉简化电路,也可将其改画成完整画法后再计算。即在标有电位的悬空端与参考点(地)间补画出理想电压源,注意理想电压源的极性和大小应与原来标的电位一样,如图 2-30(b)所示。

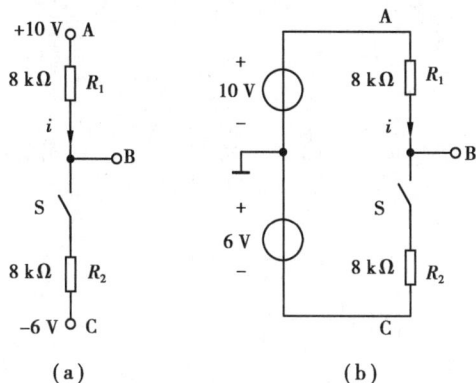

(a)　　　　　　　　　　(b)

图 2-30　简化电路的分析

任务小结

①基尔霍夫定律包括 KCL 定律和 KVL 定律。

②基尔霍夫定律的应用包括电位的计算和电路的简化。

项目 3

常用电子元器件的认知

任务 3.1　半导体二极管

任务导入

自然界的一切物质都是由分子、原子组成的。原子是由一个带正电的原子核和在它周围高速旋转着的带有负电的电子组成。原子核中有质子和中子,其中质子带正电,中子不带电。在原子结构中,正电荷=负电荷。那么,导体、半导体和绝缘体的原子结构有什么不同呢? 它们的导电能力又如何呢?

学习目标

知识目标:
➤掌握半导体的特性
➤理解半导体二极管的伏安特性
➤掌握半导体二极管的作用、识别及检测方法

职业素养目标:
➤养成严谨科学的工作态度
➤养成团队协作精神
➤培养创新意识及创新能力
➤养成严谨认真的学习态度

理论知识

3.1.1　导体、半导体和绝缘体

1.导体

导体的最外层电子数通常是 1~3 个,且距原子核较远,因此受原子核的束缚力较小。由

于温度升高、振动等外界的影响,导体的最外层电子就会游离到空间成为自由电子。导体的原子结构如图3-1所示。

因此,导体在常温下存在大量的自由电子,具有良好的导电能力。

常用的导电材料有银、铜、铝、金等。

2.半导体

半导体的最外层电子数一般为4个,在常温下存在的自由电子数介于导体和绝缘体之间,因而在常温下半导体的导电能力也是介于导体和绝缘体之间。半导体的原子结构如图3-2所示。

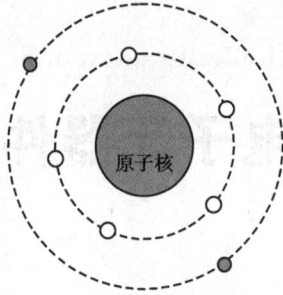

图 3-1　导体的原子结构　　　图 3-2　半导体的原子结构

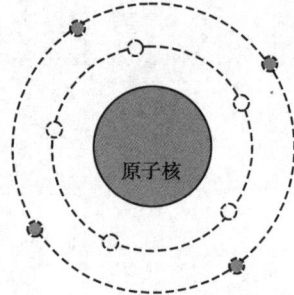

常用的半导体材料有硅、锗、硒等。

3.绝缘体

绝缘体的最外层电子数一般为6~8个,且距原子核较近,因此受原子核的束缚力较强而不易挣脱其束缚。绝缘体的原子结构如图3-3所示。

常温下绝缘体内部几乎不存在自由电子,因此导电能力极差或不导电。

常用的绝缘体材料有橡胶、云母、陶瓷等。

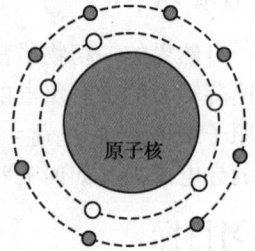

图 3-3　绝缘体的原子结构

4.半导体的独特性能

半导体的导电能力虽然介于导体和绝缘体之间,但半导体的应用却极其广泛,这是由半导体的独特性能所决定的:

①光敏性:半导体受光照后,其导电能力大大增强;

②热敏性:受温度的影响,半导体导电能力变化很大;

③掺杂性:在半导体中掺入少量特殊杂质,其导电能力极大地增强。

半导体材料的独特性能是由其内部的导电机理所决定的。

3.1.2　半导体二极管

杂质半导体的导电能力虽然很强,但它们并不能称为半导体器件。

在电子技术中,PN结是一切半导体器件的"元概念"和技术起始点。

半导体二极管是指利用半导体特性的两端电子器件。最常见的半导体二极管是PN结型二极管和金属半导体接触二极管。它们的共同特点是伏安特性的不对称性,即电流沿其一个方向呈现良好的导电性,而在相反方向呈现高阻特性。可用作为整流、检波、稳压、恒流、变容、开关、发光及光电转换等。利用高掺杂 PN 结中载流子的隧道效应可制成超高频放大或超高速开关的隧道二极管。

1.半导体二极管的基本结构和类型

PN 结两端各引出一个电极并加上管壳，就形成了半导体二极管。PN 结的 P 型半导体一端引出的电极称为阳极，PN 结的 N 型半导体一端引出的电极称为阴极。半导体二极管按结构不同可分为点接触型、面接触型和平面型。

点接触型[图 3-4(a)]半导体二极管，由一根金属丝与半导体表面相接触，经过特殊工艺，在接触点上形成 PN 结，作出引线，加上管壳封装而成。点接触型二极管的 PN 结面积小，高频性能好，适用于高频检波电路、开关电路。

面接触型[图 3-4(b)]半导体二极管，它的 PN 结是用合金法工艺制作而成的。面接触型二极管的 PN 结面积大，可通过较大的电流，一般用于低频整流电路中。

平面型半导体二极管，它的 PN 结是用扩散法工艺制作的。平面型二极管常用硅平面开关管，其 PN 结面积较大时，适用于大功率整流；其 PN 结面积较小时，适用于脉冲数字电路中做开关管使用。

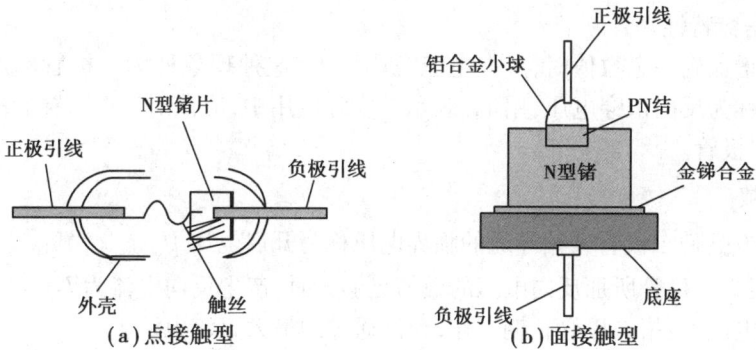

图 3-4　半导体二极管的结构类型

2.半导体二极管的伏安特性

二极管的核心是 PN 结，它的特性就是 PN 结的特性——单向导电性。常用伏安特性曲线来描述二极管的单向导电性。如图 3-5 所示，横坐标代表电压，纵坐标代表电流。

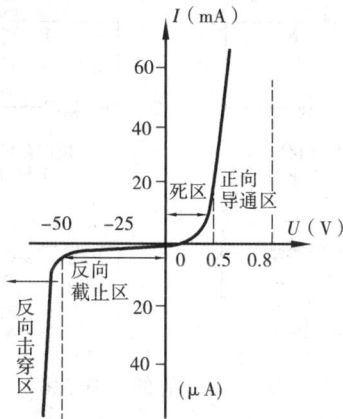

图 3-5　二极管的伏安特性曲线

（1）正向特性（外加正向电压）

正向特性即二极管正向偏置时的电压与电流的关系。二极管两端加正向电压较小时,正向电压产生的外电场不足以使多子形成扩散运动,这时的二极管实际上还没有很好地导通,通常称为"死区",二极管相当于一个极大的电阻,正向电流很小。

当正向电压超过一定值后,内电场被大大削弱,多子在外电场的作用下形成扩散运动,这时,正向电流随正向电压的增大迅速增大,二极管导通。该电压称为门槛电压（也称阈值电压）,用 V_{th} 表示。在室温下,硅管的 V_{th} 约为 0.5 V,锗管的 V_{th} 约为 0.1 V。

二极管一旦导通后,随着正向电压的微小增加,正向电流会有极大地增加,此时二极管呈现的电阻很小,可认为二极管具有恒压特性。二极管的正向导通压降硅管约为 0.6~0.8 V（通常取 0.7 V）,锗管约为 0.2~0.3 V（通常取 0.2 V）。

（2）反向特性（外加反向电压）

反向特性即二极管反向偏置时的电压与电流的关系。反向电压加强了内电场对多子扩散的阻碍,多子几乎不能形成电流,但是少子在电场的作用下漂移,形成很小的漂移电流,且与反向电压的大小基本无关。此时的反向电流称为反向饱和电流,二极管呈现很高的反向电阻,处于截止状态。

（3）反向击穿特性

反向电压增加到一定数值时,反向电流急剧增大,这种现象称为二极管的反向击穿。此时对应的电压称为反向击穿电压,用 V_{BR} 表示。实际应用中,应该对反向击穿后的电流加以限制,以免损坏二极管。

3.主要参数

开启电压 U_{on}:使二极管开始导通的临界电压称为开启电压 U_{on}。

反向电流:当二极管所加反向电压的数值足够大时,产生反向电流为 I_S。

最大整流电流 I_F:指二极管长期工作,允许通过的最大直流电流。

最高反向工作电压 U_R:指二极管正常使用允许加的最高反向电压。

4.二极管的应用

（1）二极管的开关作用

二极管的开关作用如图 3-6 所示。

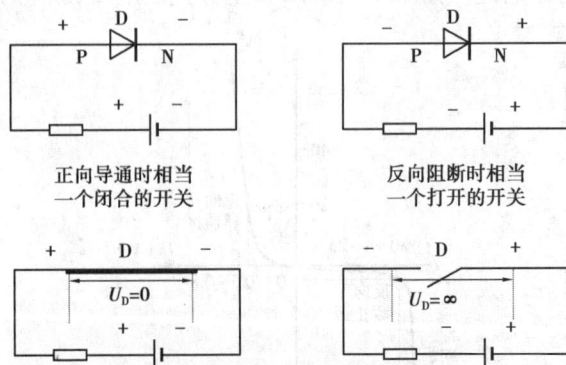

图 3-6 二极管的开关作用

（2）二极管的整流作用（图 3-7）

二极管的整流作用分为半波整流、全波整流和桥式整流 3 种。其整流电路如图 3-7 所示。

半波整流是利用二极管的单向导电性进行整流的最常用的电路,常用来将交流电转变为直流电。半波整流利用二极管单向导通特性,在输入为标准正弦波的情况下,输出获得正弦波的正半部分,负半部分则损失掉。它由电源变压器 B、整流二极管 D 和负载电阻 R_L 组成。变压器把市电电压(多为 220 V)变换为所需要的交变电压,整流二极管 D 再把交流电变换为脉动直流电。

全波整流使交流电的两半周期都得到了利用,其各项整流因数则与半波整流时不同,全波整流电路的工作过程是:在变压器次级电压 u_2 的正半周时,D_1 正偏导通,D_2 反偏截止,R_L 上有自上而下的电流流过,R_L 上的电压与 u_2' 相同;在 u_2 的负半周,D_1 反偏截止,D_2 正偏导通,R_L 上也有自上而下的电流流过,R_L 上的电压与 u_2'' 相同。全波整流输出电压的直流成分(较半波)增大,脉动程度减小,但变压器需要中心抽头、制造麻烦,整流二极管需承受的反向电压高,故一般适用于要求输出电压不太高的场合。

桥式整流电路的工作原理如下:u_2 为正半周时,对 D_1、D_3 加正向电压,D_1、D_3 导通;对 D_2、D_4 加反向电压,D_2、D_4 截止。电路中构成 u_2、D_1、R_L、D_3 通电回路,在 R_L 上形成上正下负的半波整流电压,u_2 为负半周时,对 D_2、D_4 加正向电压,D_2、D_4 导通;对 D_1、D_3 加反向电压,D_1、D_3 截止。电路中构成 u_2、D_2、R_L、D_4 通电回路,同样在 R_L 上形成上正下负的另外半波的整流电压。如此重复下去,结果在 R_L 上便得到全波整流电压。

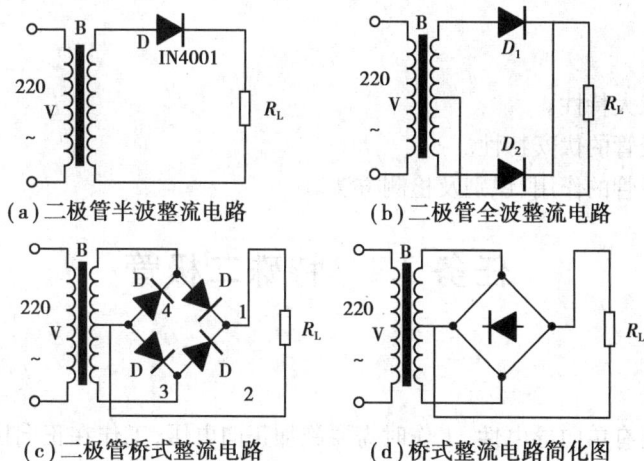

(a)二极管半波整流电路　　　　(b)二极管全波整流电路

(c)二极管桥式整流电路　　　　(d)桥式整流电路简化图

图 3-7　二极管的整流作用

(3)二极管的限幅作用

图 3-8 所示为一限幅电路。电源 u_S 是一个周期性的矩形脉冲,高电平幅值为+5 V,低电平幅值为−5 V。试分析电路的输出电压为多少?

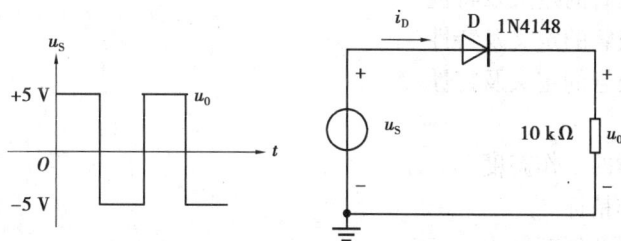

图 3-8　二极管的限幅作用

分析:当输入电压 u_i = -5 V 时,二极管反偏截止,此时电路可视为开路,输出电压 u_o = 0 V;

当输入电压 u_i = +5 V 时,二极管正偏导通,导通时二极管可看作"短路"(实际电路中理想化处理),二极管压降近似为零,故输出电压 u_o ≈ +5 V。

显然输出电压 u_o 限幅在 0~+5 V。

5.识别及检测

(1)目视法判断半导体二极管的极性

一般在实物的电路图中可以通过眼睛直接看出半导体二极管的正负极。在实物中如果看到一端有颜色标示的是负极,另外一端是正极。

二极管的测试

(2)用万用表判断半导体二极管的极性

通常选用万用表的欧姆挡(R×100 或 R×1k),用万用表的两表笔分别接到二极管的两个极上,当二极管导通,测的阻值较小(一般几十 Ω 至几 kΩ),这时黑表笔接的是二极管的正极,红表笔接的是二极管的负极。当测的阻值很大(一般为几百 Ω 至几 kΩ),这时黑表笔接的是二极管的负极,红表笔接的是二极管的正极。

(3)测试注意事项

用数字式万用表去测二极管时,红表笔接二极管的正极,黑表笔接二极管的负极,测得的阻值是二极管的正向导通阻值,这与指针式万用表的表笔接法刚好相反。

任务小结

①半导体的三大特性。
②半导体二极管的伏安特性。
③半导体二极管的作用、识别及检测方法。

任务 3.2　特殊二极管

任务导入

普通二极管具有单向导电性,工作时需要施加正向电压,工作在正向区域,那么特殊的二极管是否也需要此类条件才能正常工作呢?

学习目标

知识目标:
➤理解稳压二极管的定义及特性
➤理解发光二极管的定义及特性
➤理解光电二极管的定义及特性

职业素养目标:
➤养成严谨科学的工作态度
➤养成团队协作精神
➤培养创新意识及创新能力
➤养成严谨认真的学习态度

理论知识

普通二极管的特性及图形符号常常为人熟知,而除了普通二极管以外,还有特殊二极管,下面简单介绍3种特殊二极管,分别是稳压二极管、发光二极管和光电二极管。

3.2.1　稳压二极管

1.定义

稳压二极管,英文名称 Zener diode,又称齐纳二极管。利用 PN 结反向击穿状态,其电流可在很大范围内变化而电压基本不变的现象,制成的起稳压作用的二极管。此二极管是一种直到临界反向击穿电压前都具有很高电阻的半导体器件。在这临界击穿点上,反向电阻降低到一个很小的数值,在这个低阻区中电流增加而电压则保持恒定,稳压二极管是根据击穿电压来分挡的,因为这种特性,稳压管主要被作为稳压器或电压基准元件使用。稳压二极管可以串联起来以便在较高的电压上使用,通过串联就可获得更高的稳定电压。

2.伏安特性

稳压二极管的伏安特性曲线和符号(图 3-9)的正向特性和普通二极管差不多,反向特性是在反向电压低于反向击穿电压时,反向电阻很大,反向漏电流极小。

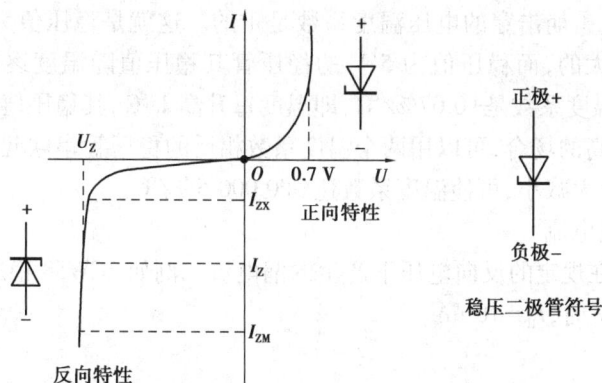

图 3-9　稳压二极管的伏安特性曲线和符号

但是,当反向电压临近反向电压的临界值时,反向电流骤然增大,称为击穿,在这一临界击穿点上,反向电阻骤然降至很小值。尽管电流在很大的范围内变化,但二极管两端的电压却基本上稳定在击穿电压附近,从而实现了二极管的稳压功能。

3.主要参数

(1)U_z——稳定电压

U_z 指稳压管通过额定电流时两端产生的稳定电压值。该值随工作电流和温度的不同而略有改变。由于制造工艺的差别,同一型号稳压管的稳压值也不完全一致。例如,2CW51 型稳压管的 V_{zmin} 为 3.0 V,V_{zmax} 则为 3.6 V。

(2)I_z——额定电流

I_z 指稳压管产生稳定电压时通过该管的电流值。低于此值时,稳压管并非不能稳压,但稳压效果会变差;高于此值时,只要不超过额定功率损耗,也是允许的,而且稳压性能会好一些,但要多消耗电能。

(3)R_z——动态电阻

R_z 指稳压管两端电压变化与电流变化的比值。该比值随工作电流的不同而改变,一般是工作电流越大,动态电阻则越小。例如,2CW7C 稳压管的工作电流为 5 mA 时,R_z 为 18 Ω;工作电流为 10 mA 时,R_z 为 8 Ω;工作电流为 20 mA 时,R_z 为 2 Ω;工作电流大于 20 mA 则 R_z 基本维持此数值。

(4)P_z——额定功耗

由芯片允许温升决定,其数值为稳定电压 V_z 和允许最大电流 I_{zm} 的乘积。例如 2CW51 稳压管的 V_z 为 3 V,I_{zm} 为 20 mA,则该管的 P_z 为 60 mW。

(5)α——温度系数

如果稳压管的温度变化,它的稳定电压也会发生微小变化,温度变化 1 ℃ 所引起稳压管两端电压的相对变化量即是温度系数(单位:%/℃)。一般来说稳压值低于 6 V 属于齐纳击穿,温度系数是负的;高于 6 V 的属雪崩击穿,温度系数是正的。温度升高时,耗尽层减小,耗尽层中原子的价电子上升到较高的能量,较小的电场强度就可以把价电子从原子中激发出来产生齐纳击穿,因此它的温度系数是负的。雪崩击穿发生在耗尽层较宽电场强度较低时,温度增加使晶格原子振动幅度加大,阻碍了载流子的运动。这种情况下,只有增加反向电压,才能发生雪崩击穿,因此雪崩击穿的电压温度系数是正的。这就是稳压值为 15 V 的稳压管其稳压值随温度逐渐增大的,而稳压值为 5 V 的稳压管其稳压值随温度逐渐减小的原因。例如,2CW58 稳压管的温度系数是+0.07%/℃,即温度每升高 1 ℃,其稳压值将升高 0.07%。

对电源要求比较高的场合,可以用两个温度系数相反的稳压管串联起来作为补偿。由于相互补偿,温度系数大大减小,可使温度系数达到 0.000 5%/℃。

(6)I_R——反向漏电流

I_R 指稳压二极管在规定的反向电压下产生的漏电流。例如 2CW58 稳压管的 $V_R = 1$ V 时,$I_R = 0.1$ uA;在 $V_R = 6$ V 时,$I_R = 10$ uA。

4.识别与判断

(1)正负极识别

从外形上看,金属封装稳压二极管管体的正极一端为平面形,负极一端为半圆面形。塑封稳压二极管管体上印有彩色标记的一端为负极,另一端为正极。对标志不清楚的稳压管,也可以用万用表判别其极性,测量的方法与普通二极管相同,即用万用表的欧姆挡 R×1 k 挡,将两表笔分别接稳压二极管的两个电极,测出一个结果后,再对调两表笔进行测量。在两次测量结果中,阻值较小那一次,黑表笔接的是稳压二极管的正极,红表笔接的是稳压二极管的负极。这里指的是指针式万用表。

(2)色环稳压二极管识别

色环稳压二极管国内产品很少见,大多数来自国外,尤其以日本产品居多。一般色环稳压二极管都标有型号及参数,详细资料可在元件手册上查到。而色环稳压二极管体积小、功率小、稳压值大多在 10 V 以内,极易击穿损坏。色环稳压二极管的外观与色环电阻十分相似,因而很容易弄错。色环稳压二极管上的色环代表两个含义:一是代表数字,二是代表小数点位数[通常色环稳压二极管都是取一位小数,用棕色表示。也可理解为倍率即:×10(的 −1

次方),具体颜色对应的数字同色环电阻]。

由于小小功率稳压二极管体积小,在管子上标注型号较困难,所以一些国外产品采用色环来表示它的标称稳定电压值。如同色环电阻一样,环的颜色有棕、红、橙、黄、绿、蓝、紫、灰、白、黑,它们分别用来表示数值1、2、3、4、5、6、7、8、9、0。

有的稳压二极管上仅有2道色环,而有的却有3道。最靠近负极的为第1环,后面依次为第2环和第3环。

仅有2道色环的,标称稳定电压为两位数,即"×× V"(几十几伏)。第1环表示电压十位上的数值,第2环表示个位上的数值。如:第1、2环颜色依次为红、黄,则为24 V。

有3道色环,且第2、3两道色环颜色相同的,标称稳定电压为一位整数且带有一位小数,即"×.× V"(几点几伏)。第1环表示电压个位上的数值,第2、3两道色环(颜色相同)共同表示十分位(小数点后第一位)的数值。如:第1、2、3环颜色依次为灰、红、红,则为8.2 V。

有3道色环,且第2、3两道色环颜色不同的,标称稳定电压为两位整数并带有一位小数,即"××.× V"(几十几点几伏)。第1环表示电压十位上的数值,第2环表示个位上的数值。第3环表示十分位(小数点后第一位)的数值。不过这种情况较少见,如:棕、黑、黄(10.4 V)和棕、黑、灰(10.8 V)常用稳压二极管的型号对照表(注:后面的二极管型号是以1开头的,如1N4728,1N4729等)。

(3)与普通整流二极管的区分

首先利用万用表欧姆挡R×1 k挡,按把被测管的正、负电极判断出来。然后将万用表拨至R×10 k挡上,黑表笔接被测管的负极,红表笔接被测管的正极,若此时测得的反向电阻值比用R×1 k挡测量的反向电阻小很多,说明被测管为稳压管;反之,如果测得的反向电阻值仍很大,说明该管为整流二极管或检波二极管。这种识别方法的道理是,万用表R×1 k挡内部使用的电池电压为1.5 V,一般不会将被测管反向击穿,使测得的电阻值比较大。而R×10 k挡测量时,万用表内部电池的电压一般都在9 V以上,当被测管为稳压管,且稳压值低于电池电压值时,即被反向击穿,使测得的电阻值大为减小。但如果被测管是一般整流或检波二极管时,则无论用R×1 k挡测量还是用R×10 k挡测量,所得阻值将不会相差很悬殊。注意,当被测稳压二极管的稳压值高于万用表R×10 k挡的电压值时,用这种方法是无法进行区分鉴别的。

5.典型应用

(1)典型的串联型稳压电路

在图3-10电路中,三极管VT的基极被稳压串联型稳压电路。二极管VD稳定在13 V,那么其发射极就输出恒定的(13-0.7)V=12.3 V电压了,在一定范围内,无论输入电压升高还是降低,无论负载电阻大小变化,输出电压都保持不变。这个电路在很多场合下都有应用。7805就是一种串联型集成稳压电路,可以输出5 V的电压。7805~7824可以输出5~24 V电压,在很多电器上都有应用。

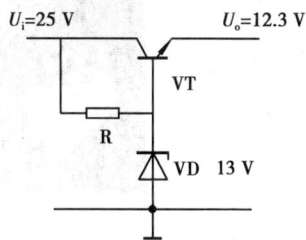
图3-10 串联型稳压电路

(2)电视机里的过压保护电路

115 V是电视机主供电电压,当电源输出电压过高时,VD导通,三极管VT导通,其集电极电位将由原来的高电平(5 V)变为低电平,通过待机控制线的电压使电视机进入待机保护状态。

（3）电弧抑制电路

在电感线圈上并联接入一只合适的稳压二极管(也可接入一只普通二极管原理一样)的话,当线圈在导通状态切断时,由于其电磁能释放所产生的高压就被二极管所吸收,所以当开关断开时,开关的电弧也就被消除了。这个应用电路在工业上用得比较多,如一些较大功率的电磁吸控制电路就用到它。

6.使用稳压二极管时应该注意的事项

稳压二极管(图 3-11)正负极的判别；

①稳压二极管使用时,应反向接入电路；

②稳压管应接入限流电阻；

③电源电压应高于稳压二极管的稳压值；

④稳压管都是硅管。其稳定电压 U_z 最低为 3 V,高的可达 300 V,稳压二极管在工作时的正向压降约为 0.6 V。

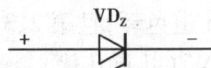

图 3-11　稳压二极管的图形符号

3.2.2　发光二极管

1.定义

发光二极管(图 3-12)简称 LED。由含镓(Ga)、砷(As)、磷(P)、氮(N)等的化合物制成。当电子与空穴复合时能辐射出可见光,因而可以用来制成发光二极管。在电路及仪器中作为指示灯,或者组成文字或数字显示。砷化镓二极管发红光,磷化镓二极管发绿光,碳化硅二极管发黄光,氮化镓二极管发蓝光。因化学性质又分有机发光二极管 OLED 和无机发光二极管 LED。发光二极管是一种能把电能直接转换成光能的固体发光元件。发光二极管和普通二极管一样,管芯由 PN 结构成,具有单向导电性。

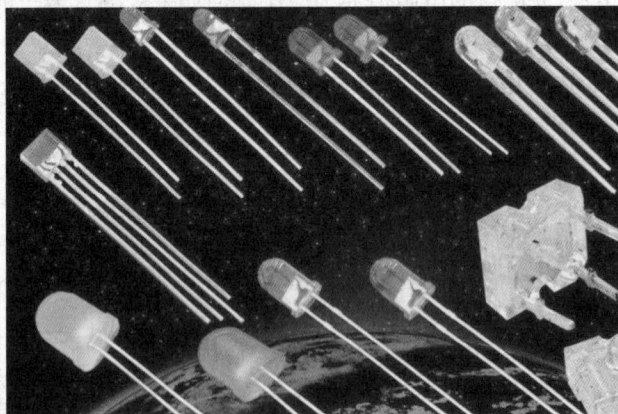

图 3-12　发光二极管

单个发光二极管常作为电子设备通断指示灯或快速光源及光电耦合器中的发光元件等。发光二极管一般使用砷化镓、磷化镓等材料制成。现有的发光二极管能发出红黄绿等颜色的光。

2.工作原理

发光二极管属于功率控制器件,常用来作为数字电路的数码及图形显示的七段式或阵列器件。

发光二极管与普通二极管一样是由一个 PN 结组成,也具有单向导电性。当给发光二极管加上正向电压后,从 P 区注入 N 区的空穴和由 N 区注入 P 区的电子,在 PN 结附近数微米内分别与 N 区的电子和 P 区的空穴复合,产生自发辐射的荧光。不同的半导体材料中电子和空穴所处的能量状态不同。当电子和空穴复合时释放出的能量多少不同,释放出的能量越多,则发出的光的波长越短。常用的是发红光、绿光或黄光的二极管。发光二极管的反向击穿电压大于 5 V。它的正向伏安特性曲线很陡,使用时必须串联限流电阻以控制通过二极管的电流。

发光二极管的核心部分是由 P 型半导体和 N 型半导体组成的晶片,在 P 型半导体和 N 型半导体之间有一个过渡层,称为 PN 结。在某些半导体材料的 PN 结中,注入的少数载流子与多数载流子复合时会把多余的能量以光的形式释放出来,从而把电能直接转换为光能。PN 结加反向电压,少数载流子难以注入,故不发光。当它处于正向工作状态时(即两端加上正向电压),电流从 LED 阳极流向阴极时,半导体晶体就发出从紫外到红外不同颜色的光线,光的强弱与电流有关。

发光二极管(图 3-13)是一种常用的发光器件,通过电子与空穴复合释放能量发光,它在照明领域应用广泛。发光二极管可高效地将电能转化为光能,在现代社会具有广泛的用途,如照明、平板显示、医疗器件等。这种电子元件早在 1962 年就出现,早期只能发出低光度的红光,之后发展出其他单色光的版本,时至今日能发出的光已遍及可见光、红外线及紫外线,光度也提高到相当的光度。表 3-1 是传统发光二极管所使用的无机半导体物料和它们发光的颜色。

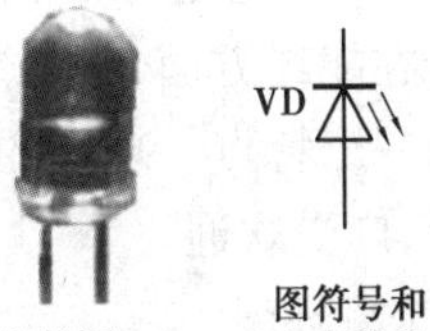

实物图　　图符号和文字符号

图 3-13　发光二极管的实物图及图形符号

表 3-1　传统发光二极管所使用的无机半导体物料及发光颜色

LED 材料	材料化学式	颜色
砷化镓铝 砷化镓 砷化镓磷化物 磷化铝铟镓 铝磷化镓(掺杂氧化锌)	GaAlAs GaAs AlGaInP GaP:ZnO	红色及红外线
铝磷化镓 铟氮化镓/氮化镓 磷化镓 磷化铝铟镓 铝磷化镓	InGaN/GaN GaP AlGaInP AlGaP	绿色
磷化铝铟 磷砷化镓 磷化物 磷化铝铟镓 磷化镓	GaAsP AlGaInP AlGaInP GaP	高亮度的橘红色,橙色,黄色,绿色
磷砷化镓	GaAsP	红色,橘红色,黄色
磷化镓 硒化锌 铟氮化镓 碳化硅	GaP ZnSe InGaN SiC	红色,黄色,绿色
氮化镓	GaN	绿色,翠绿色,蓝色

续表

LED 材料	材料化学式	颜色
铟氮化镓	InGaN	近紫外线,蓝绿色,蓝色
碳化硅(用作衬底)	SiC	蓝色
硅(用作衬底)	Si	蓝色
蓝宝石(用作衬底)	Al_2O_3	蓝色
硒化锌	ZnSe	蓝色
钻石	C	紫外线
氮化铝,氮化铝镓	AlN AlGaN	波长为远至近的紫外线

3.LED 灯特点

LED 灯就是发光二极管,采用固体半导体芯片作为发光材料。与传统灯具相比,LED 灯具有节能、环保、高速开关状态下工作与响应速度快等特点。

(1)节能是 LED 灯最突出的特点

在能耗方面,LED 灯的能耗是白炽灯的十分之一,是节能灯的四分之一,这是 LED 灯最大的一个特点。现在的人们都崇尚节能环保,也正是因为节能,使得 LED 灯的应用范围十分广泛,广受欢迎。

(2)环保

LED 灯内部不含有汞等重金属材料,但是白炽灯中含有,这就体现了 LED 灯环保的特点。现在的人都十分的重视环保,所以会有更多的人愿意选择环保的 LED 灯。

(3)可以在高速开关状态下工作

我们平时走在马路上,会发现每一个 LED 组成的屏幕或者画面都是变化莫测的。这说明 LED 灯是可以进行高速开关工作的。但是,对于我们平时使用的白炽灯,则达不到这样的工作状态。因为在平时生活中,如果开关的次数过多,将直接导致白炽灯灯丝断裂。所以这也是 LED 灯受欢迎的重要原因。

(4)响应速度快

LED 灯还有一个突出的特点,就是反应的速度比较快。只要一接通电源,LED 灯马上就会亮起来。对比我们平时使用的节能灯,其反应速度更快,在打开传统灯泡时,往往需要很长的时间才能照亮房间,只有在灯泡彻底的发热之后,才能亮起来。

(5)LED 灯更"干净"

所谓的"干净"不是指的灯表面以及内部的干净,而是这个灯是属于冷光源的,不会产生太多的热量,不会吸引那些喜热的昆虫。特别是在夏天,农村的虫子会特别的多,有的虫子天性喜热,白炽灯和节能灯在使用一段时间之后都会产生热量,这个热量正好是虫子喜欢的,就容易吸引虫子过来。这无疑会对灯表面带来很多的污染物,而且,虫子的排泄物还会使得室内变得很脏。由于 LED 灯是冷光源,不会吸引虫子过来,就不会产生虫子的排泄物。所以说,LED 灯更加的"干净"。

4.LED 二极管相关参数

LED 的光学参数中重要的几个方面就是:发光效率、光通量、发光强度、光强分布、波长。

（1）发光效率和光通量

发光效率就是光通量与电功率之比,单位一般为 lm/W。发光效率代表了光源的节能特性,这是衡量现代光源性能的一个重要指标。

（2）发光强度和光强分布

LED 发光强度表征它在某个方向上的发光强弱,由于 LED 在不同的空间角度光强相差很多,因此我们研究了 LED 的光强分布特性。这个参数实际意义很大,直接影响到 LED 显示装置的最小观察角度。比如体育场馆的 LED 大型彩色显示屏,如果选用的 LED 单管,分布范围就会窄,那么面对显示屏处于较大角度的观众将看到失真的图像。同时交通标志灯也要求较大范围的让人能识别。

（3）波长

波长对于 LED 的光谱特性,我们主要看它的单色性是否优良,而且要注意红、黄、蓝、绿、白色 LED 等主要的颜色是否纯正。因为在许多场合下,比如交通信号灯对颜色就要求比较严格,不过据观察在我国的一些 LED 信号灯中绿色发蓝,红色为深红。从这个现象来看,我们对 LED 的光谱特性进行专门研究,是非常必要而且很有意义的。

5.LED 二极管应用

20 世纪 90 年代 LED 技术的长足进步,不仅是发光效率超过了白炽灯,光强达到了烛光级,而且颜色也从红色到蓝色覆盖了整个可见光谱范围,这种从指示灯水平到超过通用光源水平的技术革命导致了各种新的应用,诸如汽车信号灯、交通信号灯、室外全色大型显示屏以及特殊的照明光源。

随着发光二极管高亮度化和多色化的发展,应用领域也不断扩展。从较低光通量的指示灯到显示屏,再从室外显示屏到中等光通量功率信号灯和特殊照明的白光光源,最后发展到高光通量通用照明光源。

（1）LED 显示屏

自 20 世纪 80 年代中期,就有单色和多色显示屏问世,起初是文字屏或动画屏。20 世纪 90 年代初,电子计算机技术和集成电路技术的发展,使得 LED 显示屏的视频技术得以实现,电视图像直接上屏,特别是 20 世纪 90 年代中期,蓝色和绿色超高亮度 LED 研制成功并迅速投产,使室外屏的应用大大扩展,面积为 100~300 m² 不等。目前 LED 显示屏在体育场馆、广场、会场甚至街道、商场都已广泛应用,美国时代广场上的纳斯达克全彩屏最为闻名,该屏面积为 120 英尺×90 英尺,相当于 1 005 m²,由 1 900 万只超高亮蓝、绿、红色 LED 制成。此外,在证券行情屏、银行汇率屏、利率屏等方面应用也占较大比例,在高速公路、高架道路的信息屏方面也有较大的发展。发光二极管在这一领域的应用已成规模,形成新兴产业,且可期望有稳定的增长。

（2）交通信号灯

LED 交通信号灯是以规定的时间上交互更换的光色讯号,通常设置于岔路口或其他特殊地点,用以将道路通行权指定给车辆驾驶人与行人,管制其行止及转向的交通管制设施。

（3）汽车用灯

超高亮 LED 可以做成汽车的刹车灯、尾灯和方向灯，也可用于仪表照明和车内照明，它在耐震动、省电及长寿命方面比白炽灯有明显的优势。用作刹车灯，它的响应时间为 60 ns，比白炽灯的 140 ms 要短许多，在典型的高速公路上行驶，可以增加 4~6 m 的安全距离。

（4）液晶屏背光源

LED 作为液晶显示的背光源，它不仅可作为绿色、红色、蓝色、白色，还可以作为变色背光源，已有许多产品进入生产及应用阶段。手机上液晶显示屏用 LED 制作背光源，提升了产品的档次，效果很好。采用 8 个蓝色、24 个绿色、32 个红色 Luxeon LED 制成的 15 in（1 in ≈ 2.5 cm）液晶屏的背光源，可达到 120 W，2 500 lm，亮度 18 000 nits（尼特，cd/m^2）。22 in 液晶屏背光源也已制成，仅为 6 mm 厚，不仅混色效果好，显色指数也达到 80 以上。目前大型背光源虽处于开发阶段，但潜力很大。

（5）灯饰

由于发光二极管亮度的提高和价格的下降，再加上长寿命、节电、驱动和控制较霓虹灯简易，不仅能闪烁，还能变色，所以用超高亮度 LED 做成的单色、多色乃至变色的发光柱配以其他形状的各色发光单元，装饰高大建筑物、桥梁、街道及广场等景观工程效果很好，呈现一派色彩缤纷、星光闪烁及流光溢彩的景象。

（6）照明光源

作为照明光源的 LED 光源应是白光，目前作为军用的白光 LED 照明灯具，已有一些品种投入批量生产。由于 LED 光源无红外辐射，便于隐蔽，再加上它还具有耐振动、适合于蓄电池供电、结构固体化及携带方便等优点，将在特殊照明光源方面会有较大发展。作为民间使用的草坪灯、埋地灯已有规模生产，也可用作显微镜视场照明、手电、外科医生的头灯、博物馆或画展的照明以及阅读台灯。

（7）温室补光

光是植物生长和发育最重要的环境因素之一，对植物的生长发育、形态建成、光合作用、物质代谢及基因表达均有调控作用，因此温室补光是实现植物优质高产的重要途径。发光二极管在植物工厂中的应用越来越广泛，LED 光源的波宽窄、能耗低、体积小、效率高、耐衰老、热耗低的优点，使其成为众多光质研究人员使用的新光源。至今为止，大量应用 LED 光源研究光环境对植物宏观的形态、产量、品质的影响，以及对细胞显微结构、植物分化、次生代谢物质的影响的研究层出不穷。

3.2.3　光电二极管

1.定义

光电二极管（Photo-Diode）和普通二极管一样，也是由一个 PN 结组成的半导体器件，也具有单方向导电特性。但在电路中它不是作整流元件，而是把光信号转换成电信号的光电传感器件。光电二极管也称光敏二极管，其核心部分也是一个 PN 结。光电二极管 PN 结的电极面积较小、结深很浅，一般小于 1 μm，其实物图与图形符号如图 3-14 所示。

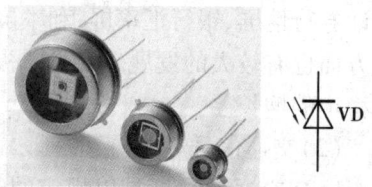

图 3-14　光电二极管及其图形符号

光电二极管同样具有单向导电性,光电管管壳上有一个能射入光线的"窗口",这个窗口用有机玻璃透镜进行封闭,入射光通过透镜正好射在管芯上。光电二极管和稳压管类似,也是工作在反向电压下。无光照时,反向电流很小,称为暗电流;有光照射时,携带能量的光子进入 PN 结后,把能量传给共价键上的束缚电子,使部分价电子挣脱共价键的束缚,从而产生电子——空穴对,称为光生载流子。光生载流子在反向电压作用下形成反向光电流,其强度与光照强度成正比。

2.种类

PN 型:优点是暗电流小,一般情况下,响应速度较低。用于照度计、彩色传感器、光电三极管、线性图像传感器、分光光度计、照相机曝光计。

PIN 型:缺点是暗电流大,因结容量低,故可获得快速响应。用于高速光的检测、光通信、光纤、遥控、光电三极管、写字笔、传真。

发射键型:使用 Au 薄膜与 N 型半导体结代替 P 型半导体。主要用于紫外线等短波光的检测。

雪崩型:响应速度非常快,因具有倍速作用,故可检测微弱光。用于高速光通信、高速光检测。

3.工作原理

光生载流子在反向电压作用下参加漂移运动,使反向电流明显变大,光的强度越大,反向电流也越大,这种特性称为"光电导"。光电二极管在一般照度的光线照射下,所产生的电流叫光电流。如果在外电路上接上负载,负载上就获得了电信号,而且这个电信号随着光的变化而相应变化。

光电二极管、光电三极管是电子电路中广泛采用的光敏器件。光电二极管和普通二极管一样具有一个 PN 结,不同之处是在光电二极管的外壳上有一个透明的窗口以接收光线照射,实现光电转换,在电路图中文字符号一般为 VD。光电三极管除具有光电转换的功能外,还具有放大功能,在电路图中文字符号一般为 VT。光电三极管因输入信号为光信号,所以通常只有集电极和发射极两个引脚线。同光电二极管一样,光电三极管外壳也有一个透明窗口,以接收光线照射。

4.检测方法

(1)电阻测量法

用万用表 1k 挡。光电二极管正向电阻约 10 MΩ 左右。在无光照情况下,反向电阻为∞时,表明管子是好的(反向电阻不是∞时说明漏电流大);有光照时,反向电阻随光照强度增加而减小,阻值可达到几 kΩ 或 1 kΩ 以下,则表示管子是好的;若反向电阻都是∞或为零,则说明管子是坏的。

(2)电压测量法

用万用表 1 V 挡。用红表笔接光电二极管"+"极,黑表笔接"－"极,在光照下,其电压与光照强度成比例,一般可达 0.2~0.4 V。

（3）短路电流测量法

用万用表 50 μA 挡。用红表笔接光电二极管"+"极，黑表笔接"−"极，在白炽灯下（不能用日光灯），随着光照增强，其电流增加则表明二极管功能良好，短路电流可达数十至数百μA。在实际工作中，有时需要区别是红外发光二极管，还是红外光电二极管（或者是光电三极管）。其方法是：若管子都是透明树脂封装，则可以从管芯安装外来区别。红外发光二极管管芯下有一个浅盘，而光电二极管和光电三极管则没有；若管子尺寸过小或黑色树脂封装的，则可用万用表（置 1k 挡）来测量电阻。用手捏住管子（不让管子受光照），正向电阻为 20～40 kΩ，而反向电阻大于 200 kΩ 的是红外发光二极管；正反向电阻都接近∞ 的是光电三极管；正向电阻在 10 kΩ 左右，反向电阻接近∞ 的是光电二极管。

5.应用

PN 结型光电二极管与其他类型的光探测器一样，在诸如光敏电阻、感光耦合元件（Charge-Coupled Device，CCD）以及光电倍增管等设备中有着广泛应用。它们能够根据所受光的照度来输出相应的模拟电信号（例如测量仪器）或者在数字电路的不同状态间切换（例如控制开关、数字信号处理）。

光电二极管在消费电子产品，例如 CD 播放器、烟雾探测器以及电视机、空调的红外线遥控设备中也有应用。对于许多应用产品来说，可以使用光电二极管或者其他光导材料。它们都可以被用于测量光，常常使用于照相机的测光器、路灯亮度自动调节等。

所有类型的光传感器都可以用来检测突发的光照，或者探测同一电路系统内部的发光。光电二极管常常和发光器件（通常是发光二极管）合并在一起组成一个模块，这个模块常被称为光电耦合元件。这样就能通过接收到的光照情况来分析外部机械元件的运动情况（例如光斩波器）。光电二极管另外一个作用就是在模拟电路以及数字电路之间充当中介，使得两段电路可以通过光信号耦合起来，提高电路的安全性。

在科学研究和工业中，光电二极管常常被用来精确测量光强，因为它比其他光导材料具有更良好的线性。

在医疗应用设备中，光电二极管也有着广泛的应用，例如 X 射线、计算机断层成像（Computed Tomography，CT）以及脉搏探测器。

PIN 结型光电二极管一般不用来测量很低的光强。但是如果光强足够大，雪崩光电二极管、感光耦合元件或者光电倍增管就能发挥作用，例如天文学、光谱学、夜视设备、激光测距仪等应用产品。

光电二极管与光电倍增管的比较，比光电倍增管更加优越的特性：更好的线性、从 190 nm 到 1 100 nm（硅）的响应光谱范围、低噪声、被加固以适应机械挤压、价格低廉、结实但自重较轻、使用寿命长、无须高压电源即可工作。

缺点：面积太小、没有内部增益（雪崩光电二极管除外，而且即使是雪崩光电二极管，其内部增益也通常只有 $10^2 \sim 10^3$，远低于光电倍增管的 10^8 数量级）、总的来说灵敏度更低、只有具有特殊设计的产品才能对光子进行计数、许多产品设计的响应时间更慢。

任务小结

①稳压二极管的定义及特性。

②发光二极管的定义及特性。

③光电二极管的定义及特性。

任务 3.3　双极型三极管

任务导入

二极管是由一个 PN 结组成的,那么同样含有 PN 结的三极管内,有几个二极管呢? 它的特性是否与 PN 结一致呢? 三极管的作用又是什么呢?

学习目标

知识目标：

➢掌握双极型三极管的基本结构及类型

➢掌握双极型三极管的作用

➢理解双极型三极管的伏安特性曲线

➢了解双极型三极管的主要参数

➢掌握双极型三极管的检测方法

职业素养目标：

➢养成严谨科学的工作态度

➢养成团队协作精神

➢培养创新意识及创新能力

➢养成严谨认真的学习态度

理论知识

三极管(也称晶体管)在中文含义里面只是对三个引脚的放大器件的统称。起源于 1948 年发明的点接触晶体三极管,50 年代初发展成结型三极管即现在所称的双极型晶体管。三极管是组成各种电子电路的核心器件,三极管的产生使 PN 结的应用发生了质的飞跃。

3.3.1　双极型三极管的基本结构及类型

1.分类

根据制造工艺和材料的不同,三极管分有双极型和单极型两种类型。若三极管内部的自由电子载流子和空穴载流子同时参与导电,就是所谓的双极型。如果只有一种载流子参与导电,即为单极型。

"Triode"(电子三极管)这个是英汉词典里面"三极管"的唯一英文翻译,与电子三极管初次出现有关,是真正意义上的三极管这个词最初所指的物品。其余的在中文里称作三极管的器件,实际翻译时不可以翻译成 Triode。

电子三极管：Triode（俗称电子管的一种）。

双极型晶体管：BJT（Bipolar Junction Transistor）。

J 型场效应管：Junction gate FET（Field Effect Transistor）。

金属氧化物半导体场效应晶体管：MOS FET（Metal Oxide Semi-Conductor Field Effect Transistor）。

V 型槽场效应管：VMOS（Vertical Metal Oxide Semiconductor）。

后三者看上去都是场效应管，其实金属氧化物半导体场效应晶体管、V 型槽沟道场效应管是单极（Unipolar）结构的，是和双极（Bipolar）是对应的，所以也可以统称单极晶体管（Unipolar Junction Transistor）。其中 J 型场效应管是非绝缘型场效应管，MOS FET 和 VMOS 都是绝缘型的场效应管。

VMOS 是在 MOS 基础上改进的一种大电流、高放大倍数（跨道）新型功率晶体管，区别就是使用了 V 型槽，使 MOS 管的放大系数和工作电流大幅提升，同时也大幅增加了 MOS 的输入电容，是 MOS 管的一种大功率改进型产品，但是结构上已经与传统的 MOS 产生了巨大的差异。VMOS 只有增强型的而没有 MOS 所特有的耗尽型的 MOS 管。

双极型晶体管分有 NPN 型和 PNP 型，虽然它们外形各异，品种繁多，但它们有共同特征，都有三个分区、两个 PN 结和三个向外引出的电极，如图 3-15 所示。

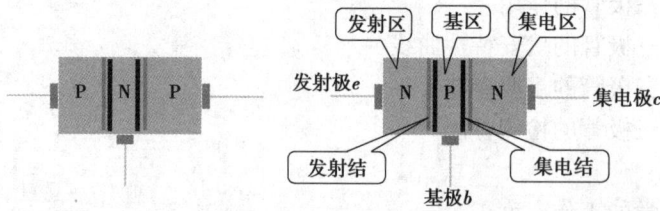

图 3-15　NPN 型和 PNP 型三极管的引脚名称

2.基本结构

从三个区引出相应的电极，分别为基极 b、发射极 e 和集电极 c。

发射区和基区之间的 PN 结叫发射结，集电区和基区之间的 PN 结叫集电结。基区很薄，而发射区较厚，杂质浓度大，PNP 型三极管发射区"发射"的是空穴，其移动方向与电流方向一致，故发射极箭头向里；NPN 型三极管发射区"发射"的是自由电子，其移动方向与电流方向相反，故发射极箭头向外。发射极箭头指向也是 PN 结在正向电压下的导通方向。硅晶体三极管和锗晶体三极管都有 PNP 型和 NPN 型两种类型。

双极型硅晶体管多为 NPN 型（3D 系列），锗晶体管多为 PNP 型（3A 系列），按频率高低有高频管、低频管之别，根据功率大小可分为大、中、小功率管，如图 3-16 所示。

大功率低频三极管　　　中功率低频三极管　　　小功率高频三极管

图 3-16　按功率大小分类的三极管

图 3-17 中箭头方向为发射极电流的方向。

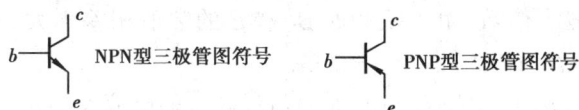

图 3-17　电路图形符号

3. 双极型三极管的作用

晶体三极管(以下简称三极管)按材料分有两种:锗管和硅管。而每一种又有 NPN 和 PNP 两种结构形式,但使用最多的是硅 NPN 和锗 PNP 两种三极管。其中,N 是负极的意思(代表英文中 Negative),N 型半导体在高纯度硅中加入磷取代一些硅原子,在电压刺激下产生自由电子导电,而 P 是正极的意思(Positive),是加入硼取代硅,产生大量空穴利于导电。两者除了电源极性不同外,其工作原理都是相同的,下面仅介绍 NPN 硅管的电流放大原理。

对于 NPN 管,它是由两块 N 型半导体中间夹着一块 P 型半导体所组成,发射区与基区之间形成的 PN 结称为发射结,而集电区与基区形成的 PN 结称为集电结,三条引线分别称为发射极 e(Emitter)、基极 b(Base)和集电极 c(Collector),如图 3-18 所示。

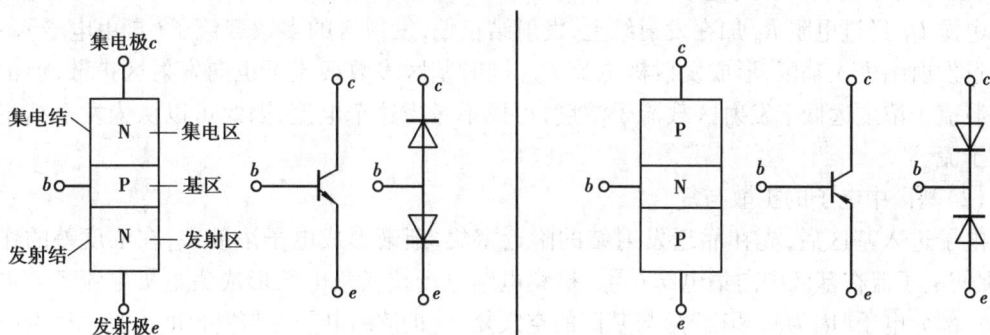

图 3-18　NPN 型和 PNP 型三极管的结构

当 b 点电位高于 e 点电位零点几伏时,发射结处于正偏状态,而 c 点电位高于 b 点电位几伏时,集电结处于反偏状态,集电极电源 E_c 要高于基极电源 E_b。

在制造三极管时,有意识地使发射区的多数载流子浓度大于基区的,同时基区做得很薄,而且要严格控制杂质含量,一旦接通电源后,由于发射结正偏,发射区的多数载流子(电子)及基区的多数载流子(空穴)很容易地越过发射结互相向对方扩散,但因前者的浓度甚大于后者,所以通过发射结的电流基本上是电子流,这股电子流称为发射极电流子。

由于基区很薄,加上集电结的反偏,注入基区的电子大部分越过集电结进入集电区而形成集电极电流 I_c,只剩下很少(1%~10%)的电子在基区的空穴进行复合,被复合掉的基区空穴由基极电源 E_b 重新补给,从而形成了基极电流 I_b。根据电流连续性原理得:

$$I_e = I_b + I_c \qquad\qquad 式(3\text{-}1)$$

这就是说,在基极补充一个很小的 I_b,就可以在集电极上得到一个较大的 I_c,这就是所谓电流放大作用,I_c 与 I_b 维持一定的比例关系,即:

$$\beta_1 = I_c/I_b \qquad\qquad 式(3\text{-}2)$$

式中 β_1 称为直流放大倍数。

集电极电流的变化量 ΔI_c 与基极电流的变化量 ΔI_b 之比为:

$$\beta = \Delta I_c / \Delta I_b \qquad\qquad 式(3-3)$$

式中 β 称为交流电流放大倍数,由于低频时 β_1 和 β 的数值相差不大,所以有时为了方便起见,对两者不严格区分,β 值约为几十至一百多。

$$\alpha_1 = I_c / I_e (I_c \text{ 与 } I_e \text{ 是直流通路中的电流大小}) \qquad\qquad 式(3-4)$$

式中 α_1 也称为直流放大倍数,一般在共基极组态放大电路中使用,描述了射极电流与集电极电流的关系。

$$\alpha = \Delta I_c / \Delta I_e \qquad\qquad 式(3-5)$$

表达式中的 α 为交流共基极电流放大倍数。同理 α 与 α_1 在小信号输入时相差也不大。

对于两个描述电流关系的放大倍数有以下关系:

$$\beta = \frac{\alpha}{1 - \alpha} \qquad\qquad 式(3-6)$$

三极管的电流放大作用实际上是利用基极电流的微小变化去控制集电极电流的巨大变化。三极管是一种电流放大器件,但在实际使用中常常通过电阻将三极管的电流放大作用转变为电压放大作用。故将放大原理归纳为3点:

(1)发射区向基区发射电子

电源 U_b 经过电阻 R_b 加在发射结上,发射结正偏,发射区的多数载流子(自由电子)不断地越过发射结进入基区,形成发射极电流 I_e。同时基区多数载流子也向发射区扩散,但由于多数载流子浓度远低于发射区载流子浓度,可以不考虑这个电流,因此可以认为发射结主要是电子流。

(2)基区中电子的扩散与复合

电子进入基区后,先在靠近发射结的附近密集,渐渐形成电子浓度差,在浓度差的作用下,促使电子流在基区中向集电结扩散,被集电结电场拉入集电区形成集电极电流 I_c。也有很小一部分电子(因为基区很薄)与基区的空穴复合,扩散的电子流与复合电子流之比例决定了三极管的放大能力。

(3)集电区收集电子

由于集电结外加反向电压很大,这个反向电压产生的电场力将阻止集电区电子向基区扩散,同时将扩散到集电结附近的电子拉入集电区从而形成集电极主电流 I_{cn}。另外集电区的少数载流子(空穴)也会产生漂移运动,流向基区形成反向饱和电流,用 I_{cbo} 来表示,其数值很小,但对温度却异常敏感。

3.3.2　伏安特性曲线

所谓特性曲线是指各极电压与电流之间的关系曲线,是三极管内部载流子运动的外部表现。从工程应用角度来看,外部特性更为重要。

1.输入特性曲线

以常用的共发射极放大电路为例说明:

令 U_{BB} 从0开始增加,$U_{CE} = 0$ 时的输入特性曲线如图3-19所示;继续增大 U_{CC} 使 $U_{CE} = 1$ V 以上的多个值。结果发现:之后的所有输入特性几乎都与 $U_{CE} = 1$ V 的特性相同,曲线基本不再变化,如图3-20所示。实用中三极管的 U_{CE} 值一般都超过 1 V,所以其输入特性通常采用 $U_{CE} = 1$ V 时的曲线。从特性曲线可看出,双极型三极管的输入特性与二极管的正向特性非常相似。

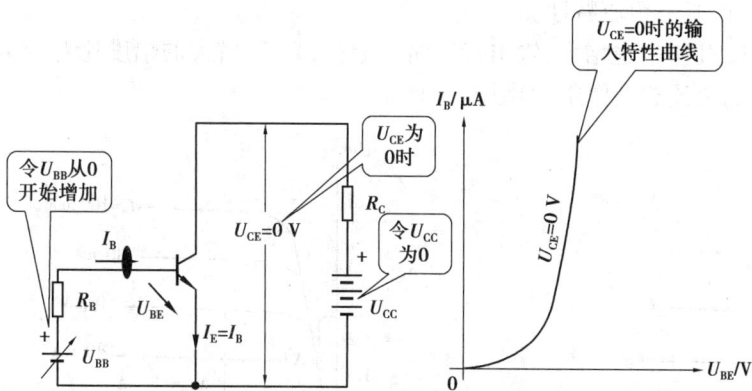

图 3-19　$U_{CE}=0$ 时的输入特性曲线

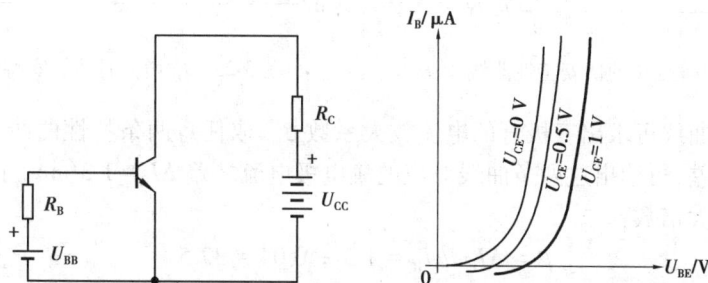

图 3-20　$U_{CE}>1$ V 的特性曲线

2.输出特性曲线

当 I_B 不变时,输出回路中的电流 I_C 与管子输出端电压 U_{CE} 之间的关系曲线称为输出特性。

根据记录可给出 I_C 随 U_{CE} 变化的伏安特性曲线,此曲线就是晶体管的输出特性曲线,如图 3-21 所示。

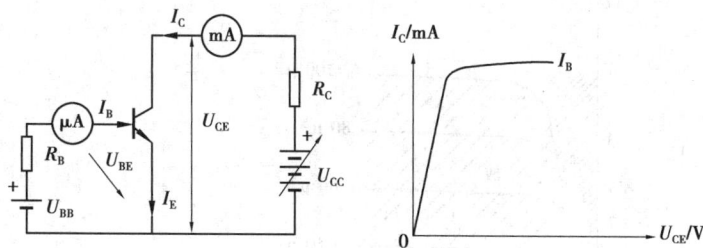

图 3-21　晶体管的输出特性曲线

根据电压、电流的记录值可绘出另一条 I_C 随 U_{CE} 变化的伏安特性曲线,此曲线较前面的稍低些,如图 3-22 所示。

如此不断重复上述过程,即可得到不同基极电流 I_B 对应相应 I_C、U_{CE} 数值的一组输出特性曲线。

当 I_B 一定时,从发射区扩散到基区的电子数大致一定。当 U_{CE} 超过 1 V 以后,这些电子的绝大部分被拉入集电区而形成集电极电流 I_C。之后即使 U_{CE} 继续增大,集电极电流 I_C 也不会再有明显的增加,具有恒流特性。

当 I_B 增大时,相应 I_C 也增大,输出特性曲线上移,且 I_C 增大的幅度比对应 I_B 大得多,这一点正是晶体管的电流放大作用,如图 3-23 所示。

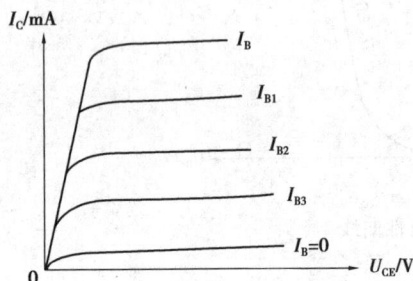

图 3-22　I_C 随 U_{CE} 变化的伏安特性曲线　　　　图 3-23　I_B 增大时的伏安特性曲线

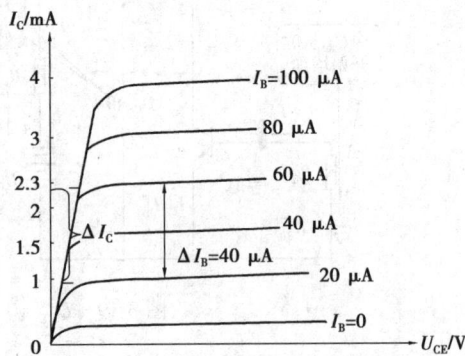

从输出特性曲线可求出三极管的电流放大系数 β。取任意两条特性曲线上的平坦段,读出其基极电流之差,再读出这两条曲线对应的集电极电流之差 $\Delta I_C = 1.3$ mA,于是我们可得到三极管的电流放大倍数:

$$\beta = \Delta I_C / \Delta I_B = 1.3 \div 0.04 = 32.5 \qquad\qquad 式(3\text{-}7)$$

输出特性曲线(图 3-24)上一般可分为 3 个区:

放大区:晶体管工作在放大状态时,发射结正偏,集电结反偏。在放大区,集电极电流与基极电流之间成 β 倍的数量关系,即晶体管在放大区时具有电流放大作用。

饱和区:当发射结和集电结均为正向偏置时,三极管处于饱和状态。此时集电极电流 I_C 与基极电流 I_B 之间不再成比例关系,I_B 的变化对 I_C 的影响很小。

截止区:当基极电流 I_B 等于 0 时,晶体管处于截止状态。实际上当发射结电压处在正向死区范围时,晶体管就已经截止,为让其可靠截止,常使 U_{BE} 小于和等于零。

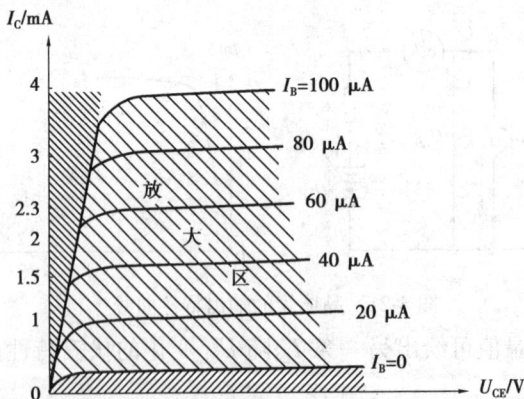

图 3-24　输出特性曲线的三个区域

3.3.3　双极型三极管的主要参数

（1）特征频率

当 $f = f_T$ 时，三极管完全失去电流放大功能。如果工作频率大于 f_T，电路将不能正常工作。

f_T 称作增益带宽积，即 $f_T = \beta f_o$。若已知当前三极管的工作频率 f_o 以及高频电流放大倍数，便可得出特征频率 f_T。随着工作频率的升高，放大倍数会下降。f_T 也可以定义为 $\beta = 1$ 时的频率。

（2）电压/电流

用这个参数可以指定该管的电压电流使用范围。

（3）h_{FE}

电流放大倍数。

（4）V_{CEO}

集电极发射极反向击穿电压，表示临界饱和时的饱和电压。

（5）P_{CM}

最大允许耗散功率。

（6）封装形式

封装形式是指定该管的外观形状，如果其他参数都正确，封装不同将导致组件无法在电路板上实现。

三极管的测试 1　三极管的测试 2

3.3.4　双极型三极管的检测方法

三极管的脚位判断，三极管的脚位有两种封装排列形式，如图 3-25 所示。

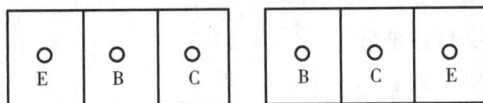

图 3-25　三极管脚位的两种封装排列形式

三极管是一种结型电阻器件，它的三个引脚都有明显的电阻数据。测试时（以数字式万用表为例，红笔+、黑笔−），将测试挡位切换至二极管挡（蜂鸣挡）标志符号，如图 3-26 所示。

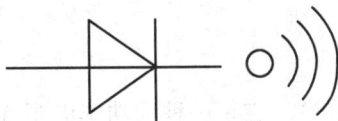

图 3-26　二极管挡（蜂鸣挡）

正常的 NPN 结构三极管的基极（B）对集电极（C）、发射极（E）的正向电阻是 430~680 Ω（根据型号的不同，放大倍数的差异，这个值有所不同），反向电阻无穷大；正常的 PNP 结构的三极管的基极（B）对集电极（C）、发射极（E）的反向电阻是 430~680 Ω，正向电阻无穷大。集电极（C）对发射极（E）在不加偏流的情况下，电阻为无穷大。基极对集电极的测试电阻约等于基极对发射极的测试电阻，在通常情况下，基极对集电极的测试电阻要比基极对发射极的测试电阻小 5~100 Ω（大功率管比较明显）。如果超出这个值，这个元件的性能已经变差，请不要再使用。如果误使用于电路中可能会导致整个或部分电路的工作点变坏，这个元件也可能不久后就会损坏，大功率电路和高频电路对这种劣质元件反应比较明显。

尽管封装结构不同,但与同参数的其他型号的管子功能和性能是一样的,不同的封装结构只是应用于电路设计中特定的使用场合的需要。要注意有些厂家生产一些不规范元件,例如 C945 正常的脚位是 BCE,但有的厂家出的此元件脚位排列却是 EBC,这会造成那些粗心的工作人员将新元件在未检测的情况下装入电路,导致电路不能工作,严重时烧毁相关联的元器件,比如电视机上用的开关电源。在我们常用的万用表中,测试三极管的脚位排列如图3-27所示。

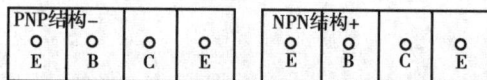

PNP结构-				NPN结构+			
E	B	C	E	E	B	C	E

图 3-27　数字式万用表上三极管的脚位排列

先假设三极管的某极为"基极",将黑表笔接在假设基极上,再将红表笔依次接到其余两个电极上,若两次测得的电阻都大(约几 kΩ 到几十 kΩ),或者都小(几百 kΩ 至几 kΩ),对换表笔重复上述测量,若测得两个阻值相反(都很小或都很大),则可确定假设的基极是正确的。否则另假设一极为"基极",重复上述测试,以确定基极。当基极确定后,将黑表笔接基极,红表笔接其他两极若测得电阻值都很少,则该三极管为 NPN,反之为 PNP。

判断集电极 C 和发射极 E,以 NPN 为例:把黑表笔接至假设的集电极 C,红表笔接到假设的发射极 E,并用手捏住 B 和 C 极,读出表头所示 C,E 电阻值,然后将红、黑表笔反接重测。若第一次电阻比第二次小,说明原假设成立。

任务小结

①双极型三极管的基本结构及类型。
②双极型三极管的作用。
③双极型三极管的伏安特性曲线。
④双极型三极管的主要参数。
⑤双极型三极管的检测方法。

任务 3.4　单向晶闸管

任务导入

晶闸管(VT)又称可控硅(SCR)。它是一种大功率的半导体开关器件,其种类很多,有普通型、双向型、可关断型、快速型和光控型等。这里主要介绍使用最广泛的普通型晶闸管。它的外形有螺栓式、金属壳封装和塑封式等。那么单向晶闸管的作用又是什么呢?

学习目标

知识目标:
➢理解单向晶闸管的结构
➢理解单向晶闸管的工作原理
➢了解晶闸管的特性和主要参数
➢了解晶闸管的保护与应用

➢养成严谨科学的工作态度

➢养成团队协作精神

➢培养创新意识及创新能力

➢养成严谨认真的学习态度

理论知识

晶闸管是在三极管基础上发展起来的一种大功率半导体器件，它的出现使半导体器件由弱电领域扩展到强电领域。

晶闸管也像二极管那样具有单向导电性，但其导通时间是可控的，主要用于整流、逆变、调压及开关等，具有体积小、质量轻、效率高、动作迅速、维修简单、操作方便、寿命长、容量大（正向平均电流达千安，正向耐压达千伏）等特点。

3.4.1　单向晶闸管的结构

单向晶闸管（图 3-28）都有三个电极，即阳极 A、阴极 K 和控制极 G。螺栓式晶闸管的螺栓端为阳极，另一端引线较粗的为阴极，细的为控制极 G。使用时把阳极拧紧在散热器上，一般在中小功率电路中采用这种结构散热。压模塑料封装式晶闸管的阴极、阳极和控制极依次排列。使用时将螺钉穿过管子的散热片（阳极）小孔与外加散热器拧在一起，一般在小功率电路中采用这种结构散热。上述散热片均带电，应注意与仪器柜绝缘。晶体闸流管的文字符号为"VS"，图形符号如图 3-29 所示。

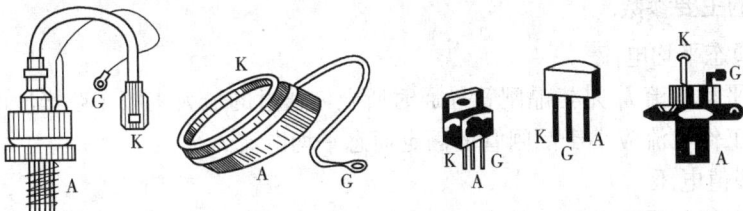

图 3-28　单向晶闸管

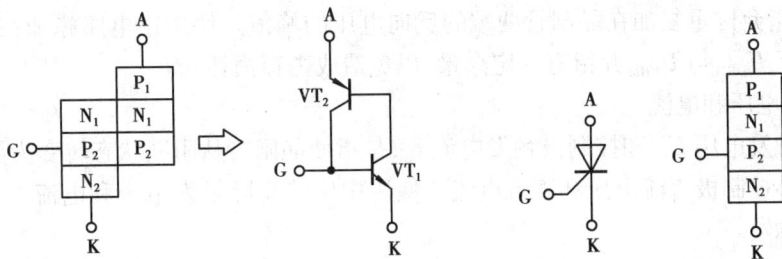

图 3-29　单向晶闸管的图形及符号

3.4.2　单向晶闸管的工作原理

在阳极 A 加上正电压后，晶闸管并不导通。只有在控制极 G 加上触发电压时，VT_1、VT_2 相继迅速导通，并且互相提供基极电流维持晶闸管导通。此时即使去掉控制极上的触发电压,晶闸管仍维持导通状态,直至所通过的电流小于晶闸管的维持电流时,晶闸管才关断,如图 3-30 所示。

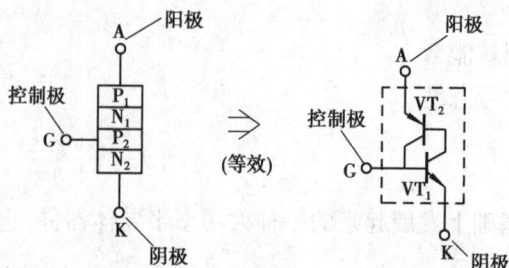

图 3-30　单向晶闸管的工作原理

3.4.3　晶闸管的特性和主要参数

1.晶闸管的可控导电性

晶闸管的导通条件为:在晶闸管的阳极和阴极之间加上一定大小的正向电压;在控制极和阴极之间加上正向触发电压。

晶闸管的关断条件为:阳极电压降到足够小或反向,以使阳极电流降到 I_H(晶闸管的最小维持电流)以下。

满足以上两个条件,晶闸管才能由阻断变为导通;但晶闸管一旦触发导通后,控制极就失去了控制作用,这时只有满足关断条件后才能由导通变阻断,否则一直处于导通状态。

2.晶闸管的主要参数

(1)额定通态平均电流

额定通态平均电流 I_T 是指晶闸管导通时所允许通过的最大工频正弦半波电流的平均值。使用中电路的工作电流应小于晶闸管的额定通态平均电流 I_T。

(2)阻断峰值电压

阻断峰值电压包括正向阻断峰值电压 U_{DRM} 和反向峰值电压 U_{RRM}。

正向阻断峰值电压 U_{DRM} 是指晶闸管正向阻断时所允许重复施加的正向的峰值,反向峰值电压 U_{RRM} 是指允许重复加在晶闸管两端的反向电压的峰值。使用中电路施加在晶闸管上的电压必须小于 U_{DRM} 与 U_{RRM} 并留有一定余量,以免造成击穿损坏。

(3)触发电压和电流

控制极触发电压 U_G 和控制极触发电流 I_G,是指使晶闸管从阻断状态转变为导通状态时,所需要的最小控制极直流电压和直流电流。使用中应使实际触发电压和电流大于 U_G 和 I_G,以保证可靠触发。

(4)维持电流

维持电流 I_H 是指保持晶闸管导通所需要的最小正向电流。当通过晶闸管的电流小于 I_H 时,晶闸管将退出导通状态而关断。

3.4.4　晶闸管的保护与应用

1.晶闸管的保护

晶闸管的主要缺点是承受过电压、过电流的能力较弱。当晶闸管承受过电压、过电流时，晶闸管温度会急剧上升，可能烧坏 PN 结，造成元件内部短路或开路。

为了使元件能可靠地长期运行，必须对晶闸管电路中的晶闸管采取保护措施。

晶闸管的保护包括过流保护和过压保护。

过流保护包括快速熔断器保护、过流继电器保护和过流截止保护。

过压保护包括阻容保护和硒碓保护。

2.晶闸管的应用

普通晶闸管最基本的用途就是可控整流。熟悉的二极管整流电路属于不可控整流电路。如果把二极管换成晶闸管，就可以构成可控整流电路。以最简单的单相半波可控整流电路为例，在正弦交流电压 U_2 的正半周期间，如果 VS 的控制极没有输入触发脉冲 U_g，VS 仍然不能导通，只有在 U_2 处于正半周，在控制极外加触发脉冲 U_g 时，晶闸管被触发导通。画出它的波形（c）及（d），只有在触发脉冲 U_g 到来时，负载 R_L 上才有电压 U_L 输出。U_g 到来得早，晶闸管导通的时间就早；U_g 到来得晚，晶闸管导通的时间就晚。通过改变控制极上触发脉冲 U_g 到来的时间，就可以调节负载上输出电压的平均值 U_L。在电工技术中，常把交流电的半个周期定为 180°，称为电角度。这样，在 U_2 的每个正半周，从零值开始到触发脉冲到来瞬间所经历的电角度称为控制角 α；在每个正半周内晶闸管导通的电角度叫导通角 θ。很明显，α 和 θ 都是用来表示晶闸管在承受正向电压的半个周期的导通或阻断范围的。通过改变控制角 α 或导通角 θ，改变负载上脉冲直流电压的平均值 U_L，实现了可控整流。

小功率塑封双向可控硅通常用作声光控灯光系统，额定电流 I_A 小于 2 A。大中功率塑封和铁封可控硅通常用作功率型可控调压电路，像可调压输出直流电源等。大功率高频可控硅通常用于工业中，如高频熔炼炉等。

任务小结

①单向晶闸管的结构。

②单向晶闸管的工作原理。

③晶闸管的特性和主要参数。

④晶闸管的保护与应用。

项目 4

常用电子电路原理

任务 4.1　直流稳压电源电路

任务导入

任何电子设备都有一个共同的电路——电源电路。可以说电源电路是一切电子设备的基础,没有电源电路就不会有如此种类繁多的电子设备。那么,直流稳压电源作为主流,它是由哪几部分组成的呢? 各部分又是如何工作的呢?

学习目标

  知识目标:
  ➢掌握直流电源的结构及各部分的作用
  ➢理解二极管整流电路
  ➢理解滤波电路
  ➢理解稳压电路
  ➢理解集成稳压器
  职业素养目标:
  ➢养成严谨科学的工作态度
  ➢养成团队协作精神
  ➢培养创新意识及创新能力
  ➢养成严谨认真的学习态度

理论知识

当今社会人们极大的享受着电子设备带来的便利,但是任何电子设备都有一个共同的电路——电源电路。大到超级计算机、小到袖珍计算器,所有的电子设备都必须在电源电路的支持下才能正常工作。当然这些电源电路的样式、复杂程度千差万别。超级计算机的电源电路本身就是一套复杂的电源系统。通过这套电源系统，超级计算机各部分都能够得到持续稳定、符合各种复杂规范的电源供应。袖珍计算器则是简单的电池电源电路。不过可不要小看了这个电池电源电路，比较新型的电路完全具备电池能量提醒、掉电保护等高级功能。

由于电子技术的特性，电子设备对电源电路的要求就是能够提供持续稳定、满足负载要求的电能，而且通常情况下都要求提供稳定的直流电能。提供这种稳定的直流电能的电源就是直流稳压电源。直流稳压电源在电源技术中占有十分重要的地位。另外，很多电子爱好者初学阶段首先遇到的就是要解决电源问题，否则电路无法工作、电子制作无法进行。

4.1.1　直流电源的结构及各部分的作用

1.分类及结构

为获得直流电，除了用电池和直流发电机之外，目前广泛采用半导体直流电源。小功率直流电源通常采用单相整流获得，主要是利用二极管的单向导电特性，将交流电变为脉动直流电。

直流稳压电源可以分为线性和开关型两类。

（1）线性

线性稳定电源有一个共同的特点就是它的功率器件调整管工作在线性区，靠调整管之间的电压降来稳定输出。由于调整管静态损耗大，所以需要安装一个很大的散热器给它散热。由于变压器工作在工频（50 Hz）上，所以重量也较大。

线性稳定电源优点是稳定性高、纹波小、可靠性高、易做成多路输出连续可调的成品。缺点是体积大、较笨重、效率相对较低。这类稳定电源又有很多种，从输出性质可分为稳压电源和稳流电源及集稳压、稳流于一身的稳压稳流（双稳）电源。从输出值来看可分定点输出电源、波段开关调整式和电位器连续可调式几种。从输出指示上可分指针指示型和数字显示式型等。

（2）开关型

与线性稳压电源不同的一类稳电源就是开关型直流稳压电源（图4-1），它的电路型式主要有单端反激式，单端正激式、半桥式、推挽式和全桥式。它和线性电源的根本区别在于它变压器不工作在工频而是工作在几十 kHz 到几 MHz。功能管不是工作在饱和及截止区即开关状态，开关电源因此而得名。

图4-1　开关型直流稳压电源

开关电源的优点是体积小、质量轻、稳定可靠；缺点相对于线性电源来说纹波较大［一般不大于 1 mV（P-P），好的可做到十几 mV（P-P）或更小］。它的功率从几 W 至几 kW 均有产

品,下面就分类介绍几种开关电源:

1)AC/DC

AC/DC 电源也称一次电源,它自电网取得能量,经过高压整流滤波得到一个直流高压,供 DC/DC 变换器在输出端获得一个或几个稳定的直流电压,功率从几 W 至几 kW 均有产品,用于不同场合。属此类产品的规格型号繁多,根据用户需要而定通信电源中的一次电源(AC220 V 输入,DC48 V 或 24 V 输出)也属此类。

2)DC/DC

DC/DC 电源在通信系统中也称二次电源,它是由一次电源或直流电池组提供一个直流输入电压,经 DC/DC 变换以后在输出端获一个或几个直流电压。

3)通信电源

通信电源其实质上就是 DC/DC 变换器式电源,只是它一般以直流-48 V 或-24 V 供电,并用后备电池作 DC 供电的备份,将 DC 的供电电压变换成电路的工作电压,一般它又分中央供电、分层供电和单板供电 3 种,后者可靠性最高。

4)电台电源

电台电源输入 AC220 V/110 V,输出 DC13.8 V,功率由所供电台功率而定,几 A 至几百 A 均有产品。为防止 AC 电网断电影响电台工作,而需要有电池组作为备份,所以此类电源除输出一个 13.8 V 直流电压外,还具有对电池充电自动转换功能。

5)模块电源

随着科学技术飞速发展,对电源可靠性、容量/体积比要求越来越高,模块电源越来越显示其优越性,由于它工作频率高、体积小、可靠性高,便于安装和组合扩容,所以越来越被广泛采用。国内虽有相应模块生产,但目前因生产工艺未能赶上国际水平,所以故障率较高。DC/DC 模块电源虽然成本较高,但从产品漫长的应用周期的整体成本来看,特别是因系统故障而导致高昂的维修成本及商誉损失来看,选用该电源模块还是合算的,其中罗氏变换器电路,它的突出优点是电路结构简单,效率高和输出电压、电流的纹波值接近于 0。

6)特种电源

高电压小电流电源、大电流电源、400 Hz 输入的 AC/DC 电源等,可归于此类,可根据特殊需要选用。

2.直流稳压电源

如图 4-2 所示为线性直流稳压电源由电源变压器、整流电路、滤波电路和稳压电路 4 部分组成以及各部分作用后的电压波形图。

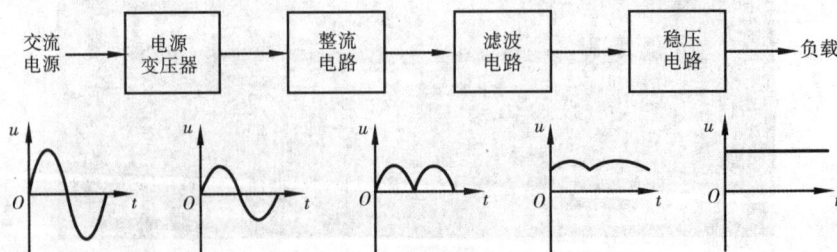

图 4-2 线性直流稳压电源的组成及各部分作用后的电压波形图

图 4-3　直流稳压电源

（1）作用

直流稳压电源（图 4-3）可广泛应用于国防、科研、大专院校、实验室、工矿企业、电解、电镀、直流电机、充电设备等。也可用于各种电子设备老化，如 PCB 板老化、家电老化、各类 IT 产品老化、CCFL 老化、灯管老化。适用于需要自动定时通、断电，自动记周期数的电子元件的老化和测试；还可用于电阻器、继电器、马达、电子元器件等性能测试。

（2）组成

1）电源变压器

将交流电的幅度变换为直流电源所需要的幅度。

2）整流电路

利用具有单向导电性能的整流元件，将正负交替的正弦交流电压整流成为单方向的脉动电压。

3）滤波电路

将整流后的单向脉动电压中的交流成分尽可能地滤掉，使输出电压成为比较平滑的直流电压，该电路由电容、电感等储能元件组成。

4）稳压电路

采用负反馈技术，用来减小"电源电压波动、负载变化和温度变化"的影响，从而维持输出电压的稳定。

（3）工作原理

整体工作过程是：首先由电源变压器将 220 V 的交流电压变换为所需要的交流电压值，然后利用整流元件（二极管、晶闸管）的单向导电性将交流电压整流为单向脉动的直流电压，最后通过电容或电感储能元件组成的滤波电路减小其脉动成分，从而得到比较平滑的直流电压。此时的直流电压易受电网波动（一般有 10% 左右的波动）及负载变化的影响，因而还需稳压电路，当电网电压波动、负载和温度变化时，继续维持输出直流电压的稳定。

4.1.2　二极管整流电路

由于电网系统供给的电能都是交流电，而电子设备需要稳定的直流电源供电才能正常工作，因此必须将交流电变换成直流电，这一过程称为整流。

1.单相半波整流电路

由于在一个周期内,二极管导电半个周期,负载 R_L 只获得半个周期的电压,故称为半波整流。

经半波整流后获得的是波动较大的脉动直流电。

(1)单相半波整流电路的工作原理

图4-4 为单相半波整流电路,T 为电源变压器,VD 为整流二极管,R_L 为负载电阻。

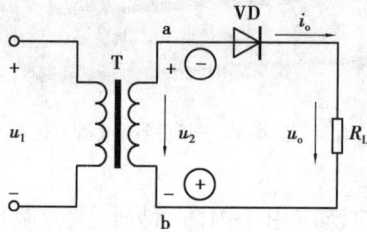

图 4-4 单相半波整流电路

设变压器副边电压为

$$u_2 = \sqrt{2}\,U_2 \sin \omega t \qquad\qquad 式(4\text{-}1)$$

周期循环如图 4-5 所示。

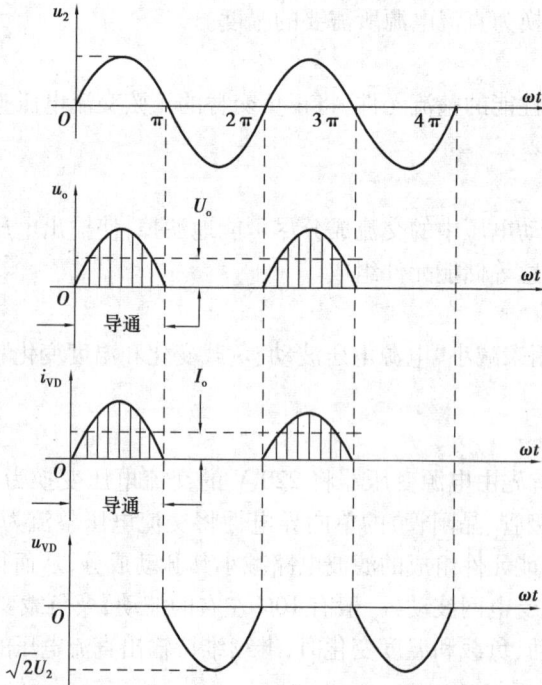

图 4-5 周期循环波形图

(2)单相半波整流电路的指标

负载上获得的是脉动直流电压,其大小用平均值 U_o 来衡量:

$$U_o = \frac{1}{2\pi}\int_0^\pi \sqrt{2}\,U_2\sin\omega t\mathrm{d}(\omega t) = \frac{\sqrt{2}}{\pi}U_2 = 0.45U_2 \qquad 式(4-2)$$

流过二极管的平均电流与负载电流相等为：

$$I_{VD} = I_o = \frac{U_o}{R_L} = 0.45\frac{U_2}{R_L} \qquad 式(4-3)$$

二极管反向截止承受的最高反向电压等于变压器副边电压的最大值，所以：

$$U_{RM} = \sqrt{2}\,U_2 \qquad 式(4-4)$$

特点：单相半波整流电路简单、元件少，但输出电流脉动很大；而且由于只利用了交流电压的半个周期，变压器利用率低，因此半波整流仅适用于要求不高的场合。

2.单相全波整流电路

（1）特点

整流效率高，输出电压高且波动较小，但变压器必须有中心抽头，二极管承受的反向电压高，电路对变压器和二极管的要求较高，单相全波整流电路及电压波形如图4-6所示。

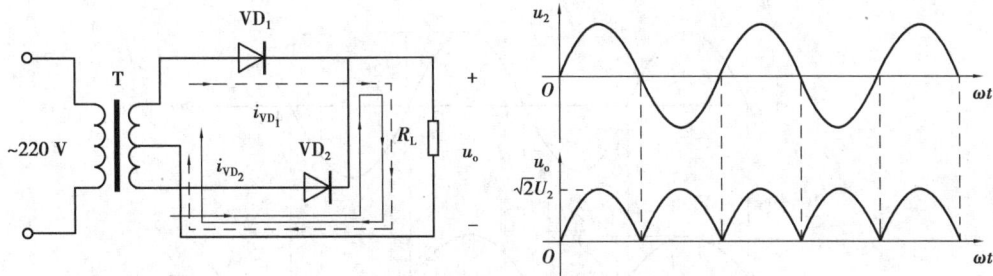

图 4-6　单相全波整流电路及电压波形

整流二极管承受的最大反向电压：

$$U_{RM} = 2\sqrt{2}\,U_2 \qquad 式(4-5)$$

（2）单相全波整流电路的指标

负载的平均电压：

$$\begin{aligned}
U_o &= \frac{1}{2\pi}\int_0^{2\pi} u_o\mathrm{d}(\omega t) \\
&= \frac{1}{2\pi}\int_0^\pi 2\sqrt{2}\,U_2\sin\omega t\mathrm{d}(\omega t) \\
&\approx 0.9U_2
\end{aligned} \qquad 式(4-6)$$

负载的平均电流：

$$I_o = \frac{U_o}{R_L} = 0.9\frac{U_2}{R_L} \qquad 式(4-7)$$

在每个周期内，两组二极管轮流导通，各导电半个周期，所以每只二极管的平均电流应为负载电流的一半，即：

$$I_D = \frac{1}{2}I_o = 0.45\frac{U_2}{R_L} \qquad 式(4-8)$$

在一组二极管正向导通期间，另一组二极管反向截止，其承受的最高反向电压为变压器

副边电压的峰值:

$$U_{RM} = 2\sqrt{2}\,U_2 \qquad\qquad 式(4\text{-}9)$$

3.单相桥式整流电路

(1)工作原理

如图 4-7 所示,为单相桥式整流电路,它由变压器、4 个整流二极管和负载电阻组成。波形如图 4-8 所示。

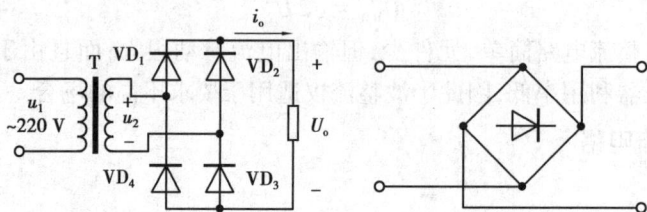

图 4-7 单相桥式整流电路及简化图

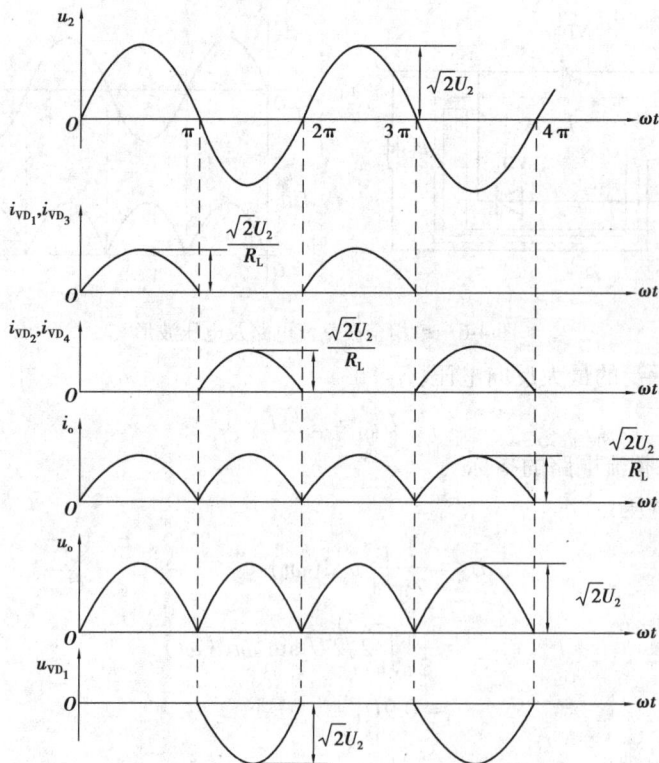

图 4-8 单相桥式整流电路工作波形

(2)特点

桥式整流比全波整流电路复杂,但输出电压脉动比半波整流小了一倍,变压器的利用率较高,因此桥式整流电路得到广泛的应用。

【例 4-1】 有一单相桥式整流电路要求输出电压 $U_o = 110$ V,$R_L = 80$ Ω,交流电压为 380 V。问:(1)如何选用合适的二极管?(2)求整流变压器变比和(视在功率)容量。

解：

$$I_o = \frac{U_o}{R_L} = \frac{110}{80} \text{ A} = 1.4\text{A}$$

$$I_{VD} = \frac{1}{2}I_o = 0.7 \text{ A}$$

$$U_2 = \frac{U_o}{0.9} = 122 \text{ V}$$

$$U_{RM} = \sqrt{2}\,U_2 = \sqrt{2} \times 122 \text{ V} = 172 \text{ V}$$

考虑到变压器副边绕组及管子上的压降,变压器副边电压大约要高出 10%,即:

$$U_2 = 122 \text{ V} \times 1.1 = 134 \text{ V} \qquad\qquad 式(4\text{-}10)$$

则变压器变比:

$$n = \frac{380}{134} = 2.8 \qquad\qquad 式(4\text{-}11)$$

再求变压器容量,变压器副边电流:

$$I = (I_o \times 1.1)\text{A} = 1.55 \text{ A} \qquad\qquad 式(4\text{-}12)$$

乘 1.1 倍主要是考虑变压器损耗。

故整流变压器视在功率为:

$$S = U_2 I = 134 \text{ V} \times 1.55 \text{ A} = 208 \text{ V} \cdot \text{A} \qquad\qquad 式(4\text{-}13)$$

4.1.3 滤波电路

由于整流电路只是把交流电变成脉动的直流电,这种直流电波动很大,因为含有许多不同幅值和频率的交流成分。

为了获得平稳的直流电,必须利用滤波器将交流成分滤掉。

常用滤波电路有电容滤波、电感滤波和复合式滤波等。

1.电容滤波

以单相桥式整流电容滤波电路来说明电容滤波的原理。

（1）电路组成

电路由单相桥式整流电路、大容量电容 C 和负载 R_L 组成,如图 4-9 所示。

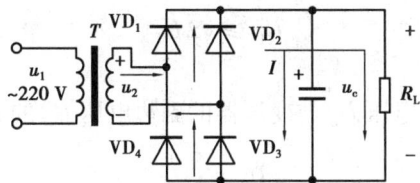

图 4-9 单相桥式整流电容滤波电路

（2）工作原理

R_L 开路时,$|u_2|<u_c$ 时截止,C 充电不放电;导通需正半周 $u_2>u_c$,负半周 $|u_2|>u_c$。

接 R_L,$|u_2|<u_c$ 时截止,C 放电不充电;导通需正半周 $u_2>u_c$,负半周 $|u_2|>u_c$。

（3）特点

电容滤波电路简单；输出直流电压的平滑程度与负载有关，当负载减小时，时间常数 R_LC 减小，负载电流增大，输出电压的纹波会增大，此时，只有增大电容的容量，才能取得好的滤波效果。

但电容容量太大，会使电容体积增大，成本上升，而且较大的充电电流也容易引起二极管损坏。所以电容滤波电路不适用于负载变化较大的场合。

（4）主要参数

1）输出电压平均值 U_o

经过滤波后的输出电压平均值 U_o 得到提高。工程上，一般按式（4-14）估算 U_o 与 U_2 的关系：

$$U_o = 1.2U_2 \qquad\qquad 式（4-14）$$

2）二极管的额定电流

由于电容在开始充电瞬间，电流很大，所以二极管在接通电源瞬间流过较大的冲击浪涌电流，所以二极管的额定电流：

$$I_F \geqslant (2 \sim 3)\frac{U_L}{2R_L} \qquad\qquad 式（4-15）$$

3）二极管的最高反向电压

$$U_{RM} \geqslant \sqrt{2}\,U_2 \qquad\qquad 式（4-16）$$

4）电容器的参数

负载上直流电压平均值及其平滑程度与放电时间常数 $\tau = R_LC$ 有关，τ 越大，放电越慢，输出电压平均值越大，波形越平滑。

实际应用中一般取：

$$\tau = R_LC = (3 \sim 5)\frac{T}{2} \qquad\qquad 式（4-17）$$

式（4-17）中 T 为交流电源的周期：

$$T = \frac{1}{f} = \frac{1}{50\ Hz} = 0.02\ s \qquad\qquad 式（4-18）$$

电容器的耐压取为：

$$U_C \geqslant \sqrt{2}\,U_2 \qquad\qquad 式（4-19）$$

5）变压器的选择

由负载 R_L 上的直流平均电压 U_o 与变压器的副边电压 U_2 的关系 $U_o = 1.2U_2$ 得出：

$$U_2 = \frac{U_o}{1.2} \qquad\qquad 式（4-20）$$

在实际应用中，考虑到二极管正向压降及电网电压的波动，变压器副边的电压值应大于计算值10%，所以变压器副边电流 I_2 一般取：

$$I_2 = (1.1 \sim 1.3)I_L \qquad\qquad 式（4-21）$$

2.电感滤波

利用电感线圈交流阻抗很大、直流电阻很小的特点，将电感线圈与负载电阻 R 串联，就组成电感滤波电路,如图 4-10 所示。

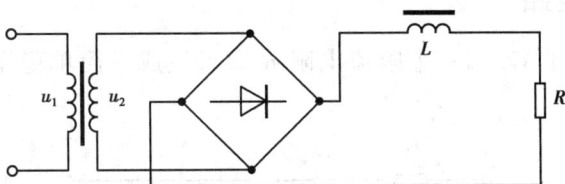

图 4-10 电感滤波电路

整流电路输出的脉动直流电压中的直流成分通过电感,交流成分被阻拦在电感内,负载上将得到平稳的直流电压。L 越大,电压越平稳,滤波效果越好。

缺点:L 越大,会使电感的体积越大,成本增加,同时 U_o 会降低。

优点:①电感滤波适用于输出电流大、负载经常变动的场合。

②外特性较好、带负载能力较强、体积大、易引起电磁干扰。

3.复式滤波电路

将电容滤波和电感滤波组合起来,可获得比单个滤波器更好的滤波效果,这就是复式滤波器,如图 4-11 所示为常用的滤波电路。

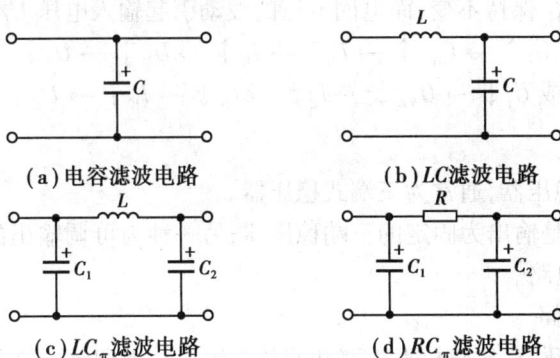

(a)电容滤波电路   (b)LC滤波电路

(c)LC_π滤波电路   (d)RC_π滤波电路

图 4-11 常用的滤波电路

常见的有 τ 型和 π 型两类复合滤波器:

(1)τ 型滤波器

为了减小负载电压的脉动程度,在电感线圈后面再接电容,如图 4-12(a)所示。

这种电路性能与电感滤波电路基本相同。

(2)π 型滤波器

图 4-12(b)为 π 型滤波器,它是在电感的前后各并联一个电容,整流器输出的脉动直流电压先经过 C_1 滤波,再经过电感 L 和电容 C_2 滤波,使交流成分大大降低,在负载得到平滑的直流电压。

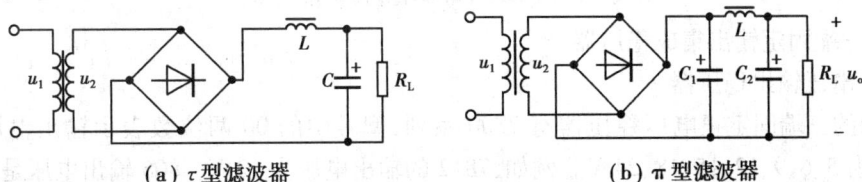

(a)τ型滤波器   (b)π型滤波器

图 4-12 τ型和 π 型两类复合滤波器

4.1.4 稳压电路

利用一个硅稳压管 VZ 和一个限流电阻 R 即可组成一简单稳压电路,电路如图 4-13 所示。

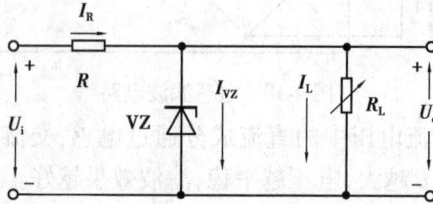

图 4-13　稳压电路

1.稳压原理

①如果输入电压 U_i 不变而负载电阻 R_L 减小:

$$R_L\downarrow \to I_L\uparrow \to I_R\uparrow \to U_R\uparrow \to U_o(U_{VZ})\downarrow \to I_{VZ}\downarrow\downarrow \to I_R\downarrow \to U_R\downarrow \to U_o\uparrow$$

或 $R_L\uparrow \to I_L\downarrow \to I_R\downarrow \to U_R\downarrow \to U_o\uparrow$

②如果负载电阻 R_L 保持不变,而电网电压的波动引起输入电压 U_i 升高时:

$$U_i\uparrow \to U_{VZ}\uparrow \to I_Z\uparrow \to I_R\uparrow \to U_R\uparrow \to U_o\downarrow$$

或 $U_i\downarrow \to U_{VZ}\downarrow \to I_Z\downarrow \to I_R\downarrow \to I_R\downarrow \to U_o\uparrow$

2.集成稳压器

常用的线性集成稳压器,通常为三端式稳压器。

有两种形式:一种是输出为固定的三端稳压器;另一种为可调输出的三端稳压器,其基本原理均为串联型稳压电路。

（1）串联型稳压电路

由启动电路、保护环节、比较放大电路和调整管组成。因调整元件与负载是串联关系,故称之为串联型稳压电路,如图 4-14 所示。

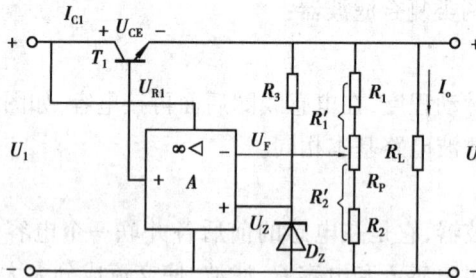

图 4-14　串联型稳压电路

（2）三端固定输出集成稳压器

1）正电压输出稳压器

常用的三端固定正电压稳压器有 7800 系列,型号中的 00 两位数表示输出电压的稳定值,分别为 5、6、9、12、15、18、24 V。例如,7812 的输出电压为 12 V,7805 输出电压是 5 V。

按输出电流大小不同,又分为 CW7800 系列,最大输出电流为 1~1.5 A;CW78M00 系列,最大输出电流为 0.5 A；CW78L00 系列，最大输出电流为 100 mA 左右。

7800 系列三端稳压器的外部引脚如图 4-15 所示，1 脚为输入端，2 脚为输出端，3 脚为公共接地端。

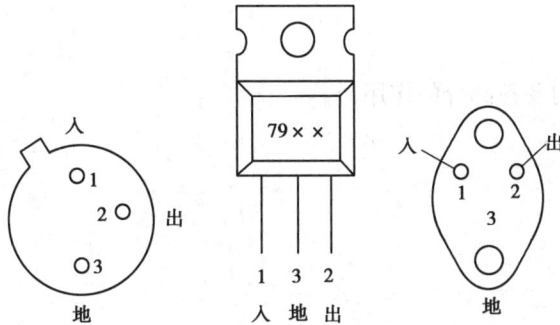

图 4-15　7800 系列三端稳压器的外部引脚

2）负电压输出稳压器

常用的三端固定负电压稳压器有 7900 系列，型号中的 00 两位表示输出电压的稳定值，和 7800 系列相对应，分别为 -5、-6、-9、-12、-15、-18、-24 V。

按输出电流大小不同，和 7800 系列一样，也分为：CW7900 系列、CW79M00 系列和 CW79L00 系列。管脚如图 4-16 所示，1 脚为公共端，2 脚为输出端，3 脚为输入端。

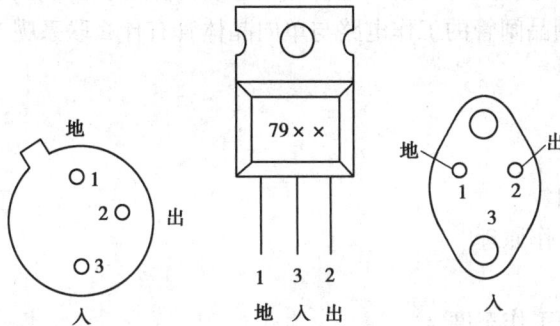

图 4-16　三端固定负电压稳压器的管脚

3）固定式三端集成稳压器应用举例

如图 4-17 所示，是应用 78LXX 输出固定电压 U_o 的典型电路图。

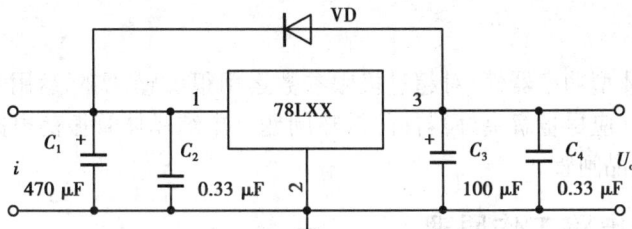

图 4-17　应用 78LXX 输出固定电压 U_o 的典型电路图

正常工作时，输入、输出电压差应大小 2～3 V。

电路中接入电容 C_1、C_2 是用来实现频率补偿的，可防止稳压器产生高频自激振荡并抑制电路引入的高频干扰。

C_3 是电解电容,以减小稳压电源输出端由输入电源引入的低频干扰。

VD 是保护二极管,当输入端意外短路时,给输出电容器 C_3 一个放电通路,防止 C_3 两端电压作用于调整管的 be 结,造成调整管 be 结击穿而损坏。

任务小结

①直流电源的结构及各部分的作用。

②二极管整流电路。

③滤波电路。

④稳压电路。

⑤集成稳压器。

任务 4.2　单向晶闸管调光电路

任务导入

晶闸管的特点是可以用弱信号控制强信号。从控制的观点看,它的功率放大倍数很大,用几十 mA 到一二百 mA,2~3 V 的电压可以控制几十 A、千余 V 的工作电流电压,换句话说,它的功率放大倍数可以达到数十万倍以上。那么,典型的单向晶闸管调光电路是如何使用晶闸管的特性的呢? 应用晶闸管的工作电路与单向晶体管有什么联系呢?

学习目标

知识目标:

➤理解电路原理图

➤了解波形图和工作原理

职业素养目标:

➤养成严谨科学的工作态度

➤养成团队协作精神

➤培养创新意识及创新能力

➤养成严谨认真的学习态度

理论知识

晶闸管是半导体型功率器件,对超过极限参数运用很敏感,实际运用时应该注意留有较大电压、电流余量,并应尽量解决好器件的散热问题。单结晶体管振荡电路能产生一系列脉冲信号,可用来触发晶闸管。

4.2.1　调光电路工作原理

1.电路原理图

单向晶闸管调光电路分主电路和触发电路两大部分,如图 4-18 所示。

主电路是桥式整流电路,触发电路是单结晶体管触发电路。

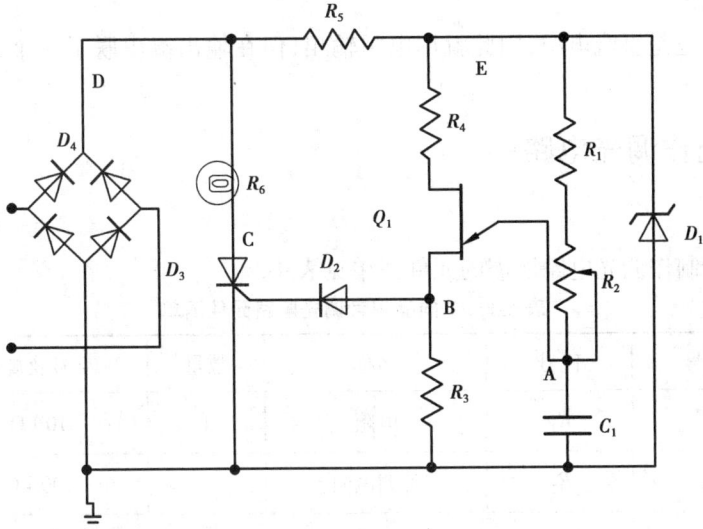

图 4-18　单向晶闸管调光电路

2.波形图和工作原理

（1）同步

在单向晶闸管调光电路中,触发电路的电源是由整流和稳压削波后得到的电压,和主电路有相同的频率,因此实现了同步。电路中各点电压的波形图如图 4-19 所示。

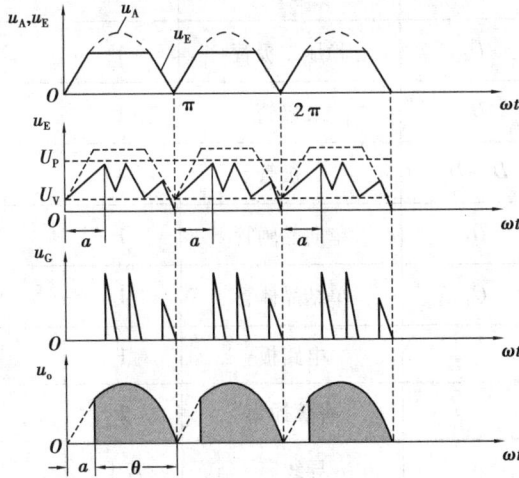

图 4-19　各点电压的波形图

（2）移相

晶闸管的导通取决于它在承受正向阳极电压时,加到控制极的第一个触发脉冲的时刻。

第一个触发脉冲已使晶闸管导通后,以后的脉冲就不起作用了。如果将 R_2 调小,电容 C 充电就加快,V_c 上升到 V_2 的时间就变短,出现第一个脉冲的时间就提前,α 角变小,θ 角变大,晶闸管输出电压的平均值 U_o 就增大;反之,R_P 调大,U_o 就减小。

（3）脉冲输出

由于主电流也是直流电源，因此就用电阻输出，但在输出端串联了一个二极管保证只有正脉冲输出。

4.2.2 制作调光电路

1.元件清单

单向晶闸管制作调光电路所需的元件清单见表 4-1。

表 4-1 单向晶闸管调光电路元件清单

序号	代号	名称	数量	型号及规格
1	R_1	电阻	1	10 kΩ
2	R_2	可调电阻	1	100 kΩ
3	R_3	电阻	1	100 Ω
4	R_4	电阻	1	330 Ω
5	R_5	电阻	1	2 kΩ
6	R_6	灯泡	1	24 V
7	C_1	电容	1	0.1 μF
8	D_1	稳压二极管	1	4~15 V
9	D_2	二极管	1	1N4148
10	$D_4 \sim D_7$	二极管	4	1N4007
11	D_3	单向晶闸管	1	MCR100-6
12	Q_1	单结晶体管	1	BT33
13		电路板	1	
14		香蕉插头	2	
15		导线等	若干	

2.检测要求

①清点元器件，并检查元器件型号和参数与清单是否相同；

②判断电容、电阻的好坏；

③判断单结晶体管、晶闸管的好坏；

④判别单结晶体管、晶闸管的管脚。

3.调试说明

单向晶闸管调光电路作品如图 4-20 所示。

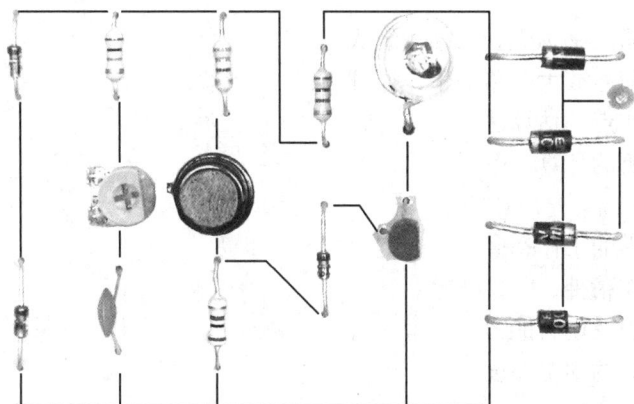

图 4-20   单向晶闸管调光电路作品

（1）基本性能检查

短路检测：电路安装结束后，先目查电路安装是否正确，然后用万用表 R×1k 挡测量输入端的电阻，如在 50 kΩ 以上，则说明正常，如接近于零，则说明有短路故障，则须排除。

通电检测：在检查电路连接正确且无短路故障后，接通交流 24 V 电源，调节 R_2，观察灯泡 R_6 的亮度，如 R_6 的亮度可调，则说明电路基本正常。

（2）电路中各电压波形的检测

用示波器依次观察 A、B、C、D、E 点的电位和 C、D 之间的电压波形。调节 R_2，观察 A、B、C 三点电位波形的变化，并作好记录。

（3）电路故障分析

单向晶闸管调光电路的结构较简单，且各点电位很容易通过理论分析得出，所以在检查故障时可以用电位检测法。首先测 D 点电位，正常为交流输入电压的 0.9 倍左右，若低于该值，则说明整流部分出现故障；然后再测 E 点电位，正常情况略低于稳压管的稳压值，若偏高则可能是稳压管电路部分断路故障，或 R_5 部分的故障；最后测 A 点电位，就能观察到指针抖动，则说明触发电路部分正常。

任务小结

①电路原理图。
②波形图和工作原理。

任务 4.3   共发射极基本放大电路

任务导入

放大电路是电子技术中应用非常广泛的一种单元电路。那么放大电路的核心元件是什么呢？三极管与放大电路有什么联系呢？

学习目标

知识目标：

➤了解放大电路的基本概念及结构组成

➤熟悉低频小信号放大电路的工作原理

➤掌握静态工作点的估算法

➤掌握动态分析的计算

职业素养目标：

➤养成严谨科学的工作态度

➤养成团队协作精神

➤培养创新意识及创新能力

➤养成严谨认真的学习态度

理论知识

所谓"放大"，是指将一个微弱的电信号，通过某种装置，得到一个波形与该微弱信号相同但幅值却大很多的信号输出。这个装置就是晶体管放大电路。"放大"作用的实质是电路对电流、电压或能量的控制作用。

4.3.1 基本放大电路的概念及工作原理

放大电路的放大作用，实质是把直流电源 U_{CC} 的能量转移给输出信号。输入信号的作用则是控制这种转移，使放大电路输出信号的变化重复或反映输入信号的变化。

1.概念

应用于基本放大电路的简单电路如图 4-21 所示的扩音器电路，话筒送来的微弱音频信号经过放大电路之后，由扬声器输出放大后的声音信号，即如图 4-22 所示的信号放大效果，u_i 为微弱输入小信号，u_o 为幅度大大增强的输出信号。

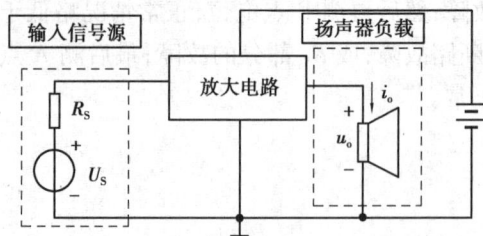

图 4-21　扩音器中放大电路的组成

图 4-22　信号放大效果

放大电路的核心元件是晶体管，因此，放大电路若要实现对输入小信号的放大作用，必须保证晶体管工作在放大区。

晶体管工作在放大区的外部偏置条件是:其发射结正向偏置、集电结反向偏置。此条件是通过外接直流电源,并配以合适的偏置电路来实现的。

三种基本组态的晶体管放大电路,晶体管放大电路一般有 3 种组态,如图 4-23 所示。

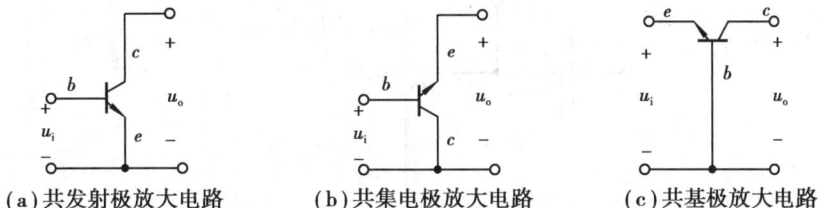

(a)共发射极放大电路　　(b)共集电极放大电路　　(c)共基极放大电路

图 4-23　三种基本组态的晶体管放大电路

无论放大电路的组态如何,其目的都是让输入的微弱小信号通过放大电路后,输出时其信号幅度显著增强。必须清楚:幅度得到增强的输出信号,其能量并非来自晶体管,而是由放大电路中的直流电源提供的。晶体管只是实现了对能量的控制,使之转换成信号能量,并传递给负载。

2.放大电路的组成原则

放大电路的作用是实现对微弱小信号的幅度放大,单凭晶体管的电流放大作用显然无法完成。必须在放大电路中设置直流电源,使其保证晶体管工作在线性放大区。因此,放大电路的组成原则为:

①核心元件晶体管必须发射结正偏,集电结反偏;

②输入回路的设置应使输入信号耦合到晶体管输入电路,以保证晶体管的以小控大作用;

③输出回路的设置应保证晶体管放大后的电流信号能够转换成负载需要的电压形式;

④不允许被传输的小信号在放大后出现失真。

3.共发射极放大电路的组成及各部分作用

下面以固定偏置共发射极放大电路为例,分析基本放大电路的组成及各部分作用。共发射极放大电路是电子技术中应用最为广泛的放大电路形式,其电路组成的一般形式为:

图 4-24 中,放大电路的核心元件是三极管 3DG6 管,C_1、C_2 是耦合电容,R_B 是基极电阻,U_{CC} 是集电极电源,R_C 是集电极电阻,U_{BB} 是基极电源。

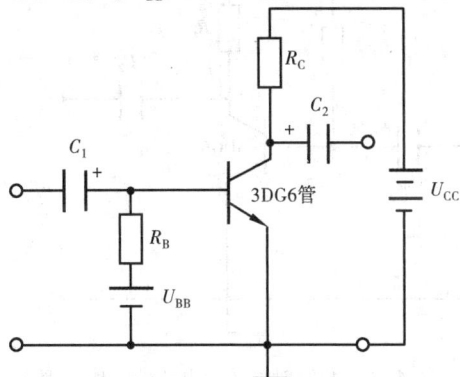

图 4-24　双电源组成的共发射极基本放大电路

可将双电源供电处理为单电源供电,仅使用集电极电源 U_{CC} 即可。电路如图 4-25 所示。

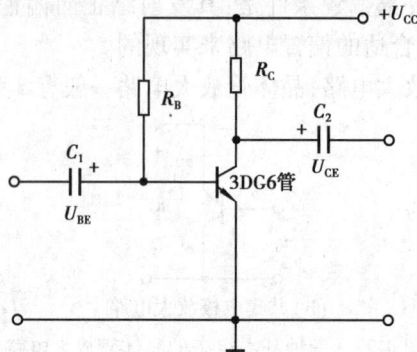

图 4-25 共发射极放大电路的组成

共发射极放大电路各部分作用如下:

①基极偏置电阻 R_B 的作用是保证发射极正偏,提供基极电流 I_B,为放大电路提供合适的静态工作点。把放大器的输入端短路,则放大器处于无信号输入状态,称为静态;此时,晶体管直流电压 U_{BE}、U_{CE} 和对应的 I_B、I_C 统称为静态工作点。

②R_C 的作用是将放大的集电极电流转换成晶体管的输出电压。

③有极性电解电容 C_1 的作用是隔离直流和让输入交流信号顺利通过。

④晶体管 3DG6 管在放大电路中起以小控大的能量控制作用。

⑤R_C 的作用是将放大的集电极电流转换成晶体管的输出电压。

⑥电源 U_{CC} 向放大电路提供能量,并保证晶体管工作在放大区。

⑦有极性电解电容 C_2 的作用是隔离直流和让放大的交流信号顺利输出。

4.工作原理

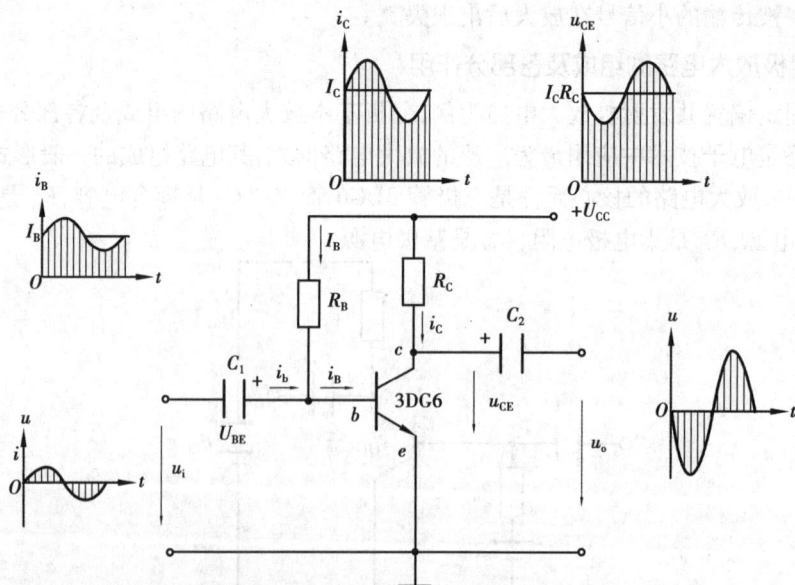

图 4-26 共发射极放大电路的工作原理

根据图 4-26 所示,放大电路内部各电压、电流都是交直流共存的。其直流分量及其注脚均采用大写英文字母;交流分量及其注脚均采用小写英文字母;叠加后的总量用英文小写字母,但其注脚采用大写英文字母。例如:基极电流的直流分量用 I_B 表示;交流分量用 i_b 表示;总量用 i_B 表示。

需放大的信号电压 u_i 通过 C_1 转换为放大电路的输入电流,与基极偏流叠加后加到晶体管的基极,基极电流 i_B 的变化通过晶体管的以小控大作用引起集电极电流 i_C 变化;i_C 通过 R_C 使电流的变化转换为电压的变化,即:$u_{CE} = U_{CC} - i_C R_C$。

由上式可看出:当 i_C 增大时,u_{CE} 就减小,所以 u_{CE} 的变化正好与 i_C 相反,这就是它们反相的原因。u_{CE} 经过 C_2 滤掉了直流成分,耦合到输出端的交流成分即为输出电压 u_o。若电路参数选取适当,u_o 的幅度将比 u_i 幅度大很多,亦即输入的微弱小信号 u_i 被放大了,这就是放大电路的工作原理。

4.3.2　基本放大电路的静态分析

输入信号 $u_i = 0$、只在直流电源 U_{CC} 作用下电路的状态称"静态"。静态分析就是要求出此时的 I_B、I_C 和 U_{CE} 三数值。

1.放大电路静态分析的估算法

（1）工程近似法

根据图 4-26 所示,其中,在直流下,耦合电容 C_1、C_2 相当于开路,可去掉,之后得到的等效放大电路的直流通道如图 4-27 所示。

由直流通道求静态工作点 Q 上的 I_{BQ}。

由图 4-27 可得:

$$I_{BQ} = \frac{U_{CC} - U_{BE}}{R_B}　　　　式(4-22)$$

由晶体管放大原理可求得 I_{CQ}:

$$I_{CQ} = \beta I_{BQ}　　　　式(4-23)$$

由图又可求得工作点上 U_{CEQ}:

$$U_{CEQ} = U_{CC} - I_{CQ} R_C　　　　式(4-24)$$

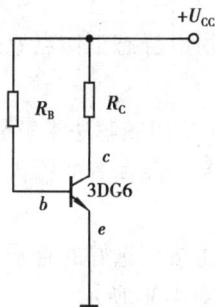

图 4-27　等效放大电路
的直流通道

式中 $I_{CQ} R_C$ 前面的负号表示输出电压与集电极电流 I_C 反相,即与输入电压反相。

假如不设置静态工作点,输入信号电压 U_i 波形如图 4-28 所示,此时 u_i 小于死区的部分将无法得到传输,只有大于死区的部分才能转换成电流 i_b 通过晶体管。由于输入信号大部分无法通过晶体管,i_b 电流波形与 u_i 波形完全不一样了,造成输入信号输入时的"截止失真"。

所以,为保证传输信号不失真地输入到放大器中得到放大,必须在放大电路中设置静态工作点。

【例 4-2】　已知图示电路 4-29 中 $U_{CC} = 10$ V,$R_B = 250$ kΩ,$R_C = 3$ kΩ,$\beta = 50$,试求该放大电路的静态工作点 Q。

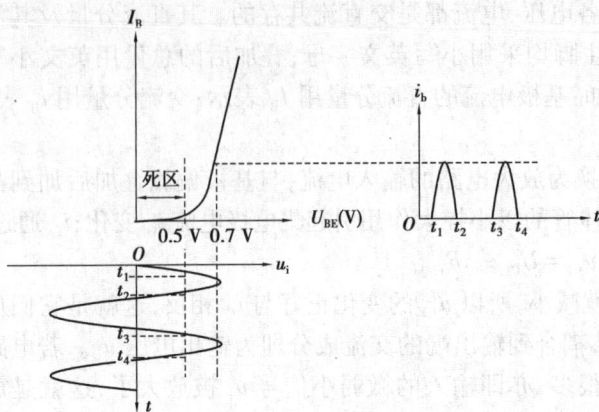

图 4-28　输入信号输入时出现"截止失真"　　　　图 4-29　例 4-2 电路图

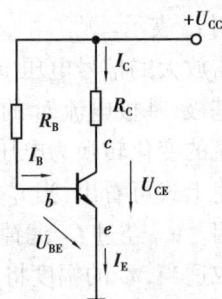

解：

$$I_{BQ} = \frac{10 - 0.7}{250}\mu A \approx 37.2\ \mu A$$

$$I_{CQ} = (50 \times 0.037\ 2)mA = 1.86\ mA$$

$$U_{CEQ} = 10\ V - 1.86\ mA \times 3\ k\Omega = 4.42\ V$$

所以静态工作点 $Q: \begin{cases} I_{BQ} = 37.2\ \mu A \\ I_{CQ} = 1.86\ mA \\ U_{CEQ} = 4.42\ V \end{cases}$

（2）用图解法求解静态工作点

利用晶体管的输入、输出特性曲线求解静态工作点的方法称为图解法。其分析步骤一般为：

①按已选好的管子型号在手册中查找、或从晶体管图示仪上描绘出管子的输入、输出特性如图 4-30 所示。

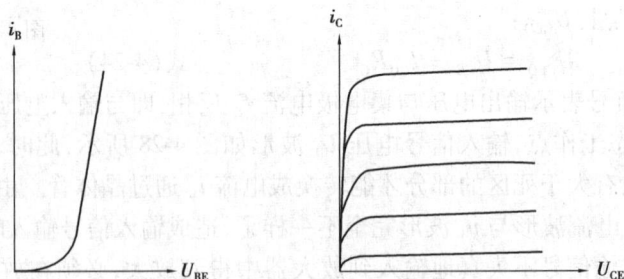

图 4-30　输入、输出特性曲线

②画出直流负载线，此步骤是图解法求静态工作点的关键。由放大电路的直流通道可得：

$$U_{CE} = U_{CC} - I_C R_C \qquad\qquad 式(4-25)$$

$U_{CE} = 0$，可得：

$$I_C = U_{CC}/R_C \qquad\qquad 式(4-26)$$

连接两点作出直流负载线。

③确定静态工作点,直流负载线上交点有多个,只有 I_{BQ} 对应的交点才是 Q 点,如图 4-31 所示。

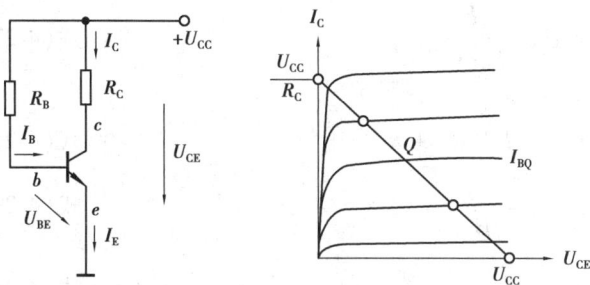

图 4-31　确定静态工作点

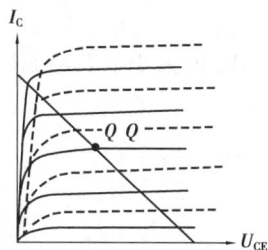

图 4-32　温度升高时静态工作点 Q 随之上移

上述固定偏置的放大电路存在很大的不足。例如:当晶体管所处环境温度升高时,静态工作点 Q 随之上移,将造成输出特性曲线上移,如图 4-32 所示。

晶体管内部载流子运动加剧,因此将造成放大电路中的各参量将随之发生变化。

温度 $T\uparrow\rightarrow Q$ 点 $\uparrow\rightarrow I_C\uparrow\rightarrow U_{CE}\downarrow\rightarrow V_C\downarrow$,如果 $V_C<V_B$,则集电结就会由反偏变为正偏,当两个 PN 结均正偏时,电路出现"饱和失真"。

为不失真地传输信号,实用中需对上述电路进行改造。分压式偏置的共发射极放大电路可通过反馈环节有效地抑制温度对静态工作点的影响。

2.分压式偏置的共发射极放大电路

分压式偏置的共发射极放大电路如图 4-33 所示,增加了一个偏置电阻,共有两个偏置电阻 R_{B1}、R_{B2}。由于设置了反馈环节 R_E,因此当温度升高而造成 I_C 增大时,可自动减小 I_B,从而抑制了静态工作点由于温度而发生的变化,保持 Q 点稳定。

此电路就是能够抑制温度影响而引起静态工作点变化的分压式偏置的共发射极电压放大电路。

分压式偏置共射放大电路的静态分析如下:

静态分析时,此电路需满足 $I_1\approx I_2\gg I_B$ 的小信号条件。电容仍做开路处理。处理后的电路称为分压式偏置共射放大电路的直流通道,如图 4-34 所示。

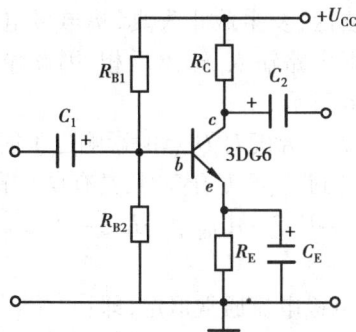

图 4-33　分压式偏置共发射极基本放大电路

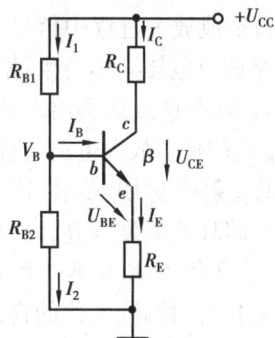

图 4-34　分压式偏置共射放大电路的直流通道

119

偏置电阻 R_{B1} 和 R_{B2} 应选择适当数值,使之符合: $I_1 \approx I_2 \gg I_B$ 的条件。在小信号条件下, I_B 可近似视为 0 值。

忽略 I_B 时, R_{B1} 和 R_{B2} 可以对 U_{CC} 进行分压。即:

$$V_B = U_{CC} \frac{R_{B2}}{R_{B1} + R_{B2}} \qquad \text{式}(4\text{-}27)$$

V_B 的大小显然与温度无关。

$$U_{CEQ} = U_{CC} - I_{CQ}(R_C + R_E) \qquad \text{式}(4\text{-}28)$$

$$I_{BQ} = \frac{I_{CQ}}{\beta} \qquad \text{式}(4\text{-}29)$$

$$I_{CQ} \approx I_{EQ} = \frac{V_B - U_{BE}}{R_E} \qquad \text{式}(4\text{-}30)$$

上述分析步骤,就是分压式偏置的共发射极电压放大电路的估算法。显然,基极电位 V_B 的高低对静态工作点的影响非常大。以下是基极电位 V_B 的高低对静态工作点 Q 的影响。

设置合适的静态工作点是对放大电路的基本要求。基极电位 V_B 选择偏高或偏低时, Q 点随之上移或下行。

设 V_B 较高时, Q 点的上移造成放大过程中信号的一部分进入饱和区,发生饱和失真,集电极电流上削波。放大电路输出电压同样产生饱和失真。由于共射电路输入、输出反相,因此输出电压呈下削波。 V_B 值大 Q 点高,会出现饱和失真,如图 4-35 所示。

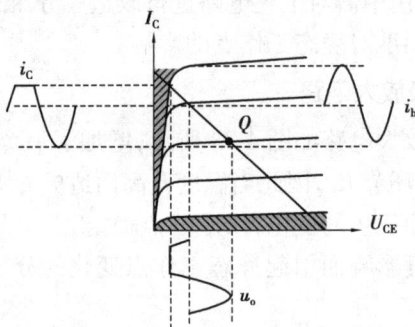

图 4-35　V_B 值大将出现饱和失真

V_B 设置的高低,取决于两个基极偏置电阻的数值选择,当 R_{B1} 太大时, V_B 值就会较低,引起静态工作点 Q 下行。

Q 点下行造成放大过程中信号的一部分进入截止区,发生截止失真,集电极电流呈下削波。放大电路输出电压同样产生截止失真。由于共射电路输入、输出反相,因此输出电压呈现上削波。 V_B 值小 Q 点低会出现截止失真,如图 4-36 所示。

所以, V_B 的高低对放大电路的静态工作点影响很大。温度对 Q 点的影响也不能忽视。分压式偏置的共发射极放大电路由于加设了负反馈环节,因此当温度升高时,具有自调节能力。

设放大电路环境温度升高,此时 $T \uparrow \rightarrow I_C \uparrow \rightarrow I_E \uparrow \rightarrow V_E \uparrow \rightarrow U_{BE} \downarrow \rightarrow I_B \downarrow \rightarrow I_C \downarrow$。

可见,温度变化 I_C 基本不受影响。

由于电路具有对温度变化的自调节能力,因此集电极电流通常恒定,即:

$$I_C \approx \frac{V_B}{R_E} \qquad \text{式}(4\text{-}31)$$

只要基极电位 V_B 和射极反馈电阻 R_E 不变,集电极电流 I_C 始终维持不变。

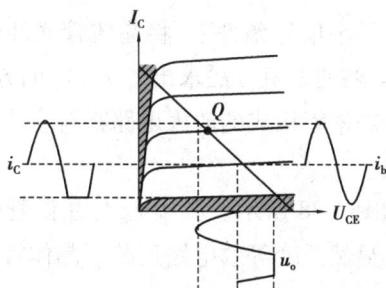

图 4-36　V_B 值小将出现截止失真

通过分析可知,交流放大电路中如果不设置静态工作点,输入的交流信号就无法全部通过放大电路,造成传输过程中信号的严重失真;若静态工作点设置不合适,同样会发生传输过程中的饱和失真和截止失真。

设置合适的静态工作点显然是放大电路保证传输质量的必要条件,其设置的原则是:保证正常的输入信号不失真的输出且保证静态工作点的相对稳定。

分压式偏置的共射放大电路显然可以实现上述原则。通过选择合适的分压电阻 R_{B1} 和 R_{B2},可获得一个恰当的基极电位 V_B 值,以确保晶体管的发射结正偏和集电结反偏。这样,在信号传输的过程中晶体管就会始终工作在放大区,使放大电路正常工作。电路中的反馈电阻 R_E 则起到了稳定工作点的作用,从而抑制了由于温度变化对放大电路产生的影响。

4.3.3　基本放大电路的动态分析

1.分压式偏置共发射极放大电路的动态分析

放大电路加入交流输入信号的工作状态称为动态。

动态时,放大电路输入的是交流微弱小信号;电路内部各电压、电流都是交直流共存的叠加量;放大电路输出的则是被放大的输入信号。

求解放大电路的动态输入电阻 r_0、输出电阻 r_i 及电压放大倍数 A_u 等参量的过程称为动态分析。

由于发射极为输入、输出回路的公共支路,因而称之为共发射极组态的放大电路。

在图 4-37 中,动态下,电源 U_{CC} 为 0 时可视为"地",电容相当于"交流短路",R_{B1} 相当于接于基极与"地"之间,R_C 相当于接于集电极与"地"之间。处理之后得到了如图 4-37 所示的分压式偏置共发射极放大电路的交流通道。

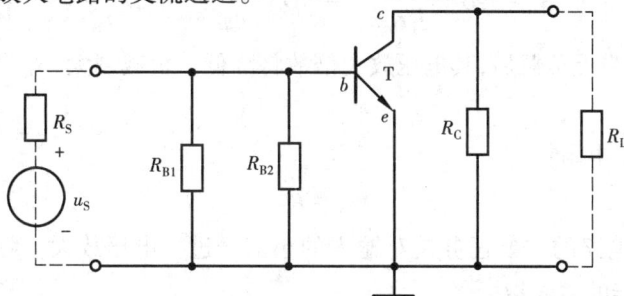

图 4-37　分压式偏置共发射极放大电路的交流通道

2.微变等效电路法

微变等效电路法就是在满足小信号条件下,将晶体管线性化,把放大电路等效为一个近似的线性电路,然后应用线性电路的求解方法求出 r_i、r_0、A_u 的方法。

一般情况下,由高、低频小功率管构成的放大电路都符合小信号条件。因此其输入、输出特性在小范围内均可视为线性。

晶体管的微变等效电路如图 4-38 所示。其中 r_{be} 是晶体管输入端的等效电阻,受控电流源相当晶体管的集电极电流。显然微变等效电路反映了晶体管电流的以小控大作用。

图 4-38 中,晶体管交流输入等效电阻 r_{be} 的计算方法如下:

$$r_{be} = 300\ \Omega = (1 + \beta)\frac{26\ \text{mV}}{I_E \text{mA}} \qquad \text{式}(4\text{-}32)$$

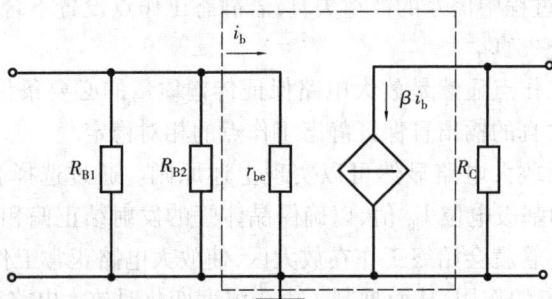

图 4-38 晶体管的微变等效电路

动态分析步骤如下:

①电路交流等效输入电阻:

$$r_i = u_i / i_i = r_{be} // R_{B1} // R_{B2} \qquad \text{式}(4\text{-}33)$$

由于小信号电路有 R_{B1} 和 $R_{B2} \gg r_{be}$,所以 $r_i \approx r_{be}$。

②电路中电压放大倍数:

$$A_u = \frac{u_o}{u_i} = \frac{-\beta i_b R_C}{i_i r_i} = \frac{-\beta i_b R_C}{i_i r_{be}} = -\beta\frac{R_C}{r_{be}} \qquad \text{式}(4\text{-}34)$$

式(4-34)中负号反映了输出电压与输入电压的反相关系。

若电路接入负载,此时电路放大倍数:

$$A_u' = -\beta\frac{i_b R_C // R_L}{i_b r_{be}} = -\beta\frac{R_C // R_L}{r_{be}} = -\beta\frac{R_C'}{r_{be}} \qquad \text{式}(4\text{-}35)$$

显然,放大电路带上负载后,其电压放大倍数将降低。负载越大,R_C' 等效电阻越小,放大倍数下降越多。

③交流等效输出电阻:

$$r_o = R_C \qquad \text{式}(4\text{-}36)$$

共发射极放大电路的主要任务是对输入的小信号进行电压放大,因此电压放大倍数 A_u 是衡量放大电压性能的主要指标之一。

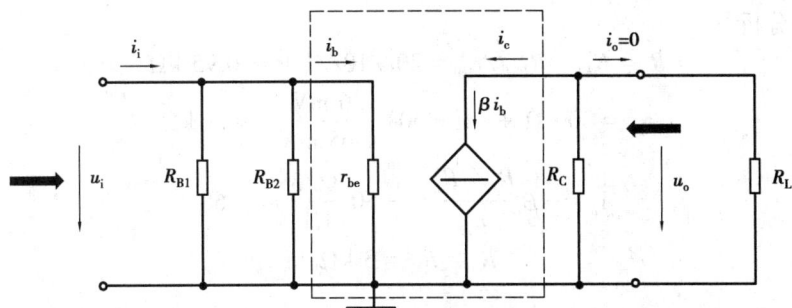

图 4-39　微变等效电路中电流方向

共射放大电路的电压放大倍数随负载增大而下降很多,说明这种放大电路的带负载能力不强。

电容 C_E 的作用:交流通路中,射极电容将反馈电阻短路,则 A_u 不受影响。如果把射极电容 C_E 去掉,交流通道反馈电阻 R_E 仍起作用,则 I_E 减小,r_{be} 增大,负载不变情况下,电压放大倍数 A_u 降低,因为:

$$A_u \approx -\beta \frac{R_C}{r_{be}} \qquad\qquad 式(4\text{-}37)$$

【例 4-3】　图 4-40 所示电路中,已知 $U_{CC} = 12$ V,$R_{B1} = 20$ kΩ,$R_{B2} = 10$ kΩ,$R_C = 3$ kΩ,$R_E = 2$ kΩ,$R_L = 3$ kΩ,$\beta = 50$。试估算静态工作点,并求电压放大倍数 A_u、输入电阻 R_i 和输出电阻 R_o。

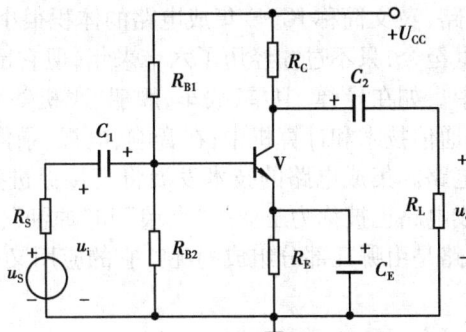

图 4-40　例 2 电路图

解:

(1)用估算法计算静态工作点

$$V_B = \frac{R_{B2}}{R_{B1} + R_{B2}} U_{CC} = \frac{10}{20 + 10} \times 12 = 4 \text{ V} \qquad 式(4\text{-}38)$$

$$I_{CQ} \approx I_{EQ} = \frac{U_B - U_{BEQ}}{R_E} = \frac{4 - 0.7}{2} = 1.65 \text{ mA} \qquad 式(4\text{-}39)$$

$$I_{BQ} = \frac{I_{CQ}}{\beta} = \frac{1.65}{50} \text{ mA} = 33 \text{ μA} \qquad 式(4\text{-}40)$$

$$U_{CEQ} = U_{CC} - I_{CQ}(R_C + R_E)$$
$$= 12 \text{ V} - 1.65 \text{ mA} \times (3 + 2)\text{k}\Omega$$
$$= 3.75 \text{ V} \qquad 式(4\text{-}41)$$

（2）动态分析

$$R_i = R_{B1} // R_{B2} // r_{be} = 20 // 10 // 1.1 \approx 0.95 \ \text{k}\Omega \qquad \text{式（4-42）}$$

$$r_{be} = 300 \ \Omega + (1 + 50)\frac{26 \ \text{mV}}{1.65 \ \text{mA}} \approx 1.1 \ \text{k}\Omega \qquad \text{式（4-43）}$$

$$A_u = -\beta\frac{R_C // R_L}{r_{be}} = -50\frac{3 // 3}{1.1} \approx -68 \qquad \text{式（4-44）}$$

$$R_0 = R_C = 3 \ \text{k}\Omega \qquad \text{式（4-45）}$$

任务小结

①放大电路的基本概念及结构组成。
②低频小信号放大电路的工作原理。
③静态工作点的估算法。
④动态分析的计算。

任务 4.4　集成运算放大电路

任务导入

在半导体制造工艺的基础上，把整个电路中的元器件制作在一块硅基片上，构成特定功能的电子电路，称为集成电路（英文简称 IC）。集成电路的体积很小，但性能很好。自 1959 年世界上第一块集成电路问世至今，只不过才经历了六十来年，但它已深入到工农业、日常生活及科技领域相当多的产品中。如在导弹、卫星、战车、舰船、飞机等军事装备中；在数控机床、仪器仪表等工业设备中；在通信技术和计算机中；在音响、电视、录像、洗衣机、电冰箱、空调等家用电器中也采用了集成电路。集成电路的技术发展将直接促进整机的小型化、高性能化、多功能化和高可靠性。集成电路也被称为工业的"食粮"和"原油"。

那么，集成运算放大电路是由哪几部分组成的呢？它的应用又如何呢？

学习目标

知识目标：
➤了解集成运算放大器的一般概况
➤熟悉集成运算放大器的基本类型及其应用
➤掌握集成运算放大器的理想化条件，并能运用理想化条件对集成运放电路进行分析
➤理解运放的基本结构、组成、符号及主要参数，了解其常用的非线性应用

职业素养目标：
➤严格执行汽车检修规范，养成严谨科学的工作态度
➤养成团队协作精神
➤培养创新意识及创新能力
➤养成严谨认真的学习态度

理论知识

集成运算放大器简称运放，是一种多端集成电路。集成运放是一种价格低廉、用途广泛的

电子器件。早期,运放主要用来完成模拟信号的求和、微分和积分等运算,故称为运算放大器。现在,运放的应用已远远超过运算的范围。它在通信、控制和测量等设备中得到广泛应用。

4.4.1　集成运放概述

1.集成运放组成

集成运放的型号和种类很多(按集成度分),内部电路也各有差异,但它们的基本组成部分相同,如图 4-41 所示。

图 4-41　集成运放的基本组成

差分输入级是运放的前置级,是高性能差动输入放大器。决定运放性能好坏的关键。利用差分电路的对称特性可提高整个电路的共模抑制比和电路性能。

中间放大级是主放大器,影响放大倍数。采用复合管的共发射极电路。中间级的主要作用是提高电压增益。一般由多级放大电路组成。

输出级为功率放大级,输出级常用电压跟随器或互补电压跟随器组成,由两种极性三极管组成。以降低输出电阻,提高带负载能力。

集成运放内部主要有上述 3 个部分,其外部还常接有偏置电路,以便向各级提供合适的工作电流,由电源电路构成。

运放是不可拆分的整体,采用塑料或金属封装,可称为器件。图 4-42 为常用 μA741 集成运放芯片产品实物图。

μA741 集成运放的 8 个管脚排列图如图 4-43 所示。

图 4-42　μA741 集成运放芯片产品实物图

图 4-43　μA741 的管脚排列图

各引脚含义如下:

1——调零端;

2——反相输入端;

3——同相输入端;

4——负电源端;

5——调零端;

6——输出端;

7——正电源端;

8——空脚。

μA741 集成运放图形符号如图 4-44 所示;μA741 集成运放外部接线图如图 4-45 所示。

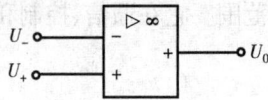

图 4-44 μA741 集成运放图形符号

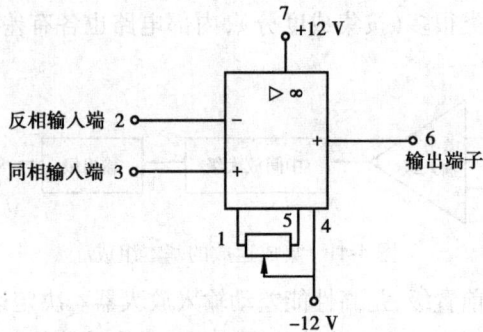

图 4-45 μA741 集成运放外部接线图

2.主要指标

(1)开环电压放大倍数 A_{uo}

在无外加反馈条件下,数值很高,一般约为 $10^4 \sim 10^7$。该值反映了输出电压 U_o 与输入电压 $U+$ 和 $U-$ 之间的关系。

(2)差模输入电阻 r_i

运放的差动输入电阻很高,一般在几十 kΩ 至几十 MΩ。

(3)闭环输出电阻 r_o

由于运放总是工作在深度负反馈条件下,因此其闭环输出电阻很低,约在几十 Ω 至几百 Ω。

(4)最大共模输入电压 U_{icmax}

最大共模输入电压是指运放两个输入端能承受的最大共模信号电压。超出这个电压时,运放的输入级将不能正常工作或共模抑制比下降,甚至造成器件损坏。

3.理想集成运放及其传输特性

为简化分析过程,同时又能满足实际工程的需要,常把集成运放理想化,集成运放的理想化参数为:

①开环电压放大倍数 $A_{uo} = \infty$

②差模输入电阻 $r_i = \infty$

③闭环输出电阻 $r_o = 0$

④共模抑制比 $K_{CMR} = \infty$

根据集成运放的实际特性和理想特性,可分别画出其相应的电压传输特性,表示开环时输出电压与输入电压之间的关系,如图 4-46 所示。

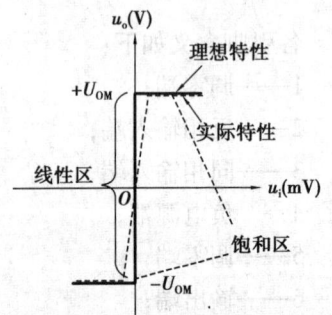

图 4-46 集成运放的电压传输特性

可以看出,当集成运放工作在线性区($+U_{0M} \sim -U_{0M}$)时,其实际特性与理想特性非常接近;由于集成运放的电压放大倍数相当高,即使输入电压很小,也足以让运放工作在饱和状态,使输出电压保持稳定。

集成运放工作在线性区时输出电压与输入电压之间的关系:

$$U_0 = A_{uo}(U_+ - U_-) = A_{uo} \times U_i \qquad 式(4\text{-}46)$$

集成运放工作在线性区的特点如下:

由 $U_o = A_{uo}(U_+ - U_-)$ 可知,理想运放工作在线性区时,输出电压 U_o 与输入电压 U_i 之间是线性放大关系。因 $A_{uo} = \infty$,所以可导出:

$$U_+ - U_- = \frac{U_0}{A_{uo}} = 0 \qquad 式(4\text{-}47)$$

运放工作在线性区差模输入电压等于零,说明即理想运放的两个输入端电位相等。

两点等电位相当于短路。理想运放的两个输入端并没有真正短接,但却具有短接的现象称为"虚短"。

又由于理想运放的差模输入电阻 $r_i = \infty$,所以可近似地认为两个输入端均无电流流入。这种现象称为"虚断"。

"虚短"和"虚断"是运放工作在线性区的两个重要结论。

测量两个输入端电位,若有几 mV,则运放损坏或未工作在线性区。

4.4.2　集成运放的应用

集成运放的应用分为线性应用和非线性应用两大类。

1.线性应用

(1)反相比例运算电路(反相器)

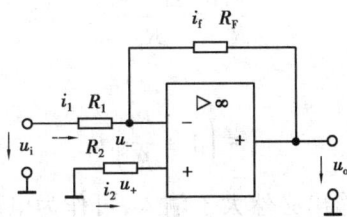

图 4-47　反相比例运算电路

由"虚断"可推出:$i_2 = 0$,因此 $u_+ = $"地"。

根据"虚短"又可推出:

$$u_- = u_+ = 0 \qquad 式(4\text{-}48)$$

可得:

$$i_1 = \frac{u_i}{R_1}, i_f = \frac{u_o}{R_F} \qquad 式(4\text{-}49)$$

由图 4-47 可知:

$$i_1 = i_f \qquad 式(4\text{-}50)$$

所以整理后可得:

$$u_o = -\frac{R_F}{R_1}u_i \qquad 式(4\text{-}51)$$

式(4-51)中负号说明输入输出反相，R_F/R_1 输出与输入的比例值。

反相比例运算电路中，R_2 是平衡电阻，其值应选择符合：

$$R_2 = R_1 // R_F \qquad 式(4\text{-}52)$$

（2）同相比例运算电路

由"虚断"可推出：$i_2 = 0$，因此 $u_+ = u_i$；

根据"虚短"又可推出：$u_- = u_+ = u_i$；

可得：

$$i_1 = -\frac{u_i}{R_1}, i_f = -\frac{u_o - u_i}{R_F} \qquad 式(4\text{-}53)$$

由图 4-48 可知：

$$i_1 = i_f \qquad 式(4\text{-}54)$$

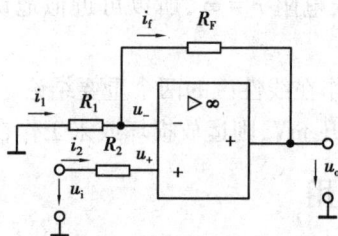

图 4-48　同相比例运算电路

所以：

$$\frac{u_i}{R_1} = \frac{u_o - u_i}{R_F} \qquad 式(4\text{-}55)$$

整理后可得：

$$u_o = \left(1 + \frac{R_F}{R_1}\right)u_i \qquad 式(4\text{-}56)$$

显然同相比例运算电路的输出必然大于输入，可作为电压跟随器。为提高电路的对称性，与反相比例运算电路相同，$R_2 = R_1 // R_F$。

（3）反相加法运算电路

反相电路（图 4-49）存在"虚地"现象，因此 $u_- = u_+ = $"地"。

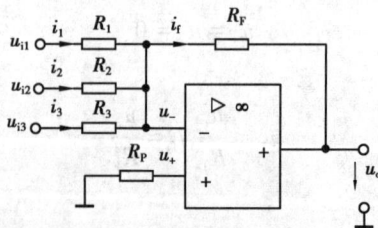

图 4-49　反相加法运算电路

可得：

$$i_1 = \frac{u_{i1}}{R_1}, i_2 = \frac{u_{i2}}{R_2} \qquad\qquad 式(4\text{-}57)$$

$$i_3 = \frac{u_{i3}}{R_3}, i_f = \frac{u_o}{R_F} \qquad\qquad 式(4\text{-}58)$$

因为：

$$i_1 + i_2 + i_3 = i_f \qquad\qquad 式(4\text{-}59)$$

将各电流代入：

$$\frac{u_{i1}}{R_1} + \frac{u_{i2}}{R_2} + \frac{u_{i3}}{R_3} = -\frac{u_o}{R_F} \qquad\qquad 式(4\text{-}60)$$

如果：

$$R_1 = R_2 = R_3 \qquad\qquad 式(4\text{-}61)$$

整理式(4-60)可得：

$$u_o = -\frac{R_F}{R_1}(u_{i1} + u_{i2} + u_{i3}) \qquad\qquad 式(4\text{-}62)$$

若再有 $R_1 = R_F$，则：

$$u_o = -(u_{i1} + u_{i2} + u_{i3}) \qquad\qquad 式(4\text{-}63)$$

实现了反相求和运算。

（4）差分减法（双端输入）运算电路（图 4-50）

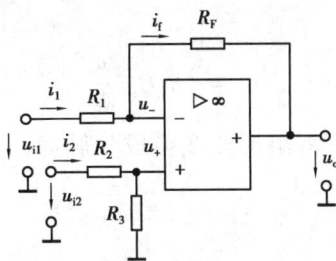

图 4-50　差分减法（双端输入）运算电路

若 $R_2 = R_3$，则：

$$u_- = u_+ = u_{i2}\frac{R_3}{R_2 + R_3} = \frac{u_{i2}}{2} \qquad\qquad 式(4\text{-}64)$$

$$i_1 = \frac{u_{i1} - u_-}{R_1} = \frac{u_{i1} - u_{i2}/2}{R_1} \qquad\qquad 式(4\text{-}65)$$

$$i_f = \frac{u_o - u_-}{R_F} = \frac{-u_o + u_{i2}/2}{R_F} \qquad\qquad 式(4\text{-}66)$$

因为 $i_1 = i_f$，

所以：

$$\frac{u_{i1} - u_{i2}/2}{R_1} = \frac{-u_o + u_{i2}/2}{R_F} \qquad\qquad 式(4\text{-}67)$$

整理得：

$$u_o = \frac{R_F}{R_1}(u_{i2} - u_{i1})$$ 式(4-68)

若 $R_1 = R_F$，则：

$$u_o = u_{i2} - u_{i1}$$ 式(4-69)

实现了输出对输入的减法运算。

(5)基本微分运算电路

基本微分运算电路(图4-51)也存在"虚地"现象，即：$u_- = u_+ =$"地"。

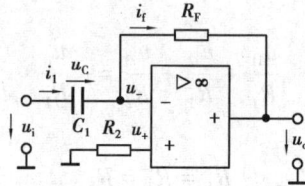

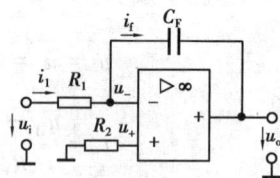

图4-51　基本微分运算电路

可知：

$$i_1 = C_1 \frac{du_C}{dt} = C_1 \frac{du_i}{dt}$$ 式(4-70)

因为：

$$i_1 = i_f = C_1 \frac{du_i}{dt} = -\frac{u_o}{R_F}$$ 式(4-71)

所以：

$$u_o = -R_F C_1 \frac{du_i}{dt}$$ 式(4-72)

微分电路可用于波形变换，将矩形波变换成尖脉冲；且 u_o 与 u_i 相位反相，如图4-52所示。

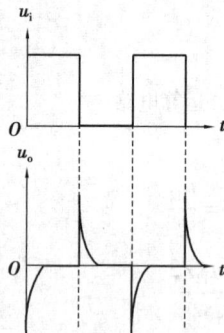

图4-52　微分电路将方波变换　　图4-53　基本积分运算电路

(6)基本积分运算电路

反相比例运放中的偏置电阻用电容代替即为积分电路(图4-53)。

积分电路同样存在"虚地"现象，即：$u_- = u_+ =$"地"

$$u_o = -u_C = -\frac{1}{C_F}\int i_f dt$$ 式(4-73)

$$u_i = i_1 R_1 = i_f R_1 \qquad\qquad 式(4\text{-}74)$$

$$u_o = -\frac{1}{R_1 C_F}\int u_i dt \qquad\qquad 式(4\text{-}75)$$

其中 $i_1 = \dfrac{u_i}{R_1}$。

$$u_o = -\frac{1}{C_F}\int i_1 dt \qquad\qquad 式(4\text{-}76)$$

电路实现了输出电压正比于输入电压对时间的积分。式中的比例常数 $R_1 C_F$ 称为电路的时间常数。

2.非线性应用

（1）集成运放工作在非线性区的特点

集成运放应用在非线性电路时，处于开环或正反馈状态下。

非线性运用状态下，$U_+ \neq U_-$，"虚短"概念不再成立。当同相输入端信号电压 U_+ 大于反相输入端信号电压 U_- 时，输出端电压 $U_o = +U_{OM}$，当 U_+ 小于 U_- 时，输出端电压 $U_o = -U_{OM}$。

非线性应用下的运放虽然同相输入端和反相输入端信号电压不等，但由于其输入电阻很大，所以输入端的信号电流仍可视为零值。因此，非线性应用下的运放仍然具有"虚断"的特点。

非线性区的运放，输出电阻仍可以认为是零值。此时运放的输出量与输入量之间为非线性关系，输出端信号电压或为正饱和值，或为负饱和值。

所以，集成运放工作于非线性区的显著特点就是运行在开环或正反馈状态下；因运放的开环电压放大倍数 A_u 极高，所以只要输入一个很小的信号电压，即可使运放进入非线性区。运放工作在非线性区时，输入和输出不成线性关系。

（2）单门限电压比较器

单门限电压比较器（图4-54）只有一个门限电平，当输入电压达到此门限值时，输出状态立即发生跳变。

电压比较器广泛应用于模/数接口、电平检测及波形变换等领域中。

利用电压比较器可以把正弦波变换成方波。

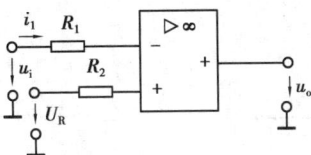

图 4-54　单门限电压比较器电路　　　　　图 4-55　单门限电压比较器输出波形

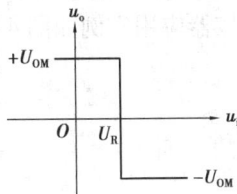

在图 4-55 中，U_R 为门限电平值。

图 4-56 中，由于门限电压等于0，因此为过零电压比较器。

根据电路图 4-56，输入电压只要到达门限电压值，输出电压即可发生跳变，波形如图 4-57所示。

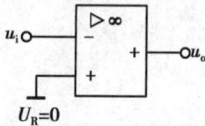

图 4-56　$U_R=0$ 的单门限电压比较器

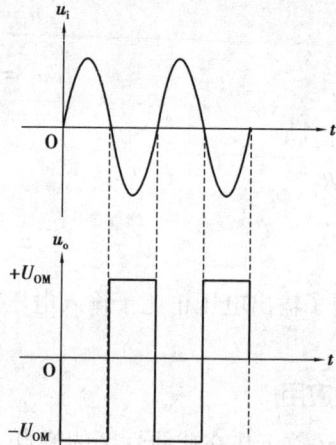

图 4-57　$U_R=0$ 时单门限电压比较器输出波形

（3）滞回比较器

滞回比较器又称施密特触发器，在传输过程中：当输入电压 u_i 从小逐渐增大，或者 u_i 从大逐渐减小时，两种情况下的门限电平是不相同的，由此电压传输特性呈现"滞回"曲线的形状。电路图如图 4-58 所示。

当 u_i 增大到或大于 U_{B1} 时为 a-b-c-d-f 波形，当 u_i 减小到或小于 U_{B2} 时为 f-d-e-b-a 波形，如图 4-59 所示。

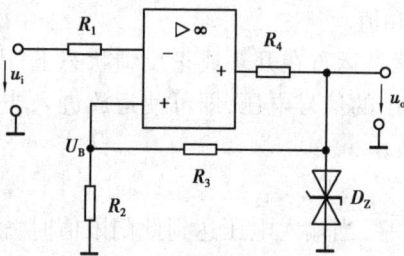

图 4-58　滞回比较器

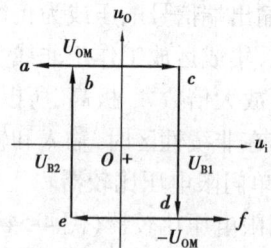

图 4-59　滞回比较器的输出波形图

滞回比较器可构成矩形波、锯齿波等非正弦信号发生器电路，也可以实现波形变换。

滞回比较器的特点有：具有双门限 U_{B1} 和 U_{B2}；电路具有正反馈环节；电路的抗干扰能力强。

滞回比较器应用实例如图 4-60 所示，将不规则的输入波形变换成标准的方波波形。

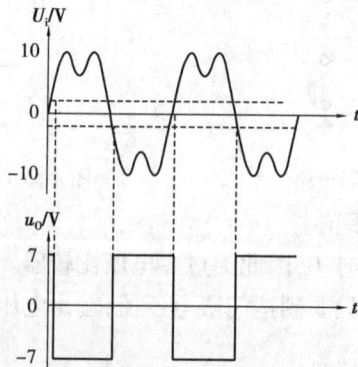

图 4-60　滞回比较器应用于波形变换

当门限电压为 ±0.7 V 时,实现了波形的整形与变换。

任务小结

①集成运算放大器的一般概况。

②集成运算放大器的基本结构、组成、符号及主要参数。

③集成运算放大器的理想化条件。

④集成运算放大器的基本类型及其应用。

任务 4.5　乙类推挽功率放大电路

任务导入

利用两只特性相同的晶体管,使它们都工作在乙类状态,其中一只晶体管在正半周工作,另一只在负半周工作,然后设法将两只管的输出波形在负载上组合到一起,得到一个完整的输出波形,这种放大器就叫作推挽功率放大器。那么,推挽功率放大器分为哪几种呢? 乙类推挽功率放大电路的核心元件是什么呢?

学习目标

知识目标:

➤理解推挽电路的定义

➤理解推挽电路的作用

➤了解推挽电路的优缺点

➤理解推挽电路工作原理

➤理解四类互补推挽式功率放大电路分析

➤了解推挽电路典型应用电路原理图

职业素养目标:

➤养成严谨科学的工作态度

➤养成团队协作精神

➤严格执行 6S 管理

理论知识

推挽电路在放大电路中经常会用到,但它适用于低电压大电流的场合,因此广泛应用于功放电路和开关电源中。

4.5.1　推挽电路概述

1.定义

推挽电路(push-pull)就是两个不同极性晶体管连接的输出电路。推挽电路采用两个参数相同的功率 BJT 管或 MOSFET 管,以推挽方式存在于电路中,各负责正负半周的波形放大任务,电路工作时,两只对称的功率开关管每次只有一个导通,所以导通损耗小效率高。推挽输出既可以向负载灌电流,也可以从负载抽取电流。如果输出级的有两个三极管,始终处于一个导通、一个截止的状态,也就是两个三极管推挽相连,这样的电路结构称为推拉式电路或图腾柱(Totem-pole)输出电路。

2.推挽电路的作用

在一般推挽电路中,比如输出级,电路的工作是,把输入信号放大。而完成电路工作,但一般推挽电路用同级性元件(晶体管或电子管)为了实现输出级元件轮流导通,必须激励大小相等,相位相反的两个信号,即所谓的倒相问题,完成倒相可用电路,可用电感元件(变压器)但这无不增加了电路的复杂性,可靠性。互补电路可克服用单极性原件出现的上述问题。电路工作时双极性原件轮流导通,亦可省去倒相或简化电路,这样电路的稳定性可相应提高。比如当输入信号为正时,双极性中的 NPN 管导通 PNP 由于极性自动截止,当电路输入信号为负时,PNP 管导通 NPN 管截止。不管信号如何变化都能自动完成导通于截止而完成电路工作。

3.推挽电路的优缺点

优点:结构简单,开关变压器磁芯利用率高,推挽电路工作时,两只对称的功率开关管每次只有一个导通,所以导通损耗小。

缺点:变压器带有中心抽头,而且开关管的承受电压较高;由于变压器原边漏感的存在,功率开关管关断的瞬间,漏源极会产生较大的电压尖峰,另外输入电流的纹波较大,因而输入滤波器的体积较大。

4.推挽电路工作原理

在介绍推挽电路工作原理之前,首先介绍功放的一些基本知识。从能量控制的观点看,功放电路和电压放大电路没有本质区别,但后者的要求是使负载得到不失真的电压信号,而前者的要求是获得一定的不失真的输出功率。在放大电路中,输入信号在整个周期内都有电流流过,称为甲类放大;如果只有大半个周期有电流流过,称为甲乙类放大;如果只有半个周期电流流过,称为乙类放大。

4.5.2 四类互补推挽式功率放大电路分析

甲类工作状态晶体管存在问题 → 乙类工作状态晶体管管耗小效率高(但存在非线性,即交越失真)→ 甲乙类工作状态晶体管(但存在功率管匹配异型困难)→ 准互补对称放大电路(OCL)→ 单电源互补功率放大电路(OTL)→ 变压器耦合功率放大电路。

1.互补对称式乙类功率放大电路

(1)电路及其工作原理

图 4-61 所示电路为乙类推挽功率放大器电路,简称 OCL 电路,意为无输出耦合电容。VT_1、VT_2 为功率放大管,组成对管结构。在信号一个周期内,轮流导电,工作在互补状态。T_1 为输入变压器,作用是对输入信号进行倒相,产生两个大小相等、极性相反的信号电压,分别激励 VT_1 和 VT_2。T_2 为输出变压器,作用是将 VT_1、VT_2 输出信号合成完整的正弦波。

输入信号 v_i 经 T_1 耦合,次级得两个大小相等、极性相反的信号。在信号正半周,VT_1 导通(VT_2 截止),集电极电流 i_{C1} 经 T_2 耦合,负载上得到电流 i_o 正半周;在信号负半周,VT_2 导通(VT_1 截止),集电极电流 i_{C2} 经 T_2 耦合,负载上得到电流 i_o 负半周。即经 T_2 合成,负载上得一个放大后的完整波形 i_o。

由输出电流 i_o 波形可见,正、负半周交接处出现了失真,这是由于两管交接导通过程中,基极信号幅值小于门槛电压时管子截止造成的。故称为交越失真。

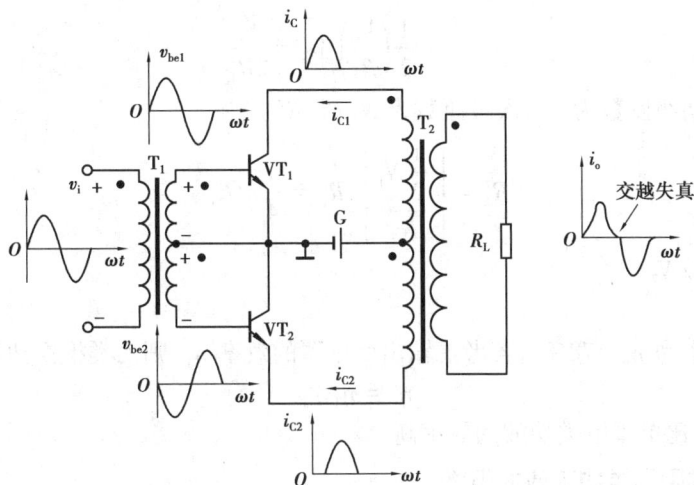

图 4-61 乙类推挽功率放大器及其波形

（2）输出功率和效率

由于两管特性相同，工作在互补状态，因此图解分析时，常将两管输出特性曲线相互倒置，如图 4-62 所示。

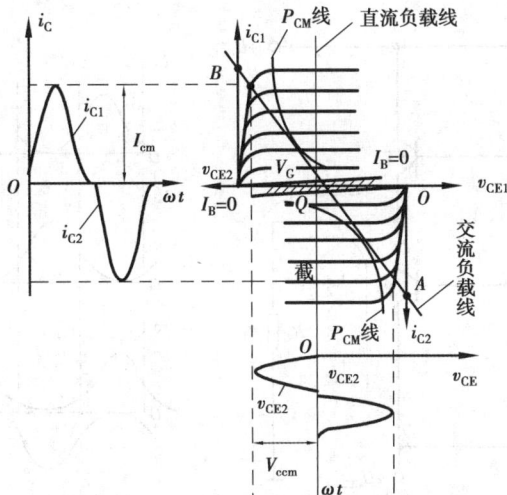

图 4-62 乙类推挽功放电路的图解分析

1）作直流负载线，求静态工作点

静态时，管子截止 $I_{BQ}=0$，当 I_{CEO} 很小时，$I_{CQ}\approx0$。过点 V_G 作 v_{CE} 轴垂线，得直流负载线。它与作 $I_{BQ}=0$ 特性曲线的交点 Q，即为静态工作点。

2）作交流负载线，画交流电压和电流幅值

过点 Q 作斜率为 $-1/R'_L$ 的直线 AB，即交流负载线。其中 R'_L 为单管等效交流负载电阻。在不失真情况下，功率管 VT_1、VT_2 最大交流电流 i_{C1}、i_{C2} 和交流电压 v_{CE1}、v_{CE2} 波形如图 4-62 所示。

3）电路最大输出功率

若忽略管子 V_{CES}，交流电压和交流电流幅值分别为：

$$V_{cem}=V_G ; \quad I_{cm}=\frac{V_G}{R'_L} \qquad\qquad 式（4-77）$$

则最大输出功率，即：

$$P_{om} = \frac{1}{2}\left(\frac{V_G}{R'_L}\right)V_G = \frac{V_G^2}{2R'_L} \qquad \text{式(4-78)}$$

在输出变压器的初级匝数为 N_1,次级匝数为 N_2 时,R'_L 应为

$$R'_L = \left[\frac{\frac{1}{2}N_1}{N_2}\right]^2 R_L = \frac{1}{4}n^2 R_L \qquad \text{式(4-79)}$$

式(4-79)中 $n = N_1/N_2$。

4)效率

理想最大效率为 $\eta_m = 78\%$。若考虑输出变压器的效率 η_T,则乙类推挽功放的总效率为:

$$\eta' = \eta_T \eta_m \qquad \text{式(4-80)}$$

总效率约为 60%,比单管甲类功放的效率高。

2.互补对称式甲乙类功率放大电路

(1)甲乙类双电源互补对称电路

图 4-63(a)所示电路中,除增加驱动级 VT$_1$ 管外,还增加了两只二极管 VD$_1$、VD$_2$,目的是建立一定的直流偏置,偏置电压大于管子死区电压,以克服交越失真。此时管子工作于甲乙类状态。

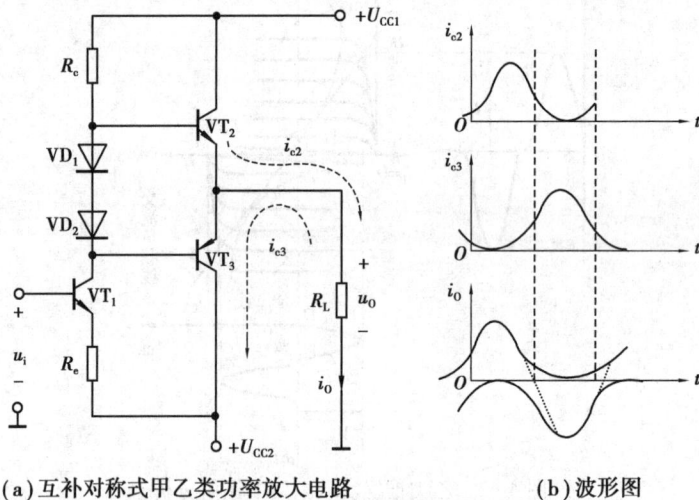

(a)互补对称式甲乙类功率放大电路   (b)波形图

图 4-63 互补对称式甲乙类功率放大电路及波形

静态:利用 VT$_1$ 基极电流在 VD$_1$、VD$_2$ 的正向压降给 VT$_1$、VT$_3$ 两管提供基极偏置电压,发射结电位分别为 VD$_1$、VD$_2$ 的正向导通压降,致使两管处于微弱导通状态——甲乙类状态。

两管静态电流相等,负载上无静态电流,输出电压 $U_o = 0$。

动态:当有交流信号输入时,VD$_1$ 和 VD$_2$ 的交流电阻很小,可视为短路,从而保证两管基极输入信号幅度基本相等。两管轮流工作,i_{c2}、i_{c3} 波形如图 4-63(b)所示,因为负载电流为两者之差,反相相加后得到的,i_o 波形如图 4-63(b)所示,明显改善了交越失真。

在忽略 VT$_2$、VT$_3$ 管的饱和压降时,该电路的最大输出功率和效率与乙类相同。

该电路存在的问题:

①当要求输出功率较大时,要求推动功率管的基极电流也要很大,而由于功放管的 β 不会很大,所以驱动级 VT$_1$ 要提供大电流难以做到。

②两只大功率异型管的配对比较困难,难以做到特性对称。

(2)准互补对称式功率放大电路

为解决上述问题,可以增加复合管 VT_2、VT_4 代替 VT_2;VT_3、VT_5 代替 VT_3。这样,既扩大了电流驱动能力,同时也利用同类型的 VT_4、VT_5 作为输出管,较好地实现了特性匹配的目的,如图 4-64 所示。

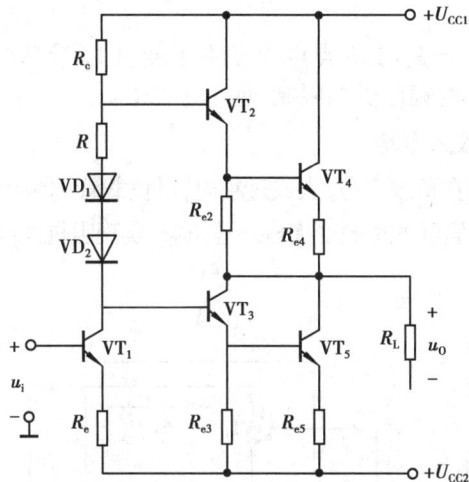

图 4-64　准互补对称式功率放大电路

(3)单电源互补对称式功率放大电路(OTL)

实际电路中,如收音机、扩音机中,常采用单电源供电。单电源供电常采用变压器耦合,这里省略了变压器,称为无输出变压器。简称 OTL 电路,如图 4-65 所示。

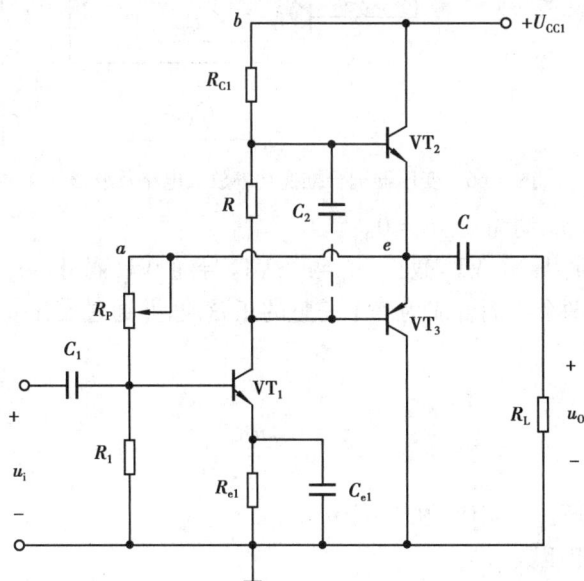

图 4-65　单电源互补对称式功率放大电路

静态:因两管对称,VT_2、VT_3 两管发射极 e 的电位 $U_E = 12U_{CC}$,负载无电流。

动态:$u_i > 0 \rightarrow VT_2$ 导通,VT_3 截止→对负载供电,并对 C 充电;$u_i < 0 \rightarrow VT_3$ 导通,VT_2 截止→电容 C 通过 VT_3、R_L 放电维持负半周电流(电容 C 相当于电源)。

注意:应选择足够大的电容 C,以维持其上电压基本不变,保证负载上得到的交流信号正负半周对称。

同 OCL 电路分析相同,不同之处只要将式中的 U_{CC} 改为 $12U_{CC}$ 即可,得:

$$P_{OM} = 18U_{CC}2R_L \qquad \text{式}(4\text{-}81)$$

$$P_V = 12\pi U_{CC}2R_L \qquad \text{式}(4\text{-}82)$$

$$\eta = P_{OM}P_V = \pi 4 = 78.5\% \qquad \text{式}(4\text{-}83)$$

该电路存在的问题:

在图 4-65 中,当 e 点电位升高时,b 点电位基本不变,VT_2 管基极电流减小,负载电流减小,使得输出电压正方向变化的幅度受到限制,远小于 $12U_{CC}$。

3.变压器耦合推挽功率放大电路

前述电路,虽各有特色,但在负载 R_L 过大或过小时,对负载管的耐压或耐流值要求过高,通常的解决办法就是利用变压器将实际的负载变换成最佳负载,实现阻抗匹配,电路如图4-66所示。

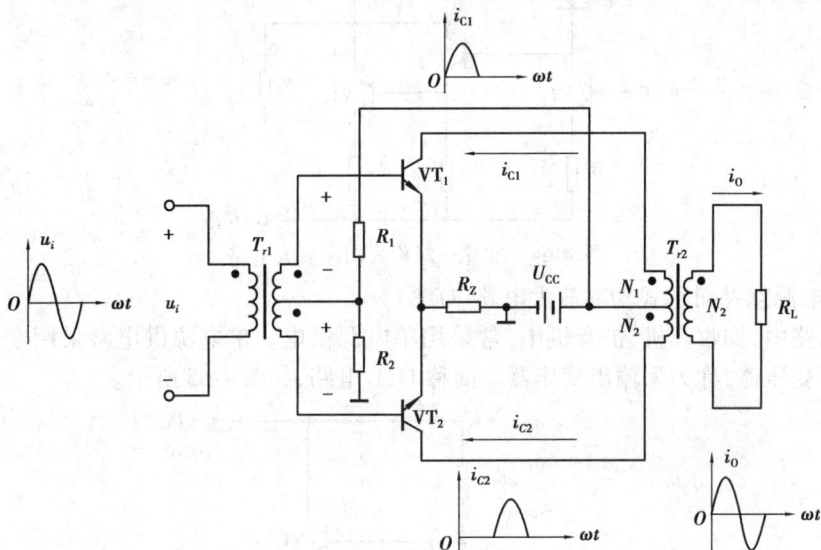

图 4-66　变压器耦合推挽功率放大电路及波形

静态时:$u_i = 0 \rightarrow i_{C1}$、$i_{C2}$ 均为 $0 \rightarrow u_o = 0$。

动态时:$u_i \approx 0 \rightarrow VT_1$ 导通,VT_2 截止 $\rightarrow i_o = i_{C1}$;VT_2 导通,VT_1 截止 $\rightarrow i_o = i_{C2}$。

通过变压器 T_{r2} 将两个半周合成为一个完整的正弦波,并通过变比 n,将 R_L 变成 n_2R_L,以实现阻抗匹配。

输出功率为:

$$P_{OM} = U_{CC}nR_L \qquad \text{式}(4\text{-}84)$$

式(4-84)中　$n = N_1N_2$

N_1——变压器 T_{r2} 原边绕组匝数的一半;

N_2——T_{r2} 副边绕组匝数。

总输出效率为:

$$\eta' = \eta T_r\eta \qquad \text{式}(4\text{-}85)$$

式(4-85)中　ηT_r——变压器效率;

　　　　　　η——晶体管输出效率。

该电路的优点:可方便实现阻抗匹配,获得最佳负载。缺点:体积大、效率低、频率特性差,且不易集成。常用于要求输出较大功率较大的情况。

4.5.3 集成功率放大电路简介

图 4-67(a)所示电路为国产通用型集成功率放大器 5G31,其中主要环节有:

前置放大级(输入级)——VT_1、VT_2 和电阻 R_1、R_2、R_3、R_4、R_5、R_{F1} 和 R_{F2} 等组成单入、单出的差放电路。

中间放大级——由三极管 VT_3 和 VT_4 组成。VT_3 为 VT_4 的偏置管,对信号进行二次放大。

推动级——VT_5、VT_6、VT_7、VT_8 和 R_7 构成。VT_5、VT_6、VT_7 具有温度补偿作用,可稳定输出级静态电流,并为输出级通过适当偏置以消除交越失真。

功率放大级——复合管 VT_9、VT_{10} 为 NPN 管,复合管 VT_{11}、VT_{12} 和 VT_{13} 为 PNP 管,共同构成互补输出级,为准互补甲乙类功率放大电路。

5G31 实际应用电路和外部接线如图 4-67(b)所示。

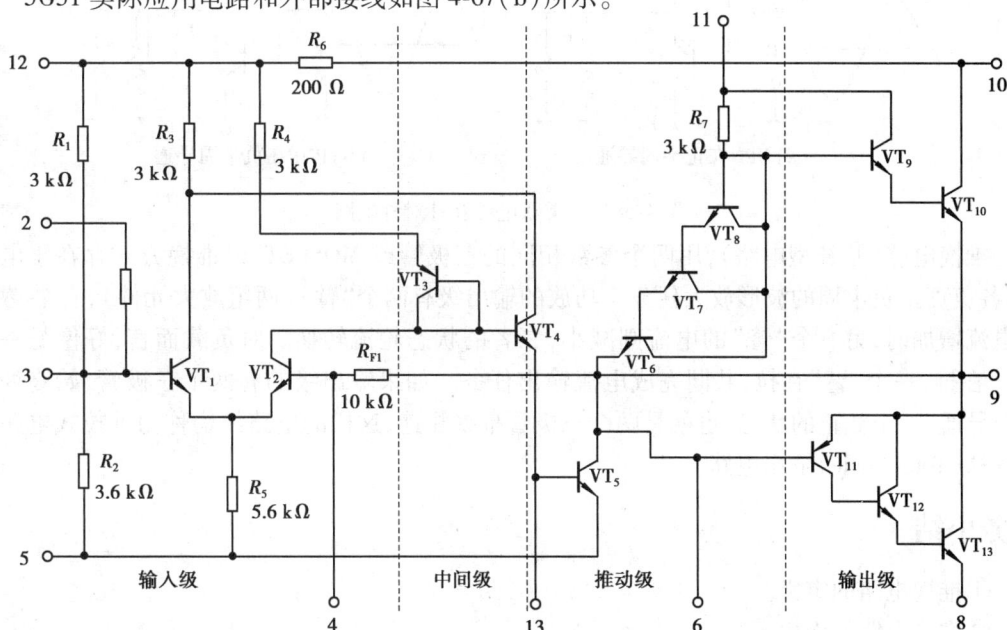

(a)电路图

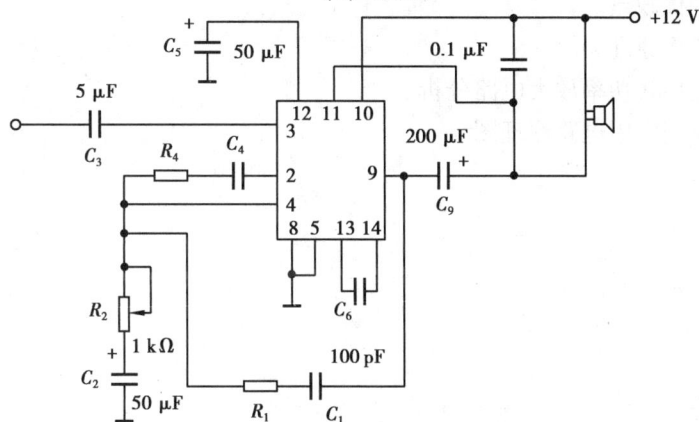

(b)接线图

图 4-67 集成功率放大器 5G31

4.5.4　推挽电路典型应用电路原理图

以乙类双电源互补对称电路为例。

如图 4-68 所示,两晶体管分别为 NPN 管和 PNP 管,由于它们的特性相近,故称为互补对称管。静态时,两管的 $I_{CQ} = 0$;有输入信号时,两管轮流导通,NPN 在正半周导通[图 4-68 (a)],PNP 在负半周导通[图 4-68(b)],从而相互补充,使得始终有电流流过负载。既避免了输出波形的严重失真,又提高了电路的效率。由于两管互补对方的不足,工作性能对称,所以这种电路通常称为互补对称电路。

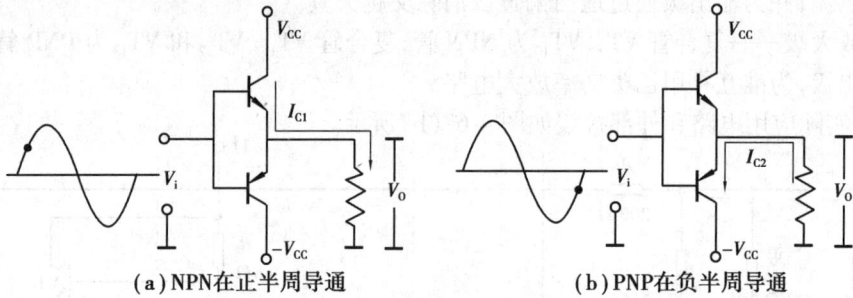

(a)NPN在正半周导通　　　　　　　　　　(b)PNP在负半周导通

图 4-68　乙类双电源互补对称电路

推挽电路(互补型电路),用两个参数相同的三极管或 MOSFET,以推挽方式存在于电路中,各负责正负半周的波形放大任务。功放的输出级有两个"臂"(两组放大元件),一个"臂"的电流增加时,另一个"臂"的电流则减小,二者的状态轮流转换。对负载而言,好像是一个"臂"在推,一个"臂"在拉,共同完成电流输出任务。如果输出级的有两个三极管,始终处于一个导通、一个截止的状态,也就是两个三极管推挽相连,这样的电路结构称为推拉式电路或图腾柱(Totem-pole)输出电路。

任务小结

①推挽电路的定义。

②推挽电路的作用。

③推挽电路的优缺点。

④推挽电路工作原理。

⑤四类互补推挽式功率放大电路分析。

⑥推挽电路典型应用电路原理图。

项目 5

三相交流异步电动机的基本控制电路

任务 5.1　认识三相交流异步电动机

任务导入

交流电机时如何转动起来的呢？电机机身外部的铭牌数据代表什么含义呢？电机正常工作,外部的 6 个接线端子应该如何连接呢？

学习目标

知识目标:

➤理解三相异步电动机的结构

➤掌握三相异步电动机的工作原理

➤重点掌握三相异步电动机的铭牌

➤掌握三相异步电动机的外部接线

职业素养目标:

➤养成严谨科学的工作态度

➤养成团队协作精神,规范生产品质

➤培养创新意识及创新能力

➤养成严谨认真的学习态度

理论知识

5.1.1　三相异步电动机的结构

三相异步电动机由静止不动的定子和转动的转子两个部分组成。其结构可分解为如图 5-1 所示。

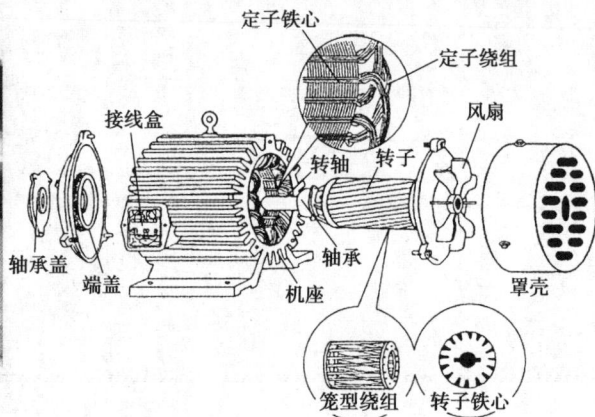

图 5-1　三相异步电动机及其结构

1.定子

定子机座——电动机的外壳,起固定和支撑定子铁心和端盖的作用,机座外表面有散热筋,如图 5-2(a)所示。

定子铁心——采用片间绝缘的 0.5 mm 厚的硅钢片冲成图 5-2(b)的形状,然后叠装、压紧在一起,目的是减小磁场在铁心中的铁心损耗和涡流损耗。

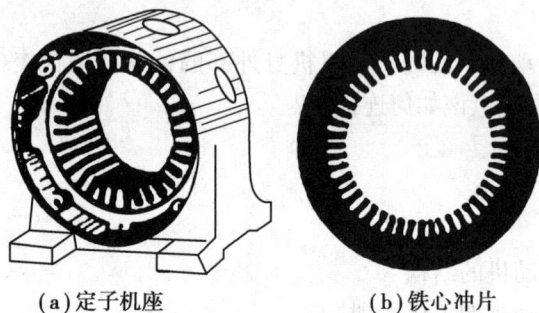

(a)定子机座　　　　　　(b)铁心冲片

图 5-2　定子机座和定子铁心冲片

定子绕组——电动机定子的电路部分。将通过的三相电流建立旋转磁场。它由三相绕组组成,嵌放在定子铁心中并固定。

绕组即绝缘的漆包电线,三相电源需要三相定子绕组;三相绕组,有三个进线端,三个出线端,共六个接线端子。首端标明 U_1、V_1、W_1,尾端标明 U_2、V_2、W_2。首尾端不能混淆,否则电机通电后不能正常运行。

绕组有两种接法,如图 5-3 所示。将所有绕组尾端 U_2、V_2、W_2 连接在一起,首端 U_1、V_1、W_1 接三相电源,形成星形连接。将绕组首尾相连,U_2-V_1、V_2-W_1、W_2-U_1,形成一个三角形连接方式。

电机定子绕组
首尾端的判断

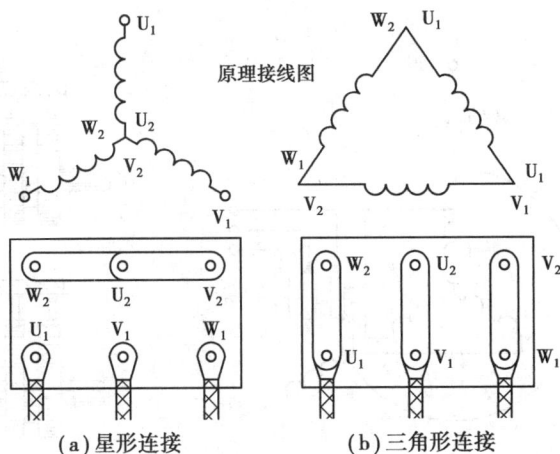

图 5-3 三相异步电动机接线盒内接线图

2.转子

转子铁心——采用图 5-4 的 0.5 mm 厚硅钢片冲成,叠装压紧而成。转子铁心表面的凹槽中嵌放转子绕组。

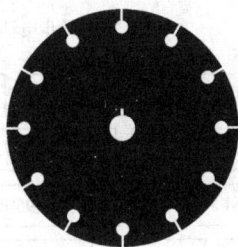

图 5-4 转子铁心冲片

转轴——压装在转子铁心中间的孔中。

转子绕组——转子铁心的外凹槽中放入导体,在多余伸出铁心的两端分别用两个到点端环把所有导体联结起来,形成一个闭合的短路绕组。去掉铁心,剩下来的绕组形状就像一个鼠笼子,所以称为笼型绕组,如图 5-5 所示。

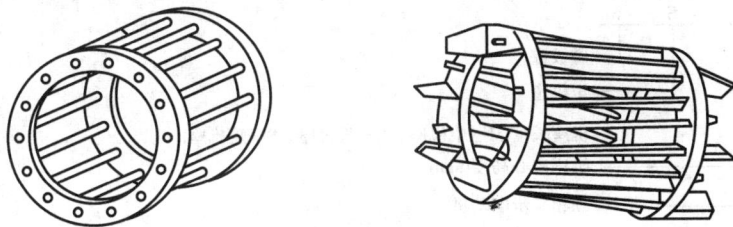

图 5-5 笼型转子绕组示意图

绕线型转子绕组——采用绝缘漆包铜线绕制成三相绕组嵌入转子铁心槽内,将它接成星形联结,3 个端头分别固定在转轴上的 3 个相互绝缘的集电环上,再经压在集电环上的 3 组电刷与外电路相连,一般绕线转子电动机在转子回路中串电阻,以改变电动机的启动和调速性能,3 个电阻的另一端也接成星形。如图 5-6 所示。

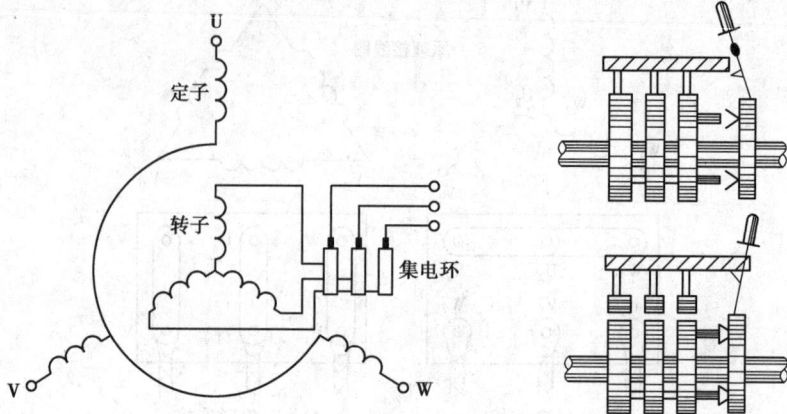

图 5-6　绕线型转子绕组示意图

5.1.2　三相异步电动机的铭牌

某电动机厂的三相异步电动机铭牌如图 5-7 所示。

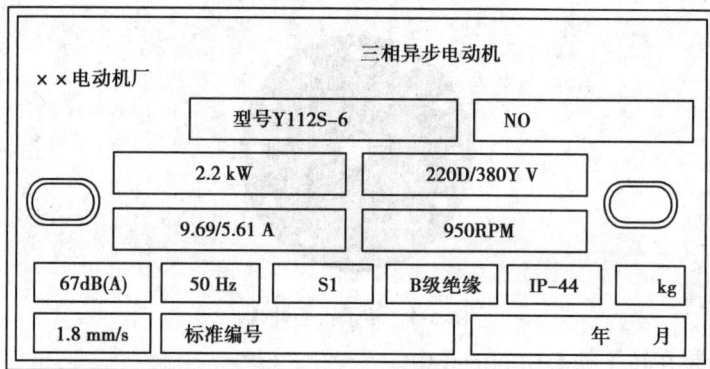

图 5-7　三相异步电动机铭牌

1.型号

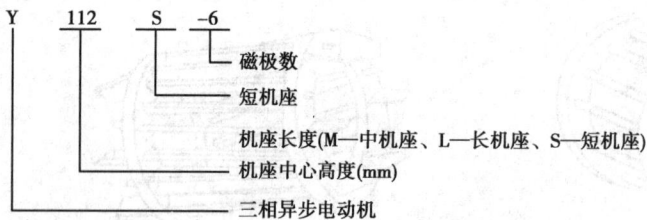

2.参数

额定电压 U_N（220D/380Y V）——电压为 220 V 时,电动机定子绕组用三角形联结;电源为 380 V 时,电动机定子绕组用星形联结。

额定电流 I_N（9.69/5.61 A）。

额定功率 P_N（2.2 kW）——$P_N = \sqrt{3}\,U_N I_N \cos\varphi\eta_N$。

额定频率 $f_N(50\ Hz)$。

定额($S1$)——电动机可以按铭牌的各项定额长期运行。

绝缘等级(B 级绝缘)——规定了电动机长期使用时的极限温度与温升。

5.1.3　三相异步电动机的运行原理

1.旋转磁场的产生

在电机定子铁心上放置着结构相同,在空间位置上相差 120°的三相对称绕组 U_1-U_2、V_1-V_2、W_1-W_2。三相绕组中通入三相对称的交流电,形成三相对称交流电流 i_U、i_V、i_W,则在电机中就会建立旋转方向与电流相序一致的旋转磁场。

在判断电流与磁场关系时,用右手定则。为了判断方便,这里统一规定:

①在定子绕组中,电流从首端流入,尾端流出,电流大于 0,为正;若电流从尾端流入,首端流出,电流小于 0,为负。

②例如图 5-8 所示,120°时刻,$i_U<0$,电流从 U_2 流入,U_1 流出;$i_V>0$,电流从 V_1 流入,V_2 流出;$i_W<0$,电力从 W_2 流入,从 W_1 流出。

③电流流入,在图上用×表示;电流流出用·表示。

④$i_U<0$,电流从 U_2 流入,U_1 流出。则在图 5-8 中 120°时 U_2 侧用×表示,U_1 侧用·表示。

⑤根据此时绕组中电流的流向,用右手定则,判断出磁场的方向。

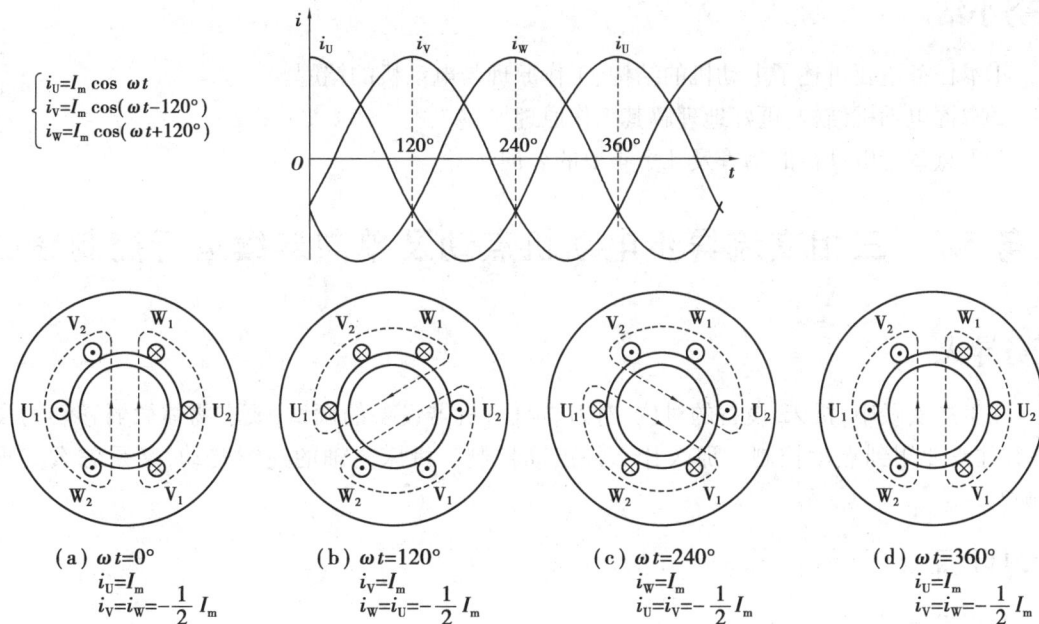

图 5-8　三相交流电流波形与其产生的两极磁场

2.电动机的运行原理

当三相异步电动机接上三相交流电源时,有对称三相电流通过三相定子绕组,此时产生一个旋转的磁场 n_1。静止的转子和旋转的磁场之间,存在一个相对运动,切割磁力线,从而在转子上感应出感应电动势,在闭合的转子回路中产生感应电流。通电导体在磁场中必然受到电磁力,这个力驱动每个通有感应电流的转子导体沿转轴以速度 n 旋转起来。

当转子的转速 $n \geqslant n_1$,转子与旋转磁场之间,没有相对运动,转子不在切割磁力线,感应电流消失,电磁力消失,转子的转速 n 下降。因此,转子的转速不可能等于同步转速 n_1,转子的转速总是略低于同步转速 n_1 的;这个就是"异步"的由来。

3.几个名词术语

(1)同步转速——旋转磁场的转速 n_1

$$n_1 = \frac{60f_1}{P} \qquad \text{式(5-1)}$$

式(5-1)中 f_1——交流电源的频率;

  P——交流电机磁极对数。

(2)转差率 S

$$S = \frac{n_1 - n}{n_1} \qquad \text{式(5-2)}$$

式(5-2)中 n——电动机的额定转速。

转差率是电机非常重要的参数。S 在 $0 \sim 1$ 变化;电机刚启动时,$n = 0$,$S = 1$;电机空载运行时,n 非常高,n 近似等于 n_1,$S = 0$;所以,转差率直接反应转速的高低。

任务小结

①本任务主要讲述了电动机的结构、工作原理与电动机的铭牌。

②掌握电动机结构,更好地理解其工作原理。

③重点掌握电动机的铭牌及几个重要的名词。

任务 5.2　三相交流异步电动机点动及单向连续运行控制线路

任务导入

在生产实践中,机床、设备的对位、对刀、定位;机器设备的调试;要求物体微弱移动的设备;往往需要用到点动控制。那么什么是点动控制?机床主轴的连续转动,又是怎么实现的呢?

学习目标

知识目标:

➤掌握熔断器、交流接触器、按钮的图形和文字符号;低压电器的工作原理

➤重点掌握三相异步电动机的点动控制和单向连续运行控制

➤能识读三相异步电动机的电气原理图

职业素养目标:

➤养成严谨科学的工作态度

➤养成团队协作精神,规范生产品质

➤培养创新意识及创新能力
➤养成严谨认真的学习态度

理论知识

5.2.1 异步电动机点动及其控制电气原理图

1.异步电动机点动

按下启动按钮,电机转;松开启动按钮,电机停;按下转,松开停,是为点动。

2.异步电动机点动控制原理图

异步电动机点动控制电气原理图如图 5-9 所示。

点动控制线路的接线

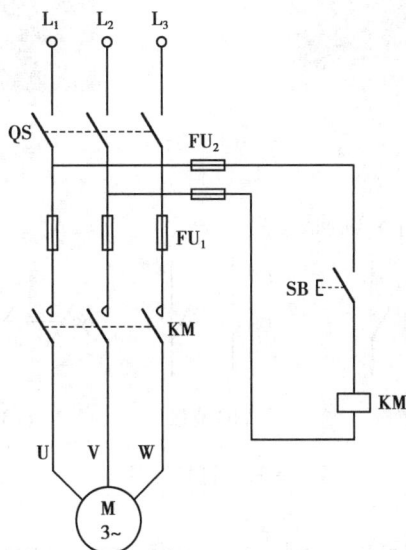

图 5-9 异步电动机点动控制电气原理图

3.电气元件表

异步电动机点动控制电气元件见表 5-1。

表 5-1 异步电动机点动控制电气元件表

序号	符号	名称与作用	功能
1	QS	刀开关	电源的接通与关断
2	FU_1、FU_2	熔断器	主电路、控制短路的短路保护
3	SB	按钮	接触器 KM 线圈得电与失电
4	KM	交流接触器	控制电机 M 的接通与关断

4.控制过程分析

合闸刀开关 QS→按下启动按钮 SB→KM 线圈得电→KM 主触点闭合→电机 M 转动;
松开按钮 SB→KM 线圈失电→KM 主触点断开→电机 M 停止。

5.2.2 涉及电气元件介绍

1.刀开关 QS

刀开关又称闸刀开关。常用来作为电源的引入开关或隔离开关,也可用于小容量的三相鼠笼异步电动机或照明设备不频繁启动或停止的控制。如图 5-10 所示,为瓷底胶盖刀开关,防止断路时,飞弧造成相间短路。

刀开关主要由手柄、触刀、静插座和绝缘底座组成。

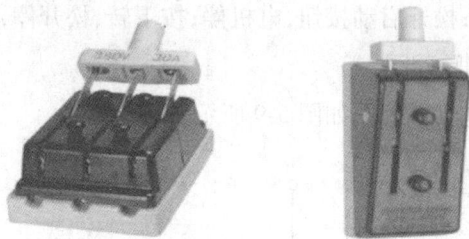

图 5-10 刀开关

（1）符号与图形

刀开关的符号与图形如图 5-11 所示。

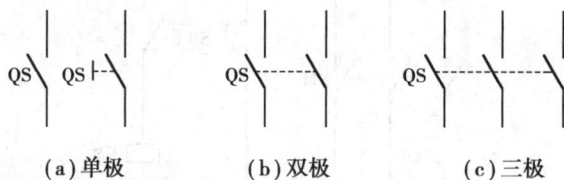

（a）单极 （b）双极 （c）三极

图 5-11 符号与图形

（2）注意事项

①安装时,瓷底应与地面垂直,手柄向上,易于灭弧,不得倒装或平装,避免手柄因自重落下而引起误合闸,危及人身安全。

②接线时,应将电源线接在上端,负载线接在下端,这样在分断后刀开关的刀片与电源隔离,便于更换熔丝。

③刀开关的选择:应使其额定电压等于或大于电路的额定电压,其额定电流不小于线路的额定电流,当用刀开关控制电动机时,其额定电流要大于电动机额定电流的 3 倍。

2.熔断器 FU

（1）熔断器的组成

由熔体和熔座组成。熔体一般由熔点低、易于熔断、导电性能良好的合金材料制成。当电路发生过载或短路故障时,通过熔断器的电流超过某一规定值时,以其自身产生的热量使熔体熔断,从而自动分断电路,起到保护作用。熔体为一次性使用元件,再次工作时必须更换新的熔体。

熔断器对过载反应很不灵敏。电气设备发生轻度过载时,熔断器将持续很长时间才熔断,有时甚至不熔断。因此,除在照明电路中外,熔断器一般不宜用作过载保护,主要用作短路保护。

（2）熔断器分类

螺旋式熔断器［图 5-12（a）］——广泛应用于控制箱、配电屏、机床设备及振动较大的场合，在交流额定电压 500 V、额定电流 200 A 及以下的电路中，作为短路保护器件。

插入式熔断器［图 5-12（b）］——一般用在交流 50 Hz、额定电压 380 V 及以下，额定电流 200 A 及以下的低压线路末端或分支电路中，作为电气设备的短路保护及一定程度的过载保护。

密封管式熔断器［图 5-12（c）］——常用于低压电力网或成套配电设备中。

(a)螺旋式　　　(b)插入式　　　(c)密封管式　　(d)文字与图形符号

图 5-12　熔断器和符号

（3）熔断器的选用

熔断器的选用主要是选择熔断器的额定电压、额定电流及熔体的额定电流。熔断器额定电压应大于或等于线路的工作电压；熔断器的额定电流应大于或等于熔体的额定电流。熔断器的选用还要选择其类型，主要根据线路要求与安装条件来进行选择。

在电气控制原理图中，熔断器的图形符号，如图 5-12（d）所示，文字符号为 FU。

3.按钮 SB

按钮是发出短时操作信号的主令电器，按钮的文字符号为 SB。

（1）按钮的文字符号和图形符号

按钮的文字符号和图形符号如图 5-13 所示。

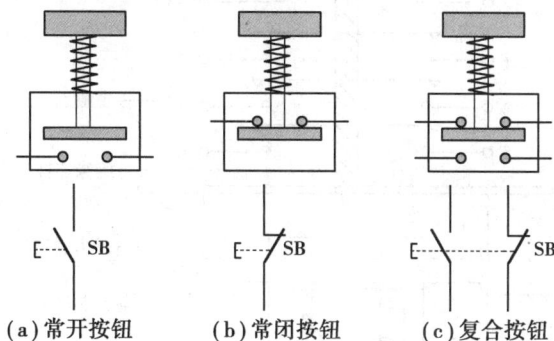

（a）常开按钮　　　（b）常闭按钮　　　（c）复合按钮

图 5-13　控制按钮的文字符号和图形符号

说明：

①启动按钮通常用常开按钮；按下常开按钮，常开触点闭合；松开常开按钮，常开触点复位。

②停止按钮通常用常闭按钮；按下常闭按钮，常闭触点断开；松开常闭按钮，常闭触点复位。

③复合按钮，按下复合按钮，常闭触点先断开，常开触点再闭合；松开复合按钮时，常开触

149

点和常闭触点复位。

（2）按钮使用注意事项

①一般来讲，红色表示停止按钮，绿色表示启动按钮。

②红色蘑菇形按钮表示急停按钮，紧急情况下，断开控制电路。

③按钮的额定电压和额定电流应与所控制的电路一致。

4.交流接触器 KM

交流接触器（图5-14）是一种自动的电磁式开关，适用于远距离频繁地接通或断开交直流主电路及大容量控制电路。其主要控制对象是电动机，也可用于控制其他负载。机床上应用较多的是交流接触器。

主要特点是：远距离、自动操作和欠电压释放保护功能；控制容量大、工作可靠、操作频率高、使用寿命长。

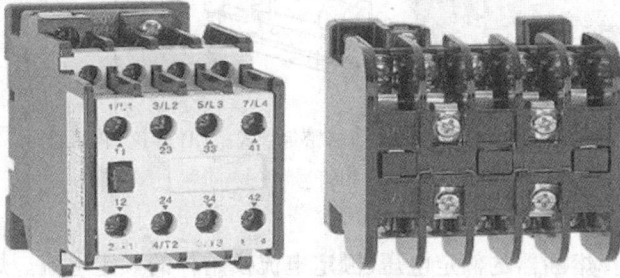

交流接触器

图 5-14　交流接触器

（1）接触器的结构

交流接触器的结构如图5-15所示。

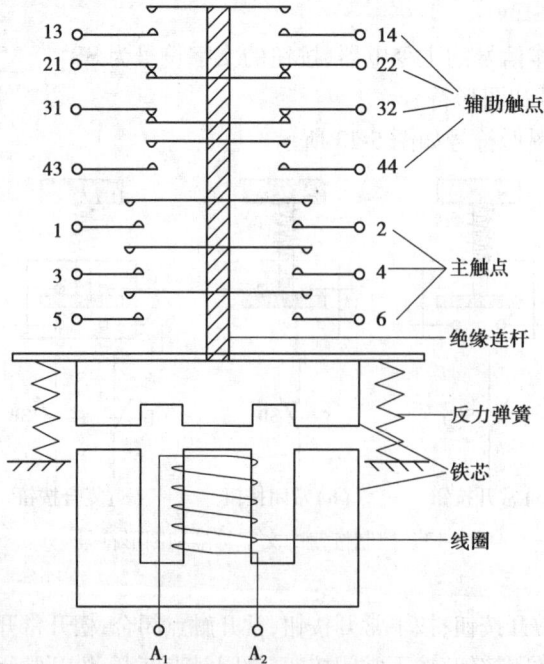

图 5-15　接触器的结构

图 5-15 的几点说明：

①主触点的进线端为 1、3、5。

②主触点的出线端为 2、4、6。

③常开辅助触点的进线端为 13、43。

④常开辅助触点的出线端为 14、44。

⑤常闭辅助触点的进线端为 21、31。

⑥常闭辅助触电的出线端为 22、32。

（2）接触器的图形及文字符号

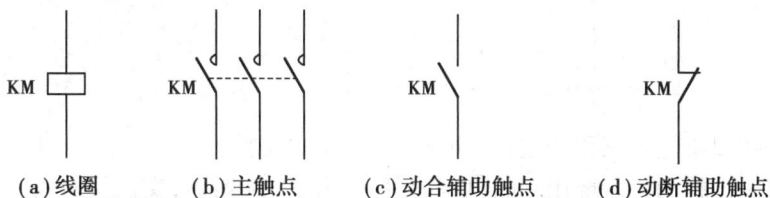

|（a）线圈　　　（b）主触点　　　（c）动合辅助触点　　　（d）动断辅助触点|

图 5-16　接触器的图形及文字符号

图 5-16 的几点说明：

①图 5-16 中的（a）线圈，对应到结构图 5-15 中的 A_1、A_2；

②图 5-16 中的（b）主触点，对应到结构图 5-15 中的 1—2,3—4,5—6；

③图 5-16 中的（c）常开触点，对应到结构图 5-15 中的 13—14,43—44；

④图 5-16 中的（d）常闭触点，对应到结构图 5-15 中的 21—22,31—32。

（3）工作原理

当线圈 A_1、A_2 中，通入交流电时，在铁心中产生磁场；由此产生对衔铁的电磁吸力。当电磁吸力克服弹簧力时，使衔铁与铁心吸合。通过传动机构，带动相应的触点动作。当线圈断电时，电磁吸力消失，衔铁在反作用弹簧的作用下释放，触点系统复位。

即：A_1、A_2 通电→主触点 1—2,3—4,5—6 闭合；

A_1、A_2 通电→常开触点 13—14,43—44 闭合；

A_1、A_2 通电→常闭触点 21—22,31—32 断开；这几个动作,几乎同时进行。

A_1、A_2 断电→主触点 1—2,3—4,5—6 断开,归位；

A_1、A_2 断电→常开触点 13—14,43—44 断开,归位；

A_1、A_2 断电→常闭触点 21—22,31—32 闭合,归位；这几个动作,几乎同时进行。

（4）交流接触器使用注意事项

①选用交流接触器时,主触点的额定电压要大于等于负载的额定电压；

②主触点的额定电流大于等于负载电路的额定电流；

③交流接触器线圈的额定电压一般直接选用 380 V/220 V。

5.2.3　异步电机点动控制常见故障分析

以图 5-9 为例,分析如下：

①当线路进行空操作时,按下 SB 后,接触器 KM 虽能动作,但衔铁剧烈振动,发出严重噪声。

故障分析：推测控制电路熔断器 FU_2 接触不实,当接触器动作时,振动造成辅助电路电源时通时断,使接触器振动。

故障检查:断电,用万用表的蜂鸣挡或欧姆挡,检测 FU_2 的接触情况是否良好;故障排除后,重新上电,看故障是否排除。

②线路空操作正常;带负载运行时,按下 SB 发现电动机嗡嗡响但不能启动。

故障分析:空操作正常,带负载试车时接触器动作正常,按下 SB 发现电动机启动异常,一般是缺相造成的,推测线路中有一相连接线有断路点。因主、辅电路共用,控制电路能工作,即 L_1、L_2 相电源正常。

故障检查:断电,用万用表的蜂鸣挡或欧姆挡,从上往下,依次检查主电路 L_3 相的相线是否接触良好。

任务小结

①本任务主要讲述了三相笼型异步电动机的点动控制。

②介绍了点动控制中需要用到的电气元件,刀开关,熔断器,交流接触器,热继电器的结构,原理,文字及图形符号。

③点动控制过程的分析及常见故障的排查。

任务 5.3　三相异步电动机单向连续运行控制线路

任务导入

在生产实践中,除了点动控制之外,还有机床主轴的连续转动,它是怎么实现的呢?

学习目标

知识目标:

➢掌握热继电器的图形和文字符号

➢掌握低压电器的工作原理

➢重点掌握三相异步电动机单向连续控制

➢能识读三相异步电动机的电气原理图

职业素养目标:

➢养成严谨科学的工作态度

➢养成团队协作精神,规范生产品质

➢培养创新意识及创新能力

➢养成严谨认真的学习态度

理论知识

5.3.1　单向连续运行控制电气原理图

电机自锁控制
线路的连接

10 kW 以下电机,需要频繁起停时,不可以用开关直接起停,一般采用按钮和接触器来进行控制,控制电气原理图如图 5-17 所示。

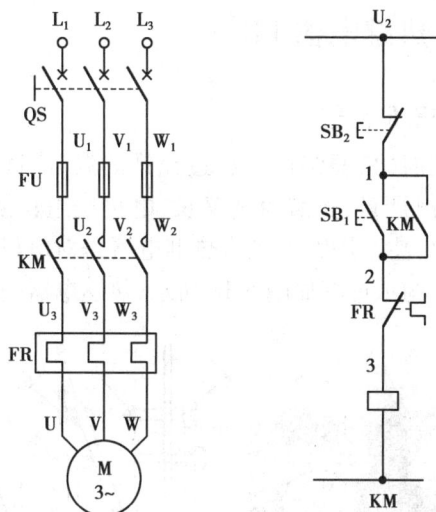

图 5-17 三相异步电动机的单向连续运行控制电气原理图

1.电气元件表

单向连续运行控制电气元件见表 5-2。

表 5-2 单向连续运行控制电气元件列表

序号	符号	名称与作用	功能
1	QS	刀开关	电源的接通与关断
2	FU_1、FU_2	熔断器	主电路、控制短路的短路保护
3	SB_1	按钮	启动按钮
4	SB_2	按钮	停止按钮
4	KM	交流接触器	控制电机 M 的接通与关断
5	FR	热继电器	过载保护

2.工作过程分析

合闸刀开关 QS：

①按下启动按钮 SB_2→KM 线圈得电 $\begin{cases} KM \text{ 主触点闭合} \\ KM \text{ 常开触点(1—2)闭合,自锁} \end{cases}$→电机 M 连续运行。

②按下停止按钮 SB_1→KM 线圈失电 $\begin{cases} KM \text{ 主触点断开} \\ KM \text{ 常开触点(1—2)断开复位} \end{cases}$→电机 M 停止运行。

3.接触器自锁

将接触器本身的辅助常开触点与其启动按钮并联,实现接触器线圈的连续得电,称为自锁。有自锁功能的控制线路,具有欠压保护作用。

5.3.2 元件介绍—热继电器 FR

热继电器

1.热继电器 FR 的结构与图形符号

电机在运行中,遇到过载时,只要绕组不超过允许的温升,过载时间短,是正常允许的。如果过载情况严重,过载时间又长,电机绕组长期处于高温情况下,会加速电机绝缘老化,甚至烧毁电机。热继电器是对电机进行长期严重过载保护的低压电气元件,热继电器及结构示意图如图 5-18 所示;热继电器图形符号如图 5-19 所示。

图 5-18　热继电器及结构示意图

1—双金属片固定支点;2—双金属片;3—热元件;4—导板;5—补偿双金属片;6—常闭静触点;7—常开静触点;8—复位螺钉;9—动触点;10—手动复位按钮;11—调节旋钮;12—支撑;13—压簧;14—推杆

（a）热元件　　　（b）常闭触头　　　（c）常开触头

图 5-19　热继电器图形符号

2.工作原理

工作原理:热继电器主要有热元件、双金属片、触点系统和动作机构等几部分组成。双金属片是热继电器的测量元件;当热元件过热,双金属片弯曲,通过传动机构带动触点动作,保护被控电路。故障排除后,按下手动复位按钮 10,将继电器的触点系统恢复到正常状态下。

由于热继电器主双金属片受热膨胀的热惯性及动作机构传递信号的惰性原因,热继电器从电动机过载到触点动作需要一定的时间,因此热继电器不能作短路保护。但也正是这个热惯性和机械惰性,保证了热继电器在电动机启动或短时过载时不会动作,从而满足了电动机的运行要求。

3.使用注意事项

①热元件的额定电流等级一般应等于(0.95~1.05)倍电动机的额定电流。热元件的整定电流,不可太小,否则电机还未达到额定工作电流,热继电器就跳开切断控制电路;也不可太大,否则电机已经严重过载,控制电路还未切断,没有达到过载保护的作用。

②工作时间短,间歇时间长的电动机,可不装设过载保护。

③热继电器由于热惯性,当电路短路时不能立即动作切断控制电路,所以不能做电路的短路保护。

④热继电器的选择主要根据电机的额定电流确定热继电热元件的额定电流。

5.3.3   常见故障分析

①合上刀开关 QS(未按下 SB_2),接触器 KM 立即得电动作;按下 SB_1,则 KM 释放;松开 SB_1 时,KM 又得电动作。

自锁控制线路
的故障排查

故障分析:故障现象说明 SB_1 的停止控制功能正常,而 SB_2 的启动控制不起作用。

故障检查:断电,万用表蜂鸣挡检查。检查 SB_2 是否正常接入电路;检查 SB_2 是否接为了常闭触点。

②操作时按下 SB_2 后 KM 不动作,检查接线无错接处;检查电源,三相电压均正常,线路无接触不良处。

故障分析:故障现象表明,问题出在电器元件上。推测按钮的触点、接触器线圈、热继电器触点可能有断路点。

故障检查:断电,万用表蜂鸣挡检查。依次检查按钮 SB_1,SB_2,FR 常闭触点,接触器 KM 线圈是否良好。

5.3.4   扩展阅读

1.多点控制

大型设备为了操作方便,要求在两个或两个以上的地方都能进行操作,此为多点控制。

多点控制电路的接线原则(图 5-20):

①各地启动常开按钮并联。

②各地停止常闭按钮串联。

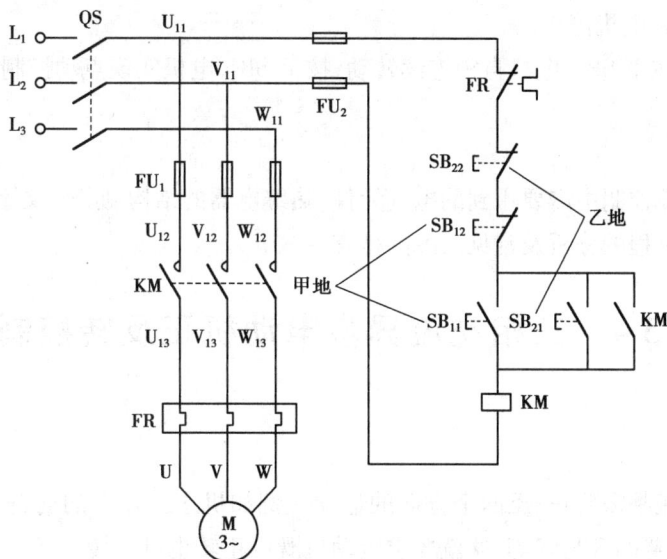

图 5-20   多点控制电气原理图

SB$_{11}$——甲地启动按钮

SB$_{12}$——甲地停止按钮

SB$_{21}$——乙地启动按钮

SB$_{22}$——乙地停止按钮

2.常见的其他点动控制电路

常见的其他点动控制电气原理图如图5-21所示。

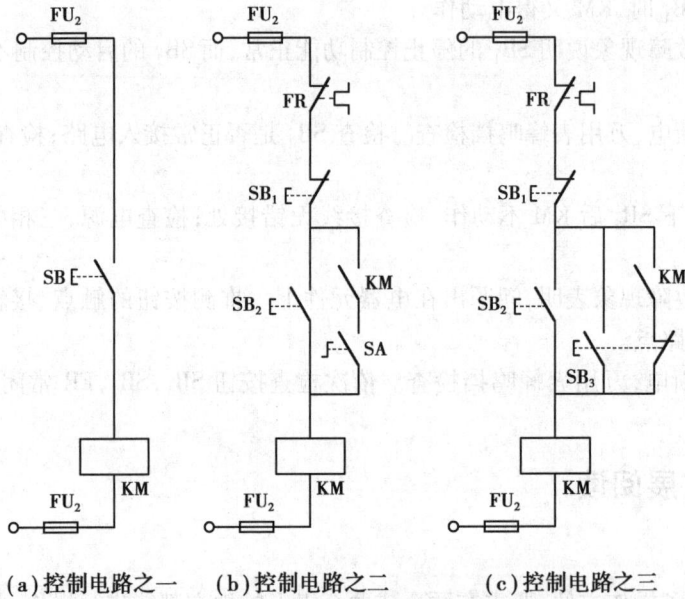

（a）控制电路之一　　（b）控制电路之二　　（c）控制电路之三

图5-21　常见的点动控制电气原理图

图5-21（a），点动控制电路。

图5-21（b），SA为手动开关。按下SB$_2$，电机实现点动控制；合上SA，按下SB$_2$，将实现自锁控制。按下SB$_1$，电机停止。

图5-21（c），按下SB$_2$，电机自锁连续转动；按下SB$_3$，电机实现点动控制。

任务小结

①介绍了自锁控制中需要用到的电气元件，热继电器的结构、原理、文字及图形符号。

②自锁控制过程的分析及常见故障的排查。

任务 5.4　三相交流异步电动机正反转控制线路

任务导入

许多生产机械都需要正、反两个方向的运动。例如机床工作台的前进与后退，主轴的正反转，摇臂钻床摇臂的升与降等，这就要求电动机既可正转也可反转。

学习目标

知识目标:

➢掌握低压电器的工作原理

➢重点掌握三相异步电动机正反转控制

➢能识读三相异步电动机的电气原理图

职业素养目标:

➢养成严谨科学的工作态度

➢养成团队协作精神,规范生产品质

➢培养创新意识及创新能力

➢养成严谨认真的学习态度

理论知识

5.4.1　电动机正反转控制电气原理图

电动机正反转控制电气原理图如图 5-22 所示。

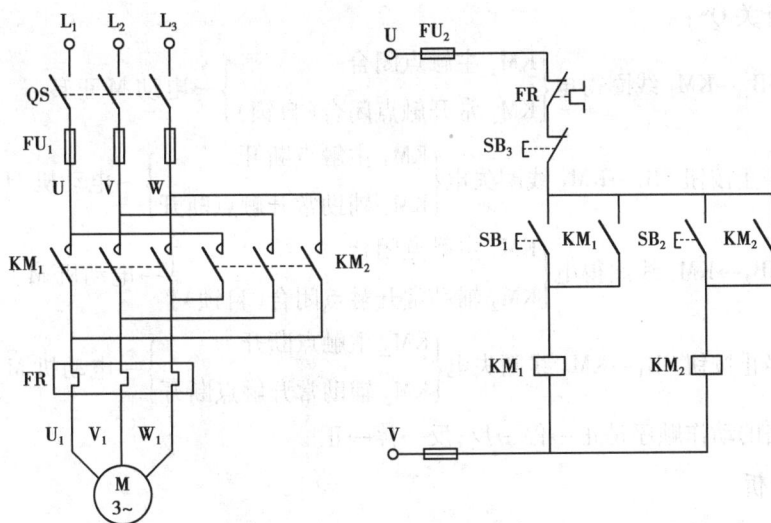

图 5-22　电动机正反转控制电气原理图

1.电动机的反转

电机反转,需要将电动机三相电源进线中,任意两相交换,就可实现反转。改变三相电源其中两相的顺序,改变旋转磁场的方向,从而改变电机的旋转方向。

图 5-22 主电路中,KM_1 为正转接触器,KM_2 为反转接触器。仔细观察,KM_1 和 KM_2 两个接触器的 L_1 相与 L_3 相对调,L_2 相相线保持不变;实现电动机的反转。

2.电气元件列表

电动机正反转控制元件见表 5-3。

表 5-3　电动机正反转控制元件列表

序号	符号	名称与作用	功能
1	QS	刀开关	电源的接通与关断
2	FU_1、FU_2	熔断器	主电路、控制短路的短路保护
3	SB_1	按钮	正转启动按钮
4	SB_2	按钮	反转启动按钮
5	SB_3	按钮	停止按钮
6	KM_1、KM_2	交流接触器	正、反转交流接触器
7	FR	热继电器	过载保护

3.工作过程分析

合闸刀开关 QS：

①按下 SB_1→KM_1 线圈得电 $\begin{cases} KM_1 \text{ 主触点闭合} \\ KM_1 \text{ 常开触点闭合(自锁)} \end{cases}$ →电动 M 正转。

②按下停止按钮 SB_3→KM_1 线圈失电 $\begin{cases} KM_1 \text{ 主触点断开} \\ KM_1 \text{ 辅助常开触点断开} \end{cases}$ →电动机 M 停止。

③按下 SB_2→KM_1 线圈得电 $\begin{cases} KM_2 \text{ 主触点闭合} \\ KM_2 \text{ 辅助常开触点闭合(自锁)} \end{cases}$ →电动机 M 反转。

④按下停止按钮 SB_3→KM_2 线圈失电 $\begin{cases} KM_2 \text{ 主触点断开} \\ KM_2 \text{ 辅助常开触点断开} \end{cases}$ →电动机 M 停止。

⑤该电路的动作顺序是正→停→反，反→停→正。

4.缺点分析

若该电路已经处于正转状态,此时按下 SB_2,接触器 KM_1、KM_2 同时得电,电源相间短路,熔断器 FU_1 烧断,电路跳闸。若电路处于反转状态,按下 SB_1,道理同上。该电路不能直接从正转→反转,也不能直接从反转→正转。正反转之间必须要按下停止按钮,否则,电路会发生严重的短路故障。

即,KM_1 与 KM_2 线圈,不能同时得电。

5.4.2　接触器互锁的正反转控制电气原理图

接触器互锁的正反转控制电气原理图如图 5-23 所示。

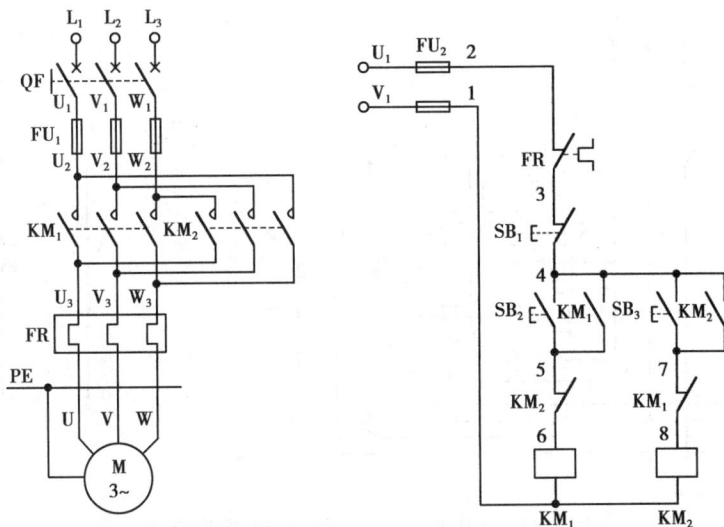

图 5-23　接触器互锁的三相异步电动机正反转控制电气原理图

1.低压断路器 QF

低压断路器即低压自动空气开关，又称自动空气断路器。既能带负荷通断电路，又能在失压、短路和过负荷时自动跳闸，保护线路和电气设备，是低压配电网络和电力拖动系统中常用的重要保护电器之一。图 5-24 为常见的低压自动空气开关。

空气开关的
工作原理

空气开关
的型号

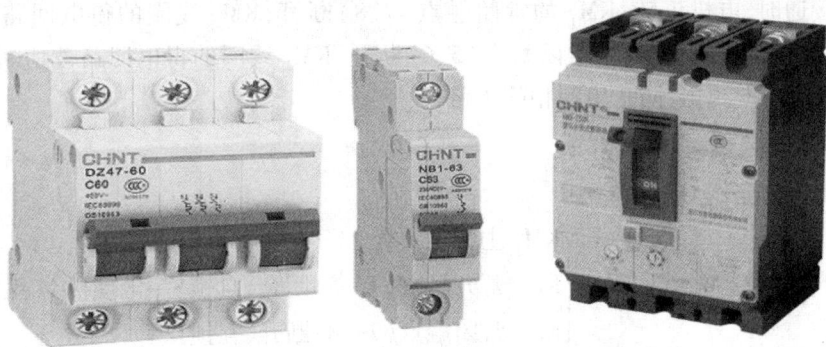

图 5-24　低压断路器

工作原理：如图 5-25 所示，当主电路发生短路时，瞬间短路电流非常大，将在 3 过电流脱扣器上产生一个很大的电磁吸力，将衔铁吸引下来，推动杠杆向上运动，使自由脱扣器脱开，主触点在复位弹簧的作用下，断开主电路。电路出现超负荷时，串联在主电路的热元件加热，双金属片 5 弯曲，带动自由脱扣器动作，使开关跳闸。当电路电压突然消失或电压不足时，欠电压脱扣器 6 的衔铁释放，带动自由脱扣器动作，使开关跳闸。4 分励脱扣器，主要用于远距离操作；按下按钮 7，分励脱扣器的衔铁吸合，带动自由脱扣器动作，使开关跳闸。

故，低压断路器可对电路实现短路、过载和欠压失压保护。

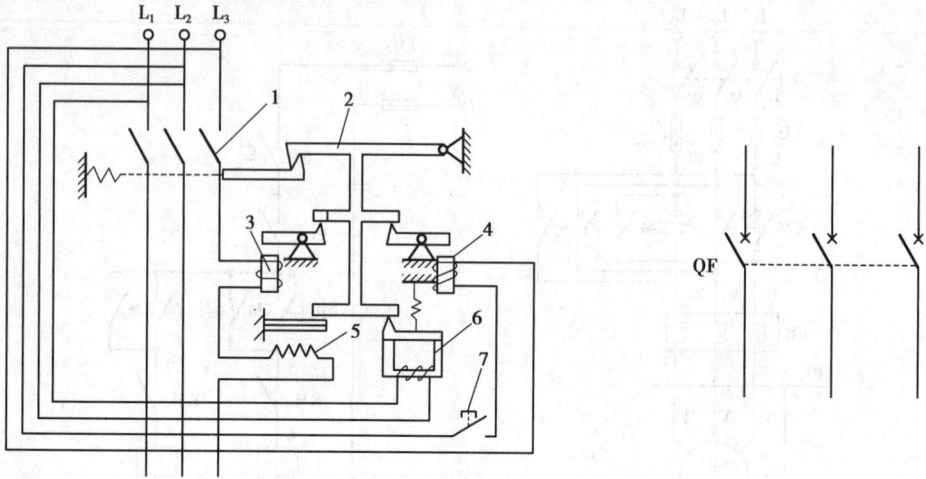

图 5-25 低压断路器工作原理图与图形符号
1—主触头；2—自由脱扣机构；3—过电流脱扣器；4—分励脱扣器；
5—热脱扣器；6—欠电压脱扣器；7—停止按钮

2.接触器互锁

在图 5-23 电气控制图中，接触器 KM_1 的常开触点与 SB_2 并联，实现自锁；KM_2 的常开触点与 SB_3 并联，实现自锁。将 KM_1(7、8)和 KM_2(5、6)的常闭触点串在对方线圈的得电回路上，形成电气互锁。

KM_1 接通时，电机正转；KM_1 的常闭触点(7、8)断开，KM_2 线圈的得电回路被切断；当 KM_2 接通时，电机反转；KM_2 的常闭触点(5、6)断开，KM_1 线圈的得电回路被切断。这样，两个接触器不能同时得电，防止电源相间短路。

3.工作过程分析

合闸低压断路器 QF：

①按下 SB_2→KM_1 线圈得电 $\begin{cases} KM_1 \text{ 主触点闭合} \\ KM_1 \text{ 常开触点}(4—5)\text{闭合,自锁} \\ KM_1 \text{ 常闭触点}(7—8)\text{断开,互锁} \end{cases}$→电动机 M 正转。

②按下停止按钮 SB_1→KM_1 线圈失电 $\begin{cases} KM_1 \text{ 主触点断开} \\ KM_1 \text{ 常开触点}(4—5)\text{断开} \\ KM_1 \text{ 常闭触点}(7—8)\text{复位,闭合} \end{cases}$→电动机 M 停止。

③按下 SB_3→KM_2 线圈得电 $\begin{cases} KM_2 \text{ 主触点闭合} \\ KM_2 \text{ 常开触点}(4—7)\text{闭合,自锁} \\ KM_2 \text{ 常闭触点}(5—6)\text{断开,互锁} \end{cases}$→电动机 M 反转。

④按下停止按钮 SB_1→KM_2 线圈失电 $\begin{cases} KM_2 \text{ 主触点断开} \\ KM_2 \text{ 常开触点}(4—7)\text{断开} \\ KM_2 \text{ 常闭触点}(5—6)\text{复位,闭合} \end{cases}$→电机 M 停止。

⑤该电路的动作顺序是正→停→反，反→停→正；不能实现正转→反转，反转→正转。

4.优缺点分析

图 5-23 与图 5-22 相比,有以下特点:

①控制过程一样,均为正→停→反,反→停→正;不能实现正转→反转,反转→正转。

②图 5-23 实现了电气互锁,更加安全;图 5-22,没有互锁,容易电源相间短路。

5.4.3　接触器与按钮双重互锁的正反转控制电气原理图

双重互锁的正反转控制电气原理图如图 5-26 所示。

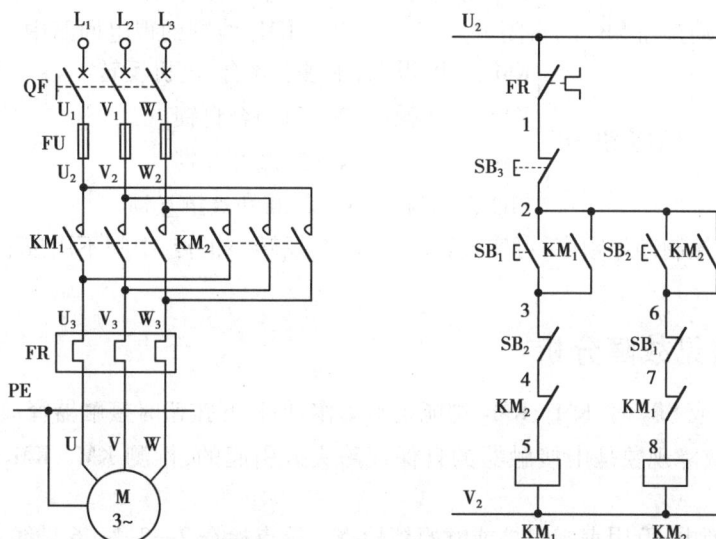

图 5-26　双重互锁的三相异步电动机正反转控制电气原理图

图 5-26 中,机械互锁和电气互锁,双重互锁,保证电路安全可靠的工作。机械互锁,按下 SB_1 的常开触点(2,3),KM_1 线圈得电,电机正转;同时,SB_1 的常闭触点(6,7)断开,切断 KM_2 线圈的得电回路。同理,按下 SB_2 的常开触点(2,6),KM_2 线圈得电,电机反转;同时,SB_2 的常闭触点(3,4)断开,切断 KM_1 线圈的得电回路。电气互锁,KM_1 的常闭触点(7,8)和 KM_2 的常闭触点(4,5)互相串在对方线圈的得电回路中,形成电气互锁。

1.电气元件表

双重互锁的正反转控制元件见表 5-4。

表 5-4　双重互锁的三相异步电动机正反转控制元件列表

序号	符号	名称	功能
1	QF	低压断路器	电源的接通与关断
2	FU	熔断器	主电路、控制短路的短路保护
3	KM_1	交流接触器	控制电机 M 正转
4	KM_2	交流接触器	控制电机 M 反转
5	FR	热继电器	过载保护
6	SB_3	按钮	停止按钮
7	SB_1	按钮	正转启动按钮
8	SB_2	按钮	反转启动按钮

2.控制过程分析

①与图 5-22 相比,主电路一样,没有变化。

②控制电路,将正转启动按钮 SB_1 的常闭触点(6—7)串到 KM_2 线圈的得电回路中。

即,按下正转启动按钮 SB_1 $\begin{cases} KM_1 \text{ 线圈得电,主触点闭合,电机正转} \\ KM_1 \text{ 常开触点(2—3)闭合自锁} \\ KM_1 \text{ 常闭触点(7—8)断开互锁} \\ SB_1 \text{ 常闭触点(6—7)断开双重互锁} \end{cases}$

③将反转启动按钮 SB_2 的常闭触点(3—4)串入 KM_1 线圈的得电回路中。

即,按下反转启动按钮 SB_2 $\begin{cases} KM_2 \text{ 线圈得电,主触点闭合,电机反转} \\ KM_2 \text{ 常开触点(2—6)闭合自锁} \\ KM_2 \text{ 常闭触点(4—5)断开互锁} \\ SB_2 \text{ 常闭触点(3—4)断开双重互锁} \end{cases}$

④该电路的控制动作顺序,可实现正转→反转,反转→正转,中间不用按下停止按钮 SB_3,可直接转换。

5.4.4　常见故障分析

①按下 SB_1 或 SB_2 时,KM_1、KM_2 均能正常动作,但松开按钮时接触器释放。

故障分析:故障现象是由接触器的自保线路失效引起的,推测 KM_1、KM_2 自保线路接线错误。

故障检查:断电,万用表蜂鸣挡或欧姆挡检查。重点检查 2—3,2—6 号线路的连接。

②按下 SB_2 接触器 KM_1 剧烈振动,主触点严重起弧,电动机时转时停;松开 SB_2 则 KM_1 释放。按下 SB_3 时,KM_3 的现象与 KM_1 相同。

故障分析:由于 SB_2、SB_3 分别可以控制 KM_1 及 KM_2,而且 KM_1、KM_2 都可以启动电动机,表明主电路正常,故障是辅助电路引起的,从接触器振动现象看,推测是自保、互锁线路有问题。

故障检查:断电,万用表蜂鸣挡或欧姆挡检查。重点检查 2—3,2—6 号线路的自锁问题;4—5,7—8 的互锁连接是否正常。

任务小结

①介绍了几种不同的正反转控制电路,着重分析双重互锁正反转控制电路。

②要求掌握自锁控制与互锁控制的实现。

③正反转控制过程的分析及常见故障的排查。

任务 5.5　三相交流异步电动机自动往返控制

任务导入

在生产实践中,某些生产机械的运动部件需要自动往返运动。常用行程开关作控制元件来实现电机的正反转,从而控制自动往返运动。

学习目标

知识目标：

➢掌握低压电器的工作原理

➢重点掌握三相异步电动机自动往返控制线路

➢能识读三相异步电动机的电气原理图

职业素养目标：

➢养成严谨科学的工作态度

➢养成团队协作精神,规范生产品质

➢培养创新意识及创新能力

➢养成严谨认真的学习态度

理论知识

5.5.1　三相异步电动机自动往返控制

1.电气原理图

三相异步电动机自动往返控制电气原理图如图 5-27 所示。

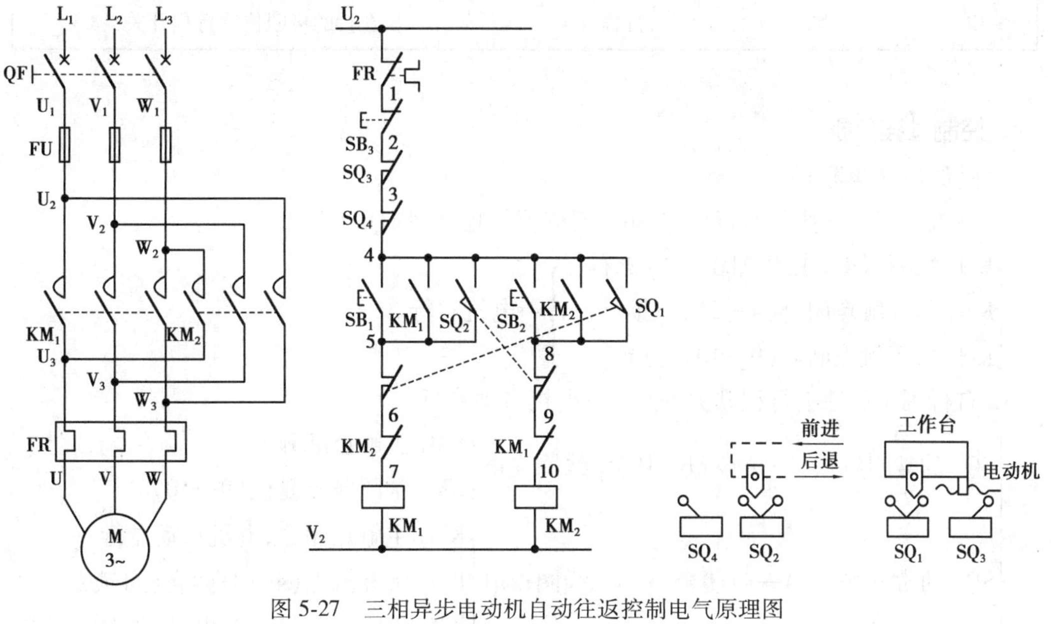

图 5-27　三相异步电动机自动往返控制电气原理图

电气图 5-27 几点说明：

①SQ₁、SQ₂ 装在机床床身上,用来控制工作台的自动往返。

②SQ₃ 和 SQ₄ 用来作终端保护,即限制工作台的极限位置;在工作台的梯形槽中装有挡块,当挡块碰撞行程开关后,能使工作台停止和换向,工作台就能实现往返运动。工作台的行程可通过移动挡块位置来调节,以适应加工不同的工件。

2.三相异步电动机自动往返控制电气元件列表

三相异步电动机自动往返控制元件见表 5-5。

表 5-5　三相异步电动机自动往返控制元件列表

序号	符号	名称	功能
1	QF	低压断路器	电源的接通与关断
2	FU	熔断器	电路的短路保护
3	KM_1	交流接触器	电机正转（右行）
4	KM_2	交流接触器	电机反转（左行）
5	FR	热继电器	电机过载保护
6	SB_1	按钮	正转启动按钮（右行）
7	SB_2	按钮	反转启动按钮（左行）
8	SB_3	按钮	停止按钮
9	SQ_1	行程开关	右行到位行程开关
10	SQ_2	行程开关	左行到位行程开关
11	SQ_3	行程开关	右行的极限位置行程开关
12	SQ_4	行程开关	左行的极限位置行程开关

3.控制过程分析

合闸低压断路器 QF：

①电机右行——按下右行按钮 SB_1，或撞上行程开关 SQ_2

$\left\{\begin{array}{l} KM_1 \text{ 线圈得电，主触点闭合，电机右行} \\ KM_1 \text{ 常开触点闭合（4—5），自锁} \\ KM_1 \text{ 常闭触点断开（9—10），互锁} \end{array}\right\}$ →电机右行。

②右行到位后撞上行程开关 SQ_1——电机自动左行

$\left\{\begin{array}{l} SQ_1 \text{ 的常闭触点（5—6）断开→} KM_1 \text{ 线圈失电} \left\{\begin{array}{l} KM_1 \text{ 主触点断开} \\ KM_1 \text{ 常闭触点复位（9—10）} \end{array}\right. \\ \\ SQ_1 \text{ 的常开触点（4—8）闭合→} KM_2 \text{ 线圈得电} \left\{\begin{array}{l} KM_2 \text{ 主触点闭合，电机自动左行} \\ KM_2 \text{ 常开触点（4—8）闭合（自锁）} \\ KM_2 \text{ 常闭触点（6—7）断开（互锁）} \end{array}\right. \end{array}\right.$

③左行到位后，撞上行程开关 SQ_2——电机自动右行

$\left\{\begin{array}{l} SQ_2 \text{ 的常闭触点（8—9）断开→} KM_2 \text{ 线圈失电} \left\{\begin{array}{l} KM_2 \text{ 主触点断，左行停止} \\ KM_2 \text{ 常闭触点（6—7）复位闭合} \end{array}\right. \\ \\ SQ_2 \text{ 的常开触点（4—5）闭合→} KM_1 \text{ 线圈得电} \left\{\begin{array}{l} KM_1 \text{ 主触点闭合，电机自动右行} \\ KM_1 \text{ 常开触点（4—5）闭合（自锁）} \\ KM_1 \text{ 常闭触点（9—10）断开（互锁）} \end{array}\right. \end{array}\right.$

④系统停止

$$\left.\begin{array}{l}\text{按下停止按钮 SB}_3\\\text{撞上右极限行程开关 SQ}_3\\\text{撞上左极限行程开关 SQ}_4\end{array}\right\}\rightarrow KM_1 \text{ 或 } KM_2 \text{ 失电，电机停止运转，系统停止。}$$

5.5.2　行程开关 SQ

行程开关又称为限位开关，类似于按钮。区别在于，按钮是靠人去按压发出控制指令；行程开关是靠机械部件的挡块碰压使其触点动作，对控制电路发出控制信号。行程开关主要用于控制生产机械的运动方向、行程的长短和限位保护。行程开关主要分为滚动式和直动式，在电气原理图中文字符号是 SQ。

滚动式行程开关（图 5-28）适用于低速运动的机械。滚动式行程开关又分为单轮式和双轮式两种。

单轮式的可以自动复位：当机械部位的挡块碰到行程开关的滚轮时，常开触点闭合，常闭触点断开；当挡块离开滚轮后，复位弹簧使行程开关复位。

双轮式的行程开关不能自动复位。当挡块压到其中一个轮时，摆杆转动一定角度，使触点动作（常开闭合，常闭断开）。挡块离开后，摆杆不会自动复位，触点维持。当部件返回后，挡块碰到另一个轮后，摆杆才回到原来的位置，触点复位。

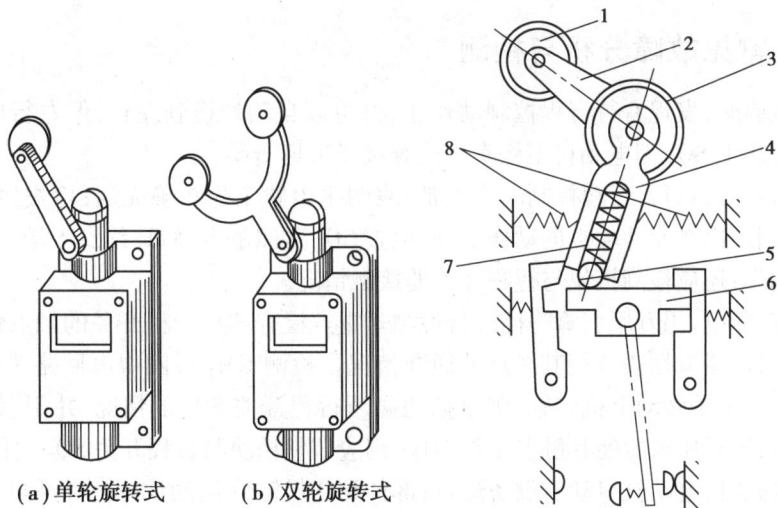

（a）单轮旋转式　　（b）双轮旋转式

图 5-28　滚动式行程开关外部结构及内部结构
1—滚轮；2—上转臂；3—盘形弹簧；4—推杆；
5—小滚轮；6—擒纵杆；7—压缩弹簧；8—左右弹簧

直动式行程开关结构与原理图如图 5-29 所示。它是靠运动部件的挡块撞击行程开关的推杆发出控制指令的。当挡块离开行程开关的推杆后，直动式行程开关可以自动复位。行程开关的文字符号与图形符号如图 5-30 所示。

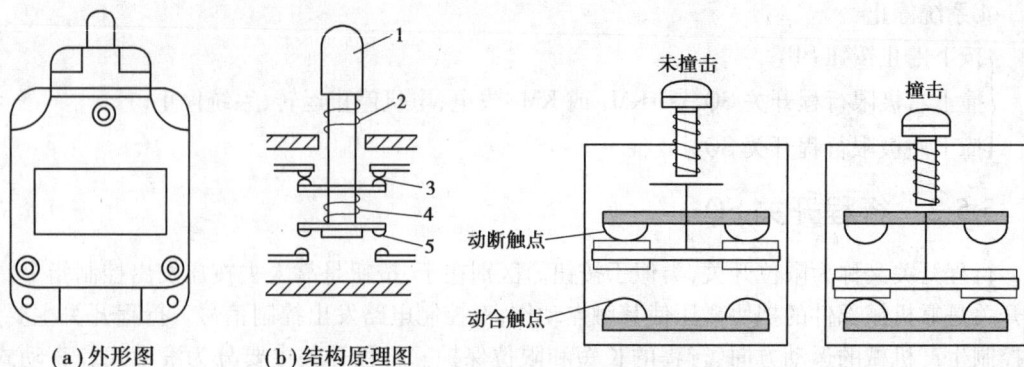

（a）外形图　　　（b）结构原理图

图 5-29　直动式行程开关的外形及结构原理
1—顶杆；2—弹簧；3—常闭触头；4—触头弹簧；5—常开触头

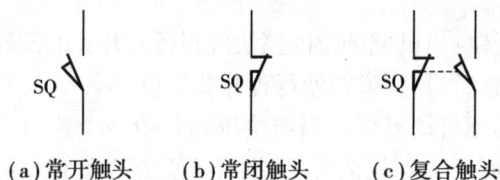

（a）常开触头　　（b）常闭触头　　（c）复合触头

图 5-30　行程开关文字符号与图形符号

5.5.3　常见故障分析与检测

①通电试验时，发现右行行程控制动作正常；可以自动切换到左行，但左行电机不停车；手动操作挡块压下 SQ_2 而电动机不停车。检查接线未见错误。

故障分析：电机右行，行程控制动作正常，表明主电路工作正确无误；检查接线没有发现错误，则推测问题出在元件触点的动作上，应检查 SQ_2 常闭触点、KM_2 线圈上端子之间的连接情况及触点动作；还应检测挡块与行程开关的接触情况。

故障检查：断电，用万用表蜂鸣挡进行检测。重点检查 SQ_2 行程开关的触点情况，可用手按下 SQ_2 的推杆，用万用表检测其触点的通断情况。检测 KM_2 线圈得电回路 8—9—10 这几处的连接状况。用手转动电机转轴，观察挡块碰压行程开关 SQ_2 的情况，并用万用表检测其触点是否动作；若碰压未能使其触点正常动作，则应调整挡块与行程开关 SQ_2 之间的位置。

②通电试验时，电动机启动后设备运行；部件到达规定位置，挡块操作行程开关时接触器动作，但部件运动方向不改变，继续向前移动而不能返回。

故障分析：行程开关动作时两只接触器可以切换，表明行程控制作用及接触器线圈所在的辅助电路接线正确，可电机运动方向不变，推测时主电路中电源换相连线错接，造成 KM_1、KM_2 分别动作时送入电动机的电源相序相同，电动机仅有一个转向，使设备故障。

故障检查：断电，仔细检查 KM_1、KM_2 主触点之间的换相连线。

5.5.4　扩展阅读

1.其他自动往返控制电路功能分析

在小车自动往返控制中，有时需要小车在两地之间装料和卸料。装卸料都需要时间停留;因此,在设计这种电路时,需要用时间继电器来实现小车的往复运动。请大家试着分析一下图 5-31 的控制过程。

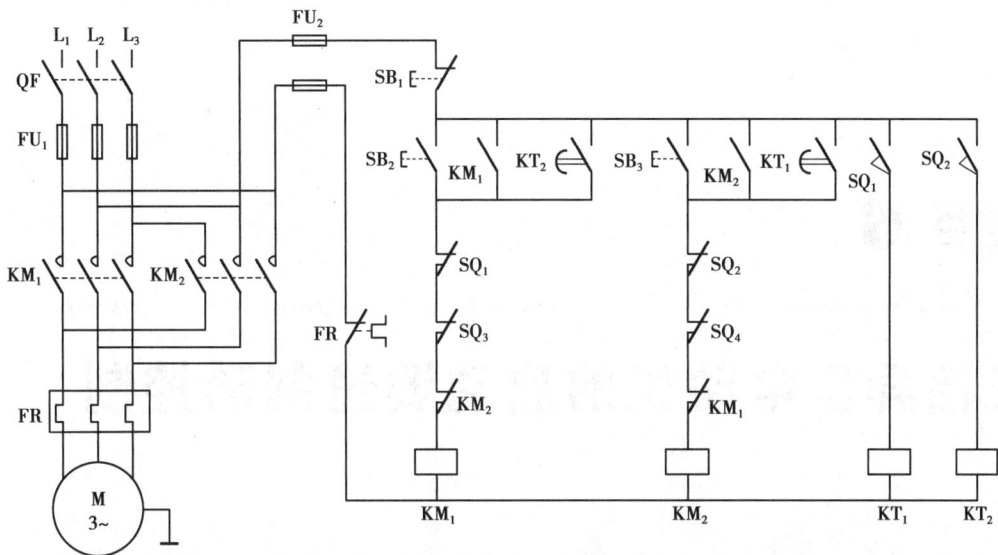

图 5-31　小车自动往返控制电气原理图

2.接近开关

接近开关(图 5-32)是一种无触点的行程开关,当物体与其接近到一定距离时,触点动作,发出控制信号。当有物体移向接近开关,并接近到一定距离时,开关才会动作,通常把这个距离叫"检出距离"。不同的接近开关检出距离也不同。接近开关可作为检测装置使用,用于高速计数、测速、检测金属等。

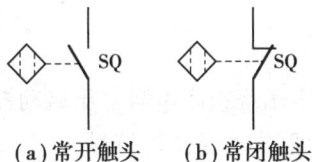

(a) 常开触头　　(b) 常闭触头

图 5-32　接近开关的图形符号和文字符号

按照工作原理,接近开关可以分为高频振荡型,电容型、磁感应式接近开关和非磁性金属接近开关几种,其中高频振荡型应用最为广泛。

接近开关多为三线制,有两根电源线(直流 24 V)和一根输出线。

任务小结

①介绍了往返控制中需要用到的电气元件,行程开关的结构、原理、文字及图形符号。
②介绍了接近开关的图形及文字符号。
③自动往返控制过程的分析及常见故障的排查。

项目 6

三相异步电动机的启动调速制动控制

任务 6.1　三相异步电动机定子绕组串电阻降压启动控制

任务导入

电动机在启动的时候,什么情况下可以直接启动? 什么情况下需要降压启动?

学习目标

知识目标:

➤掌握低压电器的工作原理

➤重点掌握三相异步电动机定子绕组串电阻降压启动控制线路

➤掌握时间继电器的工作原理、文字及图形符号

➤能识读三相异步电动机的电气原理图

职业素养目标:

➤养成严谨科学的工作态度

➤养成团队协作精神,规范生产品质

➤培养创新意识及创新能力

➤养成严谨认真的学习态度

理论知识

6.1.1　三相异步电动机的启动

1.启动

电动机接通电源后,由静止状态逐渐加速到稳定运行状态的全过程。

2.启动的要求

启动电流要小,以减小对电网的冲击;启动转矩要大,以加速启动过程,减少启动时间;启动过程要平稳。

3.直接启动

直接启动又称全压启动。直接将电动机接入额定电压的电网上。直接启动,方法简单,所需启动设备少;但启动电流大,启动转矩小,电路如图 6-1 所示。

直接启动一般用于小容量电动机,7.5 kW 以下电机的启动。若启动电流倍数 K_1 满足以下的经验计算公式,可以直接启动,否则采用降压启动方法。

$$K_1 \leqslant \frac{1}{4}\left[3 + \frac{电网容量(kV \cdot A)}{电动机容量(kW)}\right] \qquad 式(6-1)$$

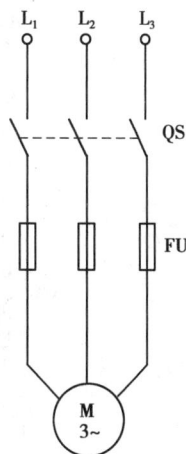

图 6-1 刀开关直接启动电路

4.降压启动

当电动机容量较大时,应采用降压启动。降压启动的目的是限制启动电流;启动时,电动机上的电压小于额定电压;待到电动机转速上升到一定值时,再给电动机加上额定电压全压运行。

虽然降压启动减小了启动电流,但同时启动转矩也减小了,所以,降压启动多用于空载或轻载启动。

6.1.2 手动切除启动电阻控制电路

1.特点分析

图 6-2 为定子绕组串电阻降压启动手动切除启动电阻的控制电路。该电路从启动到全压运行都是由操作人员掌握,很不方便。如果由于某种原因导致 KM_2 不能动作,电阻不能被短接,电动机将长期在低电压下运行,严重时将烧毁电动机。

2.元件列表

手动切除启动电阻控制电路元件见表 6-1。

表 6-1 手动切除启动电阻控制元件清单

序号	符号	名称	功能
1	QS	刀开关	电源的接通与关断
2	FU_1、FU_2	熔断器	主、控制电路短路保护
3	KM_1	交流接触器	电动机串电阻降压启动
4	KM_2	交流接触器	电动机全压运行
5	FR	热继电器	电机过载保护
6	SB_1	按钮	停止按钮
7	SB_2	按钮	串电阻启动按钮
8	SB_3	按钮	全压运行切换按钮

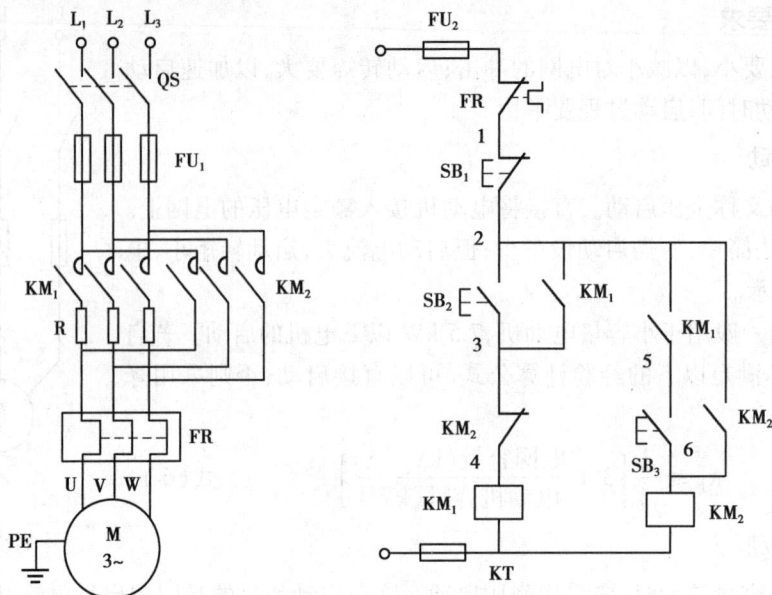

图 6-2　手动切除启动电阻控制电路

3.工作过程分析

合闸刀开关 QS：

①按下启动按钮 SB_2 $\left\{\begin{array}{l} KM_1 \text{线圈得电} \rightarrow KM_1 \text{主触点闭合} \\ KM_1 \text{常开触点}(2\text{—}3)\text{闭合,自锁} \\ KM_1 \text{常开触点}(2\text{—}5)\text{闭合,互锁} \end{array}\right\}$ →电机 M 串电阻降压启动。

②按下按钮 SB_3 $\left\{\begin{array}{l} KM_2 \text{线圈得电} \rightarrow KM_2 \text{主触点闭合} \\ KM_2 \text{常闭辅助触点}(3\text{—}4)\text{断开,互锁} \rightarrow KM_1 \text{线圈失电} \rightarrow \\ KM_1 \text{主触点断开} \\ KM_2 \text{常开辅助触点}(2\text{—}6)\text{闭合,自锁} \end{array}\right\}$ →电机 M 全

压运行。

③按下按钮 SB_1，电机停止运转。

6.1.3　定子绕组串电阻降压启动(自动切除启动电阻)

1.定子绕组串电阻降压启动特点

如图 6-3 所示,电机启动时,KM_1 闭合,在三相定子绕组中串入启动电阻 R,降低了电机定子绕组上的电压;经过一段时间后,接通 KM_2,切断电阻,电机在额定电压下全压运行。

定子绕组串电阻降压启动控制简单,工作可靠,在中小型生产机械中广泛应用。但是,启动转矩较小,仅适用于对启动要求不高的生产机械;且因为电路中串入了启动电阻,电能损耗增大;若用电抗器则体积变大,成本较高。

2.元件列表

定子绕组串电阻降压启动控制电路元件见表 6-2。

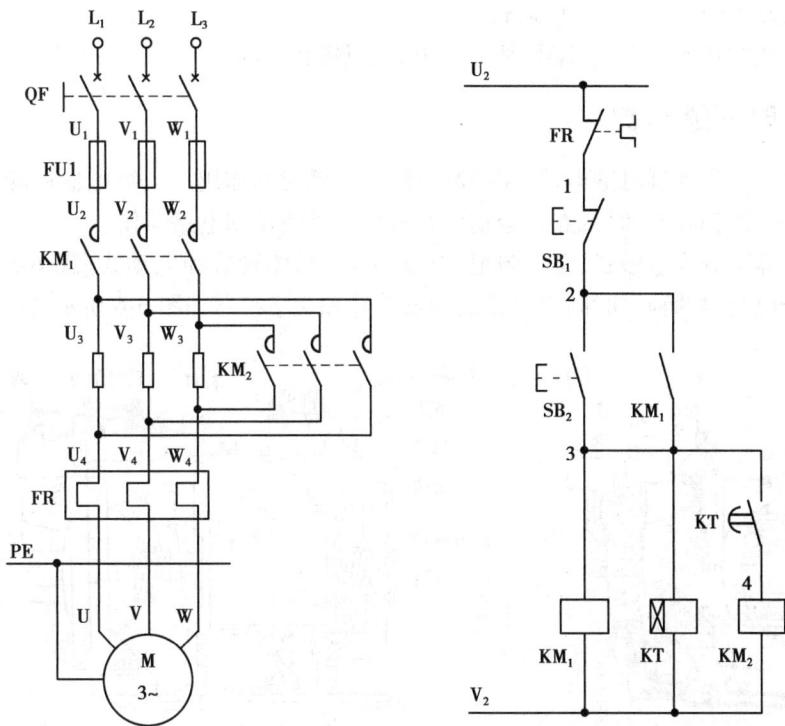

图 6-3　定子绕组串电阻降压启动控制电气原理图

表 6-2　定子绕组串电阻降压启动控制元件清单

序号	符号	名称	功能
1	QF	低压断路器	电源的接通与关断
2	FU₁	熔断器	主电路短路保护
3	KM₁	交流接触器	电动机串电阻降压启动
4	KM₂	交流接触器	电动机全压运行
5	FR	热继电器	电机过载保护
6	SB₁	按钮	停止按钮
7	SB₂	按钮	启动按钮
8	KT	时间继电器	延时切断启动电阻

3.工作过程分析

合闸低压断路器 QF：

①按下启动按钮 SB₂ $\begin{cases} \text{KM}_1 \text{ 线圈得电} \rightarrow \text{KM}_1 \text{ 主触点闭合} \\ \text{KM}_1 \text{ 常开触点闭合（2—3），自锁} \\ \text{时间继电器 KT 线圈得电，开始计时} \end{cases}$ →电动机 M 串电阻降压启动。

②KT 继电器计时时间到→KT 延时闭合触点（3—4）闭合→KM₂ 线圈得电→KM₂ 主触点

171

闭合→切断启动电阻,电机 M 全压运行。

③按下停止按钮 SB_1,KM_1,KM_2 线圈失电,电机停止转动。

6.1.4　时间继电器

时间继电器也称为延时继电器,在控制电路中起延时的作用。当继电器检测到外界信号动作后,经过一段时间的延时触点才会动作并输出信号使控制电路动作。

时间继电器可分为电磁式、空气阻尼式(图 6-4)、晶体管式和电动式(图 6-5);也可分为通电延时和断电延时两种。时间继电器的图形符号和文字符号如图 6-6 所示。

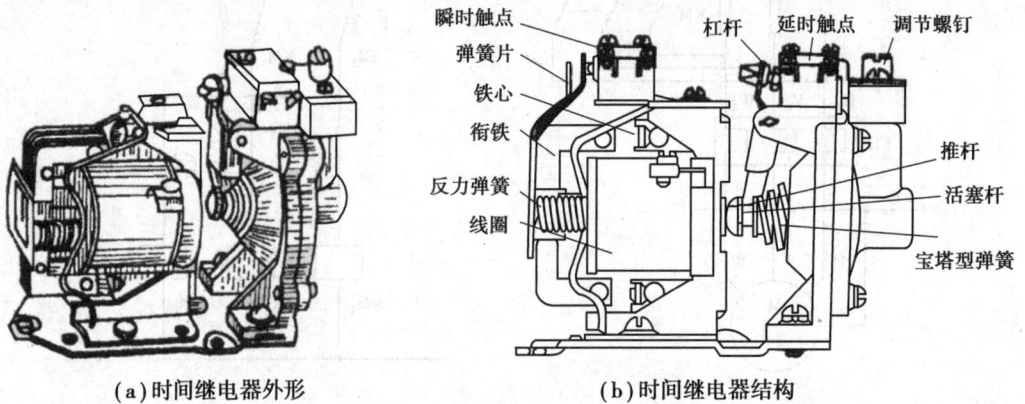

(a)时间继电器外形　　　　　　　　(b)时间继电器结构

图 6-4　空气阻尼式时间继电器外形及结构

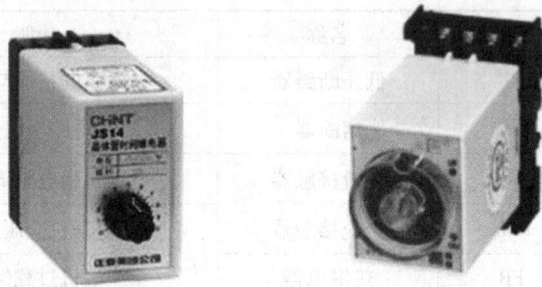

图 6-5　晶体管式与电动式时间继电器外形图

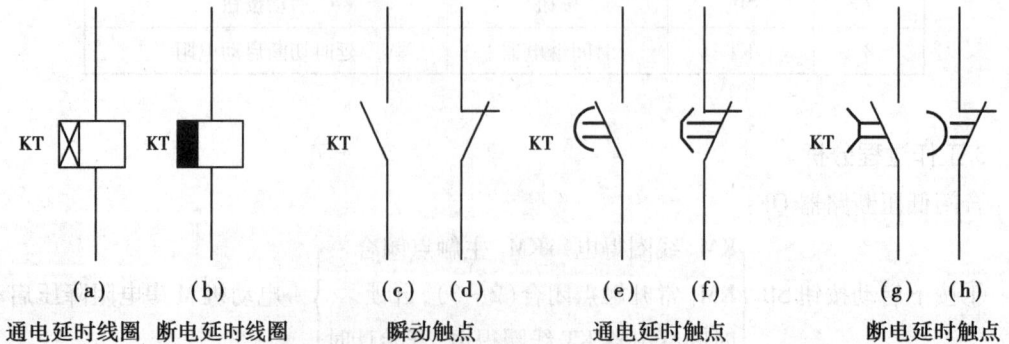

(a)　　　(b)　　　　(c)　　(d)　　　(e)　　(f)　　　(g)　　(h)

通电延时线圈　断电延时线圈　　　瞬动触点　　　通电延时触点　　　断电延时触点

图 6-6　时间继电器图形及文字符号

空气阻尼式时间继电器:结构简单、价格低廉;但延时误差较大,难以精确地整定延时时间。常用于延时精度要求不高的交流控制电路中。

晶体管式时间继电器:体积小,延时范围大,延时精度高,寿命长。

关于时间继电器的延时触点的几点说明:

①,该触点系通电延时触点。动作过程是:通电延时线圈得电,该触点延时预设时间后闭合;线圈断电后,该触点立刻复位断开。

②,该触点是通电延时触点。动作过程是:通电延时线圈得电,该触点延时预设时间后断开;线圈断电后,该触点立刻复位闭合。

③,该触点是断电延时触点。动作过程是:断电延时线圈得电,该触点立刻断开;线圈断电后,该触延时预设时间后,闭合。

④,该触点是断电延时触点。动作过程是:断电延时线圈得电,该触点立刻闭合;线圈断电后,该触延时预设时间后,断开。

⑤,瞬动触点。不论是通电延时线圈还是断电延时线圈,该触点均不延时。线圈得电,常开触点闭合,常闭触点断开;线圈失电,常开触点复位断开,常闭触点复位闭合。

⑥延时触点如何判断是通电延时,还是断电延时呢? 主要观察延时触点上,括号的方向。延时触点上,有"(",括号的左半边,为通电延时;延时触点上,有")",括号的右半边,为断电延时。

任务小结

①介绍了时间继电器的结构、原理、文字及图形符号。

②重点介绍了两种不同控制电路实现降压启动。

③重点分析了时间继电器实现的自动转换串电阻降压启动控制过程。

任务 6.2　三相异步电动机星-三角形降压启动控制

任务导入

电机除了定子绕组串电阻降压启动外,还有应用较广的其他降压启动方式吗?

学习目标

知识目标:

➤ 掌握低压电器的工作原理

➤ 重点掌握三相异步电动机星-三角形降压启动控制线路

➤ 掌握时间继电器的工作原理、文字及图形符号

➤ 能识读三相异步电动机的电气原理图

职业素养目标:

➤ 养成严谨科学的工作态度

➤ 养成团队协作精神,规范生产品质

➤ 培养创新意识及创新能力

➤ 养成严谨认真的学习态度

理论知识

6.2.1　手动切换星-三角形降压启动

1.星-三角形降压启动概述

星-三角形降压启动(图 6-7),启动时将定子绕组接为星形,加在电机每相绕组上的电压为额定电压的 $\frac{1}{\sqrt{3}}$,启动电流为三角形接法启动电流的 $\frac{1}{3}$。延时一段时间后,电机转速上升到接近额定转速后,将定子绕组接成三角形全压运行。

这种方法只适用于正常运行时定子绕组为三角形连接的电动机。星-三角形降压启动时,启动电流降低为直接启动电流的 $\frac{1}{3}$,启动转矩也降为直接启动转矩的 $\frac{1}{3}$,星-三角形降压启动方法简单,设备较少,适合于电动机轻载或空载启动的场合。

2.元件列表

星-三角形降压启动控制元件见表 6-3。

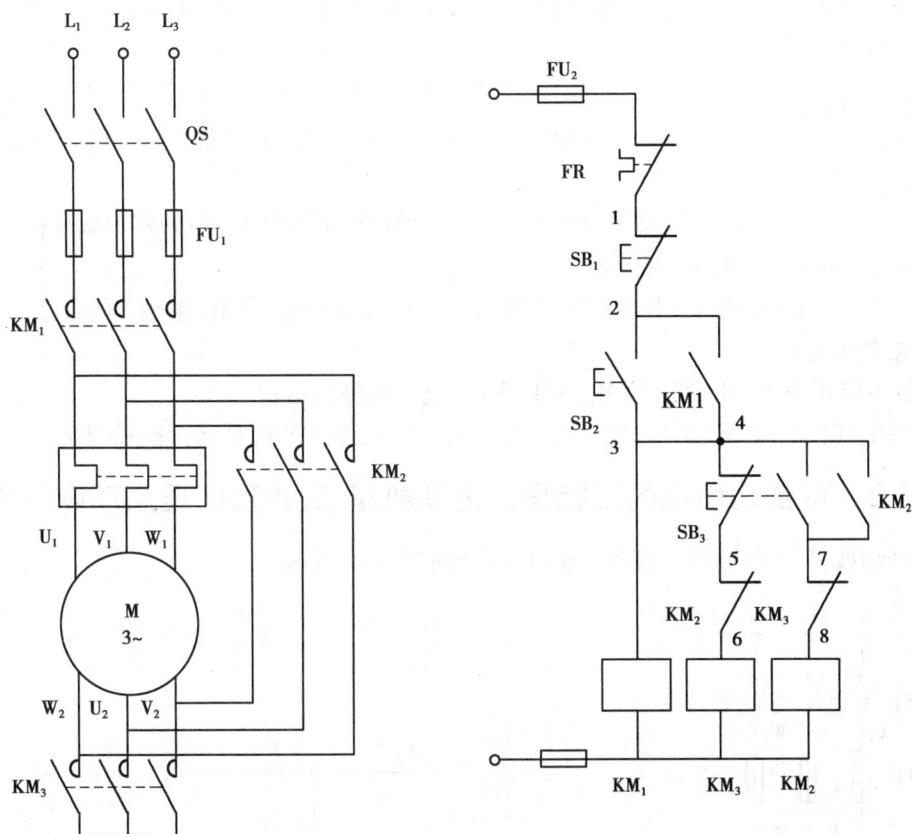

图 6-7 手动切换星-三角形降压启动控制电气原理图

表 6-3 **手动切换星-三角形降压启动控制元件清单**

序号	符号	名称	功能
1	QS	刀开关	电源的接通与关断
2	FU_1、FU_2	熔断器	主、控制电路的短路保护
3	KM_1、KM_3	交流接触器	电动机星形连接
4	KM_1、KM_2	交流接触器	电动机三角形连接
5	FR	热继电器	电机过载保护
6	SB_1	按钮	停止按钮
7	SB_2	按钮	星形连接启动按钮
8	SB_3	按钮	三角形连接转换按钮

3.工作过程分析

①KM_2、KM_3 不能同时得电,控制电路上实现了互锁。

②按下 SB_3 ,切断 KM_3 的得电回路;接通 KM_2 的得电回路。按钮 SB_3 是一个复合按钮。

③合闸刀开关 QS：

a.按下星形连接启动按钮 SB_2 $\begin{cases} KM_1 \text{ 线圈得电} \rightarrow KM_1 \text{ 主触点闭合} \\ KM_3 \text{ 线圈得电} \rightarrow KM_3 \text{ 常闭触点断开}(7{-}8),\text{互锁} \end{cases}$ $\rightarrow$ 电机星形连接启动。

b.按下 SB_3 $\begin{cases} SB_3 \text{ 的常闭按钮}(4{-}5)\text{断开} \rightarrow KM_3 \text{ 线圈失电} \rightarrow KM_3 \text{ 的常闭触点} \\ (7{-}8)\text{复位闭合} \\ SB_3 \text{ 的常开按钮}(4{-}7)\text{闭合} \rightarrow KM_2 \text{ 线圈得电} \rightarrow KM_2 \text{ 主触点闭合} \end{cases}$ $\rightarrow$ 电机三角形连接全压运行。

c.按下停止按钮 SB_1 ,线圈 KM_1 、 KM_2 失电,电动机停止运转。

④该电气控制原理图需手动转为三角形全压运行,不方便两种运行模式切换。

6.2.2 可自动切换的三相异步电动机星-三角形降压启动电气原理图

自动切换星-三角形降压启动控制电气原理如图 6-8 所示。

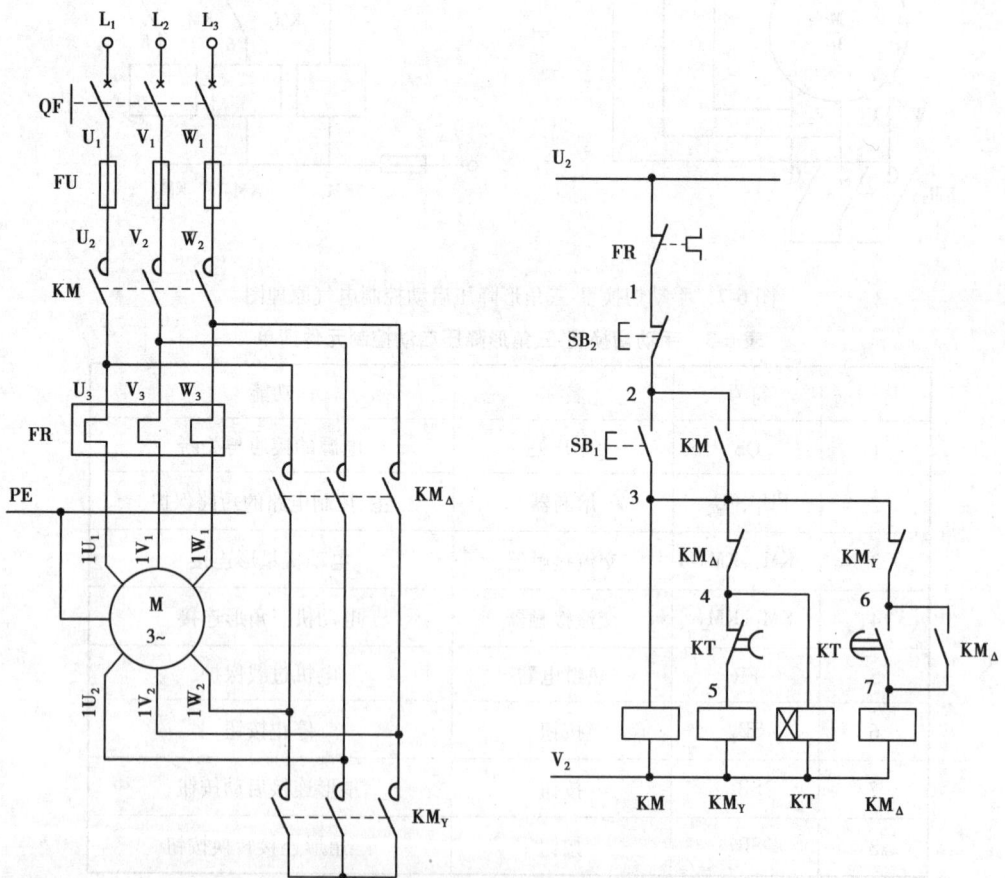

图 6-8 自动切换星-三角形降压启动控制电气原理图

1.元件列表

自动切换星-三角形降压启动控制元件见表6-4。

表 6-4 自动切换星-三角形降压启动控制元件列表

序号	符号	名称	功能
1	QF	低压断路器	电源的接通与关断
2	FU	熔断器	电路的短路保护
3	KM、KM_Y	交流接触器	电动机星形连接
4	KM、$KM_\triangle$	交流接触器	电动机三角形连接
5	FR	热继电器	电机过载保护
6	SB_1	按钮	停止按钮
7	SB_2	按钮	星形连接启动按钮
8	SB_3	按钮	三角形连接转换按钮
9	KT	时间继电器	星形连接自动转换到三角形连接的定时器

2.工作过程分析

① KM_Y 与 $KM_\triangle$ 不能同时得电,控制电路实现了互锁。

②合闸低压断路器 QF:

$$按下启动按钮\ SB_1 \rightarrow \begin{cases} 线圈\ KM\ 得电 \rightarrow KM\ 常开触点(2-3)闭合,自锁 \\ 线圈\ KM_Y\ 得电 \rightarrow KM_Y\ 常闭触点(3-6)断开,互锁 \rightarrow \\ 线圈\ KT\ 得电 \rightarrow KT\ 延时触点开始延时(4-5)(6-7) \end{cases} \rightarrow$$

KM、KM_Y 主触点闭合,电动机星形连接,降压启动。

③时间继电器 KT 延时时间到

$$\begin{cases} KT\ 延时触点(4-5)断开 \rightarrow 接触器线圈\ KM_Y\ 失电 \begin{cases} KM_Y\ 主触点断开 \\ KM_Y\ 常闭触点(3-6)复位闭合 \end{cases} \\ KT\ 延时触点(6-7)闭合 \rightarrow 接触器线圈\ KM_\triangle\ 得电 \begin{cases} KM_\triangle\ 常闭触点(3-4)断开 \rightarrow KT\ 失电 \\ KM_\triangle\ 常开触点(6-7)闭合自锁 \end{cases} \end{cases} \rightarrow$$

KM、$KM_\triangle$ 主触点闭合,电动机三角形连接,全压运行。

④按下停止按钮 $SB_2 \rightarrow KM、KM_\triangle$ 线圈失电 $\rightarrow KM、KM_\triangle$ 主触点断开 $\rightarrow$ 电机停止。

6.2.3 常见故障分析与检测

①星形启动正常,延时一段时间后,电动机发出异响,转速突降,熔断器动作,电动机停转。

故障分析:星形接法启动正常表明电源、启动器及电动机均正常,转换成三角形接法时电动机转速突降并停转,熔断器动作;初步估计是三角形接法时电源相序出错,使电动机绕组中电流增大,继而使熔丝熔断。

故障检测:万用表欧姆挡测量。重点检测三个熔断器是否已经熔断;仔细观察 $KM_\triangle$ 电源相序是否接错。

②启动时,开始电动机得电转速上升,经 1 s 左右忽然发出嗡嗡声并伴有转速下降,继而断电停转。

故障分析:从现象看,电动机启动正常,表明主电路正常。1 s 后电动机发出嗡嗡声,说明电动机可能缺相运行;而后电机停转,估计接三相电源之后的熔断器可能因额定电流较小而熔断。

故障检测:万用表电阻挡测量。重点检测三相熔断器是否正常。因为当熔断器一相熔断时,电动机缺相运行,电流较大,使另两相也相继熔断。

任务小结

①介绍了星-三角形降压启动控制中需要用到的电气元件,时间继电器的结构、原理、文字及图形符号。

②重点介绍了两种不同控制电路实现降压启动,分析了时间继电器实现的自动转换星-三角形降压启动控制过程及常见故障的排查。

任务 6.3   三相异步电动机顺序控制

任务导入

在生产实践中,一台设备往往由多台电机拖动;而这些电机之间,由于工艺,往往需要有一定的顺序来启动和停车。什么叫顺序控制? 都有些什么种类? 如何实现顺序控制呢?

学习目标

知识目标:

➤ 掌握顺序控制的几种方式

➤ 重点掌握顺序控制的设计方法

➤ 掌握时间继电器的工作原理、文字及图形符号

➤ 能识读三相异步电动机的电气原理图

职业素养目标:

➤ 养成严谨科学的工作态度

➤ 养成团队协作精神,规范生产品质

➤ 培养创新意识及创新能力

➤ 养成严谨认真的学习态度

理论知识

6.3.1   常用的几种顺序控制方式

顺序控制是指多台电动机的启动和停止可按控制设备的需要进行先、后顺序控制。主电路也可反映顺序控制,一般在控制电路中反映多台电动机之间的启动顺序和停止顺序。

1.顺序启动,逆序停止

控制要求:两台电动机 M_1 和 M_2,要求 M_1 先启动,M_2 才可以启动;停止时,M_2 先停,M_1 才可以停止,如图 6-9、图 6-10 所示。

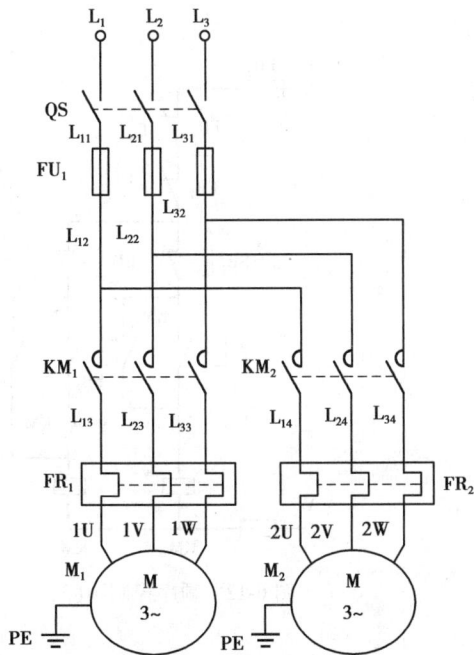

图 6-9 两台电机顺序控制主电路　　　　图 6-10 顺序控制图(1)

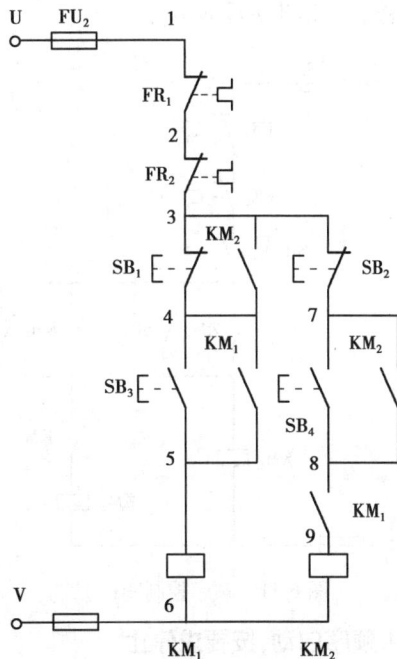

控制过程分析如下:

合闸刀开关 QS:

①按下启动按钮 SB_3,

KM_1 线圈得电$\rightarrow \begin{cases} KM_1 \text{ 常开触点(4—5)闭合,自锁} \\ KM_1 \text{ 常开触点(8—9)闭合,}M_1 \text{ 优先权} \end{cases} \rightarrow M_1$ 电机启动。

②按下启动按钮 SB_4,

KM_2 线圈得电$\begin{cases} KM_2 \text{ 常开触点(7—8 闭合,自锁)} \\ KM_2 \text{ 常开触点(3—4)闭合,锁住 }SB_1 \text{ 的停止功能} \end{cases} \rightarrow M_2$ 电机启动。

③按下停止按钮 SB_2,

KM_2 线圈失电$\begin{cases} KM_2 \text{ 常开触点(7—8)复位断开} \\ KM_2 \text{ 常开触点(3—4)复位断开,激活 }SB_1 \text{ 的停止功能} \end{cases} \rightarrow M_2$ 电机停止。

④按下停止按钮 SB_1,

KM_1 线圈失电$\begin{cases} KM_1 \text{ 常开触点(4—5)复位断开} \\ KM_1 \text{ 常开触点(8—9)复位断开} \end{cases} \rightarrow M_1$ 电机停止运转。

2.顺序启动,一起停止

控制要求:两台电动机 M_1 和 M_2,要求 M_1 先启动,M_2 后启动;停止时,两台电机一起停止,如图 6-11 所示。

3.顺序启动,单独停止

控制要求:两台电动机 M_1 和 M_2,要求 M_1 先启动,M_2 后启动;停止时,M_1 和 M_2 均可单独自行停止,如图 6-12 所示。

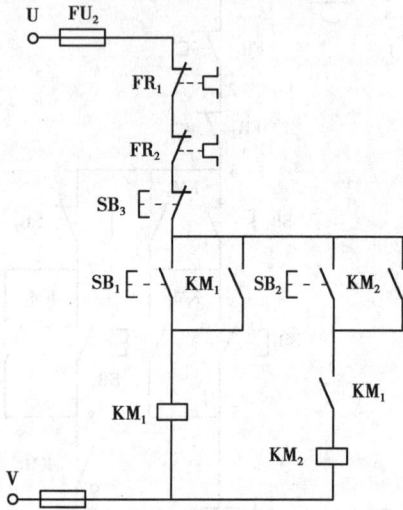

图 6-11　顺序控制图(2)

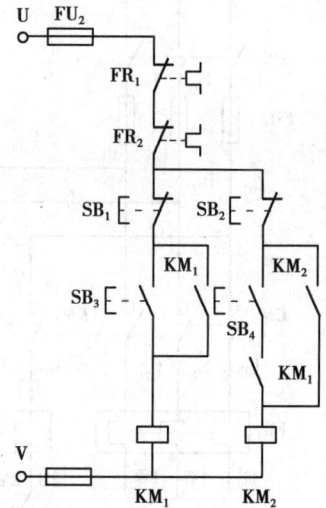

图 6-12　顺序控制图(3)

4.顺序启动,按要求停止

控制要求:两台电动机 M_1 和 M_2,要求 M_1 先启动,M_2 后启动;停止时,M_1 停止,M_2 立刻停止;M_1 运行时,M_2 可随时停止,如图 6-13 所示。

5.按时间顺序启动,一起停止

控制要求:两台电动机 M_1 和 M_2,要求 M_1 先启动,启动 4 s 后,M_2 自行启动;停止时,两个电机一起停止,如图 6-14 所示。

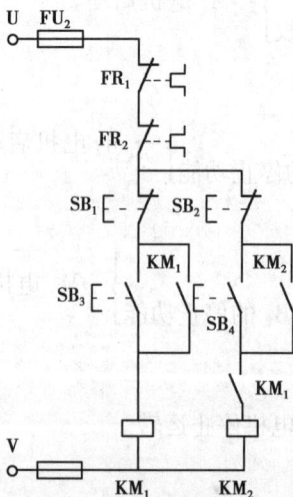

图 6-13　顺序控制图(4)

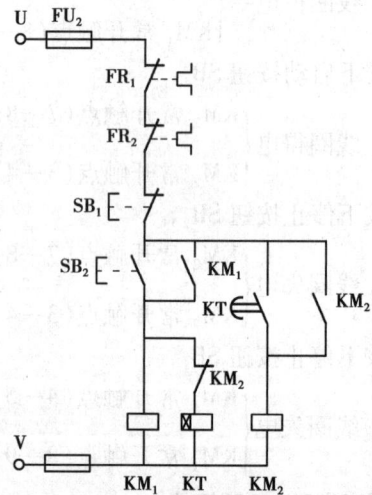

图 6-14　顺序控制图(5)

结论：①将先动接触器的常开触点串联在后动接触器线圈电路中。

②将先停接触器的常开触点并联在后停接触器的停止按钮两端。

③同时得电，同时动作的继电器线圈，可并联连接。

6.3.2 顺序控制电路的设计

控制要求：设计一个控制电路，两台笼型异步电动机启动时，M_1 先启动，8 s 后 M_2 自行启动；停车时，M_2 先停止，10 s 后，M_1 自动停止。在运行过程中，如若发生紧急情况，能紧急停车；停车后，可再次启动。主电路如图 6-9 所示；控制电路如图 6-15 所示。

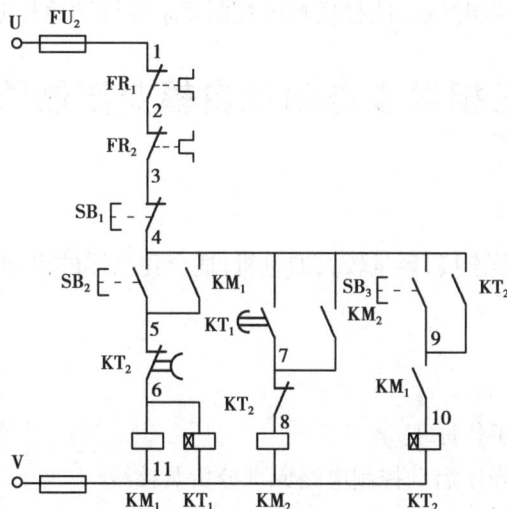

图 6-15 顺序控制电路图

控制电路分析如下：

合闸刀开关 QS：

①按下启动按钮 SB_2 $\begin{cases} KM_1 \text{ 线圈得电}(6—11) \begin{cases} KM_1 \text{ 常开触点闭合}(9—10) \\ KM_1 \text{ 常开触点闭合}(4—5)\text{自锁} \end{cases} M_1 \text{ 电机启动。} \\ KT_1 \text{ 线圈得电}(6—11)，\text{定时器开始定时} \end{cases}$

②KT_1 定时时间到→KT_1 延时闭合常开触点(4—7)闭合→KM_2 线圈得电(8—11)→KM_2 常开触点(4—7)闭合，自锁→M_2 电机启动。

③按下停止按钮 SB_3，KT_2 线圈得电(10—11) $\begin{cases} KT_2 \text{ 常开触点闭合}(4—9)，\text{自锁} \\ KT_2 \text{ 常闭触点断开}(7—8) \\ KT_2 \text{ 定时器开始定时} \end{cases} KM_2 \text{ 线圈}$

失电，M_2 电机停转。

④KT_2 定时时间到→KT_2 延时断开常闭(5—6)触点断开 ─────────────────┐

└→KM_1 线圈失电 $\begin{cases} KM_1 \text{ 常开触点}(4—5)\text{断开} \\ KM_1 \text{ 常开触点}(9—10)\text{断开} \end{cases}$ →M_1 电机立刻停止运转。

⑤按下急停开关 SB_1，两个电机一起停止运转。

6.3.3　分析设计与思考

设计一控制电路,三台笼型异步电动机启动时,M_1 先启动,10 s 后 M_2 自行启动,20 s 后 M_3 自行启动,同时 M_1 停止运行,再运行 30 s 后剩下的两台电动机停止运行。

任务小结

①介绍了几种典型顺序控制电路,重点分析了顺序启动,逆序停止控制过程,总结了顺序控制电路的设计方法。

②要求能分析顺序控制过程,能根据顺序控制要求设计顺序控制电路。

任务 6.4　三相异步电动机自耦变压器降压启动控制

任务导入

正常运行时接为星形连接,容量较大的电机,适合什么样的启动方式呢?

学习目标

知识目标:
➤ 掌握低压电器的工作原理
➤ 掌握自耦变压器降压启动控制电路原理分析及接线
➤ 能识读三相异步电动机的电气原理图

职业素养目标:
➤ 养成严谨科学的工作态度
➤ 养成团队协作精神,规范生产品质
➤ 培养创新意识及创新能力
➤ 养成严谨认真的学习态度

理论知识

6.4.1　自耦变压器降压启动控制线路

启动时,电机定子串入自耦变压器,定子绕组得到的电压为自耦变压器二次侧的电压。启动后,定子绕组接通额定电压,电机全压运行。

主电路图 6-16 的几点说明:

①KM_2、KM_3 闭合,接入自耦变压器,降压启动。

②KM_1 闭合,断开自耦变压器,全压运行。

1.电气元件列表

双速电动机控制线路元件见表 6-5。

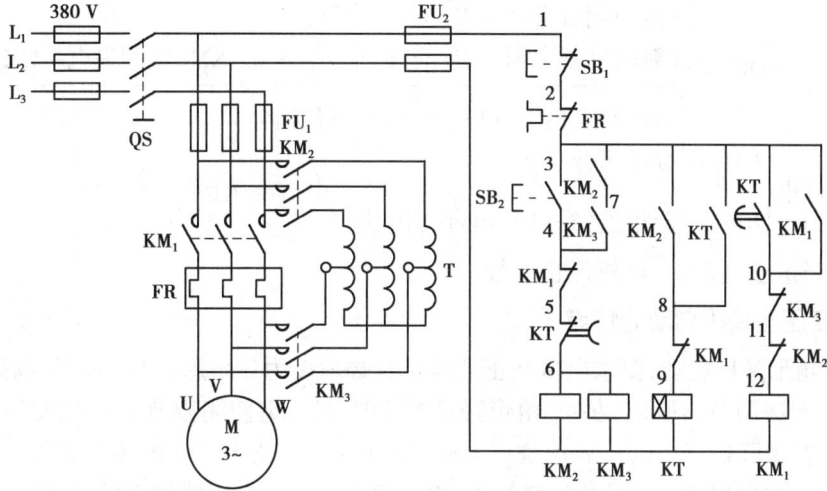

图 6-16　自耦变压器降压启动控制电气原理图

表 6-5　双速电动机控制线路元件列表

序号	符号	名称	功能
1	QS	刀开关	电源的接通与关断
2	FU_1、FU_2	熔断器	主电路和控制电路的短路保护
3	KM_1	交流接触器	全压运行接触器
4	KM_2、KM_3	交流接触器	串自耦变压器降压启动
5	FR	热继电器	电机过载保护
6	SB_1	按钮	停止按钮
7	SB_2	按钮	启动按钮
8	KT	时间继电器	自动转换为全压运行

2.控制过程分析

合闸刀开关 QS：

①按下启动按钮 SB_2

$\begin{cases} KM_2、KM_3 \text{ 常闭触点（10—11）（11—12）断开,互锁} \\ KM_2、KM_3 \text{ 线圈得电} \rightarrow KM_2、KM_3 \text{ 常开触点（3—7）（7—4）闭合,自锁} \\ KM_2 \text{ 常开触点闭合（3—8）} \rightarrow KT \text{ 线圈得电} \rightarrow \begin{cases} KT \text{ 常开触点闭合,自锁} \\ KT \text{ 时间继电器开始延时} \end{cases} \end{cases}$

$\rightarrow KM_2、KM_3$ 主触点闭合$\rightarrow$电机串入自耦变压器降压启动。

②KT 延时时间到 $\left\{\begin{array}{l}\text{KT 延时闭合常开触点(3—10)闭合}\\ \text{KT 延时断开常闭触点(5—6)断开→KM}_2、KM_3 \text{ 线圈失电→KM}_2、KM_3\\ \text{常闭触点(10—11)(11—12)复位闭合}\end{array}\right.$

→KM₁ 线圈得电 $\left\{\begin{array}{l}\text{KM}_1 \text{ 主触点闭合}\\ \text{KM}_1 \text{ 常开触点(3—10)闭合,自锁}\end{array}\right.$→电机全压运行。

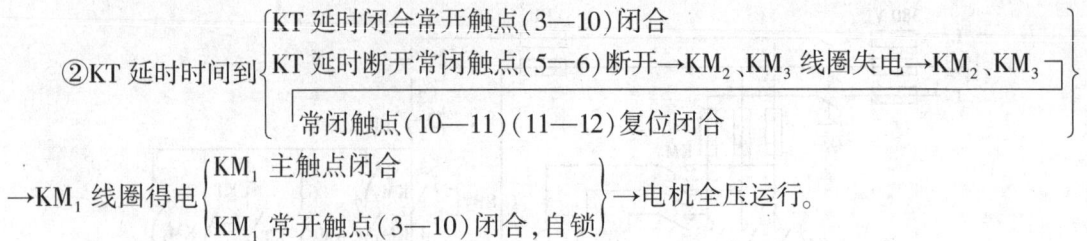

③按下停止按钮 SB₁→电机停止运行。

3.自耦变压器降压启动的特点

星形-三角形降压启动,要求电机在正常运转时必须接为三角形,启动转矩因启动电流的减小而变小,无法调节。所以,星-三角形降压启动收到一定使用限制。自耦变压器降压启动,利用变压器来降低三相电机启动绕组上的启动电压,以减小启动电流的目的。降压启动时,电源电压接在自耦变压器的高压绕组侧,电动机接在自耦变压器的低压绕组侧。

用于电动机降压启动的自耦变压器一般用 3 个不同的中间抽头(线圈匝数比为 55%、65% 和 73%)。使用不同的中间抽头,获得不同的限流效果和启动转矩,优于星-三角形降压启动。

6.4.2 常见故障分析与检测

电机始终处于低速运行,无法转换到全压运行。

故障分析:电机处于低速启动运行,表示主电路功能正常;无法转换到全压运行,故障点应该在控制电路中。电机处于低速启动运行,而 KM₂、KM₃ 的控制电路正常,因此故障点应该在时间继电器 KT 的控制线路中,让 KM₂ 无法得电导致的。

故障检测:万用表交流电压挡测量。重点检测时间继电器 KT 线圈(9-KT)两端电压是否正常;时间继电器延时闭合常开触点(3—10)是否已经闭合,其两侧的电压值是否为 0;交流接触器 KM₁ 线圈两侧电压是否正常。

任务小结

①本任务重点讲述了笼型异步电动机常见的启动控制电路。星-三角形降压启动,启动电流减小,启动转矩也减小,且无法调节,适用于在正常运行时三角形连接的电动机。自耦变压器降压启动,启动转矩可调节,常用于大容量电动机的启动。

②在对电气控制图进行分析时,应先分析主电路,掌握电机的启动方法,电机的保护器件;在分析控制电路时,应分析每一个控制环节对电机的控制作用,注意各环节之间的互锁和保护作用。

任务 6.5 三相交流异步电动机的调速控制

任务导入

在生产实践中,机械部件需要获得不同的速度实现工艺要求;人为改变电动机的转速,以适应不同工艺的需求,这个叫调速。

学习目标

知识目标：

➤ 掌握低压电器的工作原理

➤ 掌握双速电机变极调速的接线

➤ 掌握双速电机变极调速的控制电路及原理分析

➤ 能识读三相异步电动机的电气原理图

职业素养目标：

➤ 养成严谨科学的工作态度

➤ 养成团队协作精神,规范生产品质

➤ 培养创新意识及创新能力

➤ 养成严谨认真的学习态度

理论知识

6.5.1　手动转换的双速电动机的控制电路

手动转换双速电动机的控制电路如图 6-17 所示。

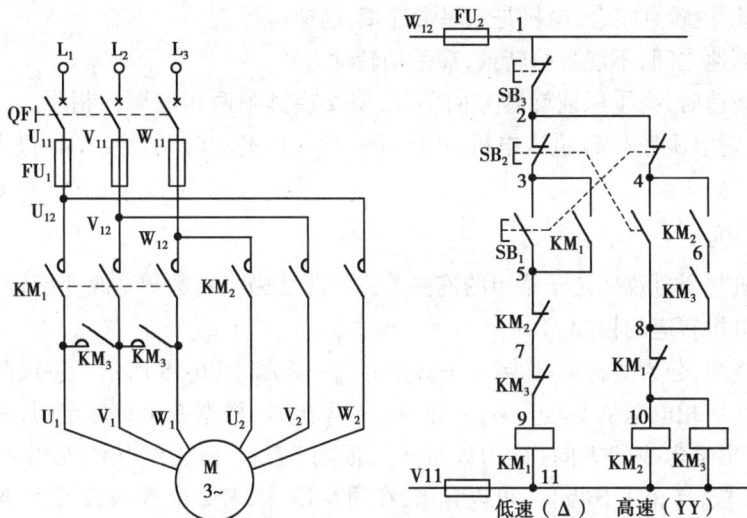

图 6-17　手动转换双速电动机的控制电路

1.手动转换的双速电动机控制电气元件

手动双速电动机控制电路电气元件见表 6-6。

表 6-6　手动双速电动机控制电路元件列表

序号	符号	名称	功能
1	QF	低压断路器	电源的接通与关断
2	FU$_1$、FU$_2$	熔断器	主电路和控制电路的短路保护

续表

序号	符号	名称	功能
3	KM_1	交流接触器	电动机三角形连接低速运行
4	KM_2、KM_3	交流接触器	电动机双星形连接高速运行
5	FR	热继电器	电机过载保护
6	SB_1	按钮	低速启动按钮
7	SB_2	按钮	高速启动按钮
8	SB_3	按钮	停止按钮

说明：

①KM_1 与 KM_2、KM_3 主触点不能同时闭合,否则会导致电源相间短路;所以,在控制电路中实现了互锁。KM_2、KM_3 的常闭触点(5-7-9)串在了 KM_1 线圈的得电回路中;KM_1 的常闭触点(8-10)串在了 KM_2、KM_3 线圈的得电回路中。

②为实现高低速的直接转换(高→低,低→高,中间不必经过停止功能),控制电路中采用了按钮连锁。

③KM_1 主触点闭合,电机是三角形连接,低速运行。

④KM_2、KM_3 主触点闭合,电机是双星形连接,高速运行。

⑤低速与高速之间,不能自行转换,需手动转动。

⑥低速转高速时,为了保证旋转方向不变,要交换其中两相电源的相序。(如图 6-17 主电路所示:低速时电源经 KM_1 进入电机,相序:U—V—W;高速时电源经 KM_2 进入电机,相序:W—V—U)

2.双速电动机

双速电动机是通过改变定子绕组的连接方式→改变磁极对数 P→改变旋转磁场的转速,从而达到改变电机转速的目的。

一相定子绕组,分为对称的两半(a_1—x_1)和(a_2—x_2)如图 6-18 所示。将这两个半相绕组顺相串联起来,(U 相电源从 U_1 进→x_1→a_2→x_2→U_2 出)。根据右手螺旋定则,通电导线会产生磁场,可绘制出磁力线的方向(磁力线进入纸面用×表示,磁力线从纸面出来用 • 表示),(磁力线始于 N 极,终止于 S 极)。可以看出,在图 6-19 中,有 2 个 N 极,2 个 S 极,4 个磁极有两对,$P=2$ 对。

若改变这两个半相绕组的连接方式,如图 6-19 所示(U 相电源从 U_1 进→a_1→x_1→x_2→a_2→U_2 出),根据右手螺旋定则,可以绘制出通电导线产生的磁场为 $2P=2$,$P=1$ 对。改变半相绕组的连接方式,可以改变磁极对数 P。根据公式

$$n = \frac{60f_1}{P}(1-S)$$ 式(6-2)

n——电动机转速;

f_1——电源频率;

P——磁极对数;

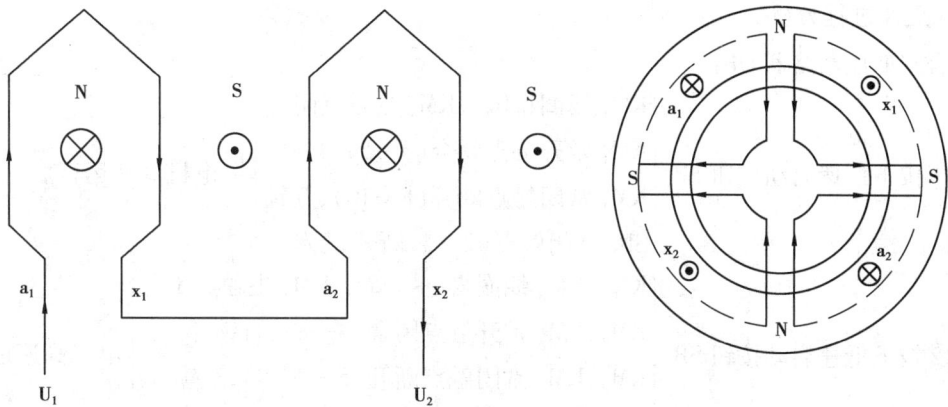

图 6-18　绕组变极原理($2P=4$)

S——转差率。

改变磁极对数 P，可成倍数地改变电动机转速 n。

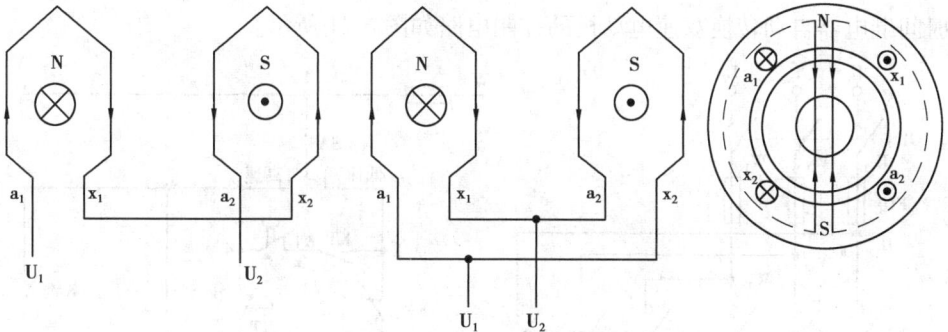

图 6-19　绕组变极原理($2P=2$)

目前，我国多极电动机定子绕组连接方式常用的有 3 种：Y-YY，Δ-YY，由星形连接改为反向串联的星形连接。这里，我们就介绍 Δ-YY（图 6-20）。三相电源从（U_1，V_1，W_1）接入电机，三相绕组内部接成三角形连接。改接为双星形，三相电源从（U_2，V_2，W_2）接入电机，将（U_1，V_1，W_1）连接在一起。为了保证电机从低速转到高速，转向不变，需改变其中两相电源的相序，如图 6-17 主电路所示。

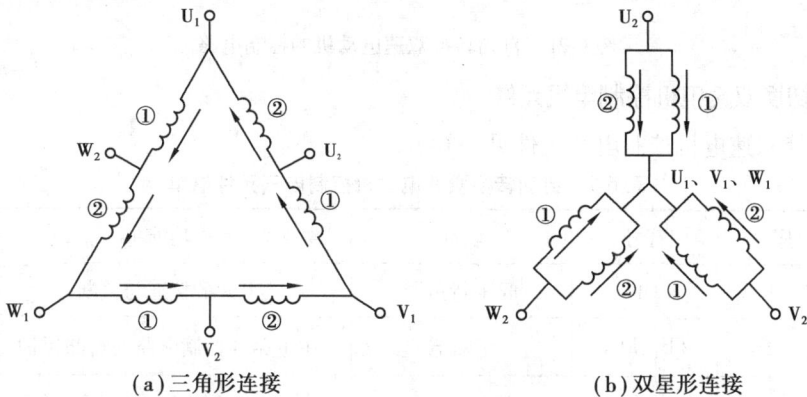

（a）三角形连接　　　　　　　　　　（b）双星形连接

图 6-20　Δ-YY 双速异步电动机定子绕组接线图

3.工作过程分析

合闸低压断路器 QF：

①按下低速启动按钮 SB$_1$
$\begin{cases} KM_1 \text{ 线圈得电} \rightarrow KM_1 \text{ 主触点闭合} \\ KM_1 \text{ 常开触点闭合（3—5），自锁} \\ KM_1 \text{ 常闭触点断开（8—10），互锁} \\ SB_1 \text{ 常闭触点（2—4）断开，互锁} \end{cases}$ →电机低速运行。

②按下低速启动按钮 SB$_2$
$\begin{cases} KM_2\text{、}KM_3 \text{ 线圈得电} \rightarrow KM_2\text{、}KM_3 \text{ 主触点闭合} \\ KM_2\text{、}KM_3 \text{ 常开触点闭合（4—8），自锁} \\ KM_2\text{、}KM_3 \text{ 常闭触点断开（5—7—9），互锁} \\ SB_2 \text{ 常闭触点（2—3）断开，互锁} \end{cases}$ 电机高速运行。

③按下停止按钮 SB$_3$，电机停止运行。

6.5.2　时间继电器实现的自动转换的双速电动机的控制电路

时间继电器自动转换双速电动机的控制电路如图 6-21 所示。

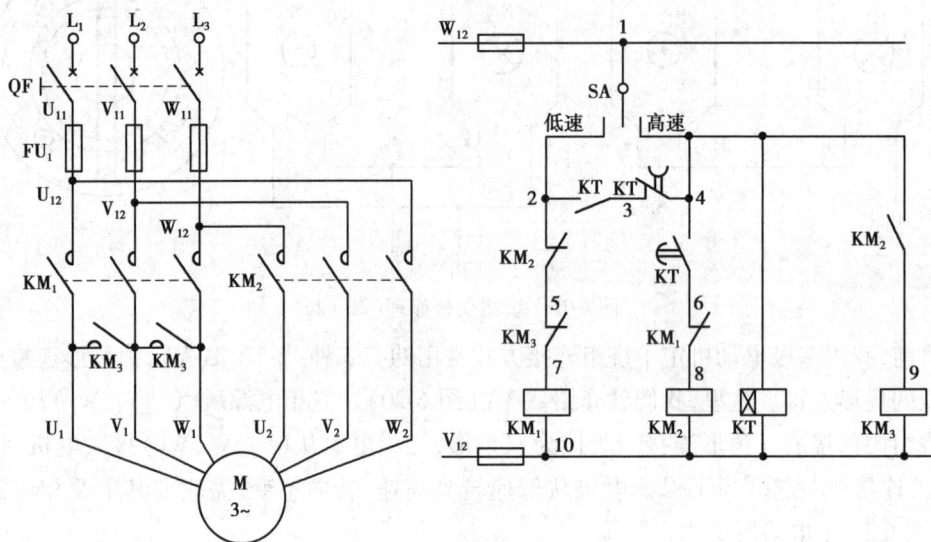

图 6-21　自动转换双速电动机的控制电路

1.自动切换双速电机控制电气元件

自动转换双速电机控制电气元件见表 6-7。

表 6-7　自动转换双速电动机控制电气元件清单

序号	符号	名称	功能
1	QF	低压断路器	电源的接通与关断
2	FU$_1$、FU$_2$	熔断器	主电路和控制电路的短路保护
3	KM$_1$	交流接触器	电动机三角形连接低速运行

续表

序号	符号	名称	功能
4	KM_2、KM_3	交流接触器	电动机双星形连接高速运行
5	FR	热继电器	电机过载保护
6	SB_1	按钮	低速启动按钮
7	SB_2	按钮	高速启动按钮
8	SB_3	按钮	停止按钮
9	KT	时间继电器	低速转换为高速运行的延时
10	SA	转换开关	高低速选择开关

2.工作过程分析

①合闸低压断路器 QF→转换开关 SA 扳到低速挡→KM_1 线圈得电→KM_1 主触点闭合,电机接成三角形→电机长期低速运行。

②若 SA 置于高速挡,

时间继电器线圈 KT 得电→KT 瞬动常开触点(2—3)闭合→KM_1 线圈得电→

$\left.\begin{array}{l} KM_1 \text{ 主触点闭合,电机三角形连接} \\ KM_1 \text{ 常闭触点断开(6—8),互锁} \end{array}\right\}$→电机低速运行。

KT 定时时间到 $\left.\begin{array}{l} \text{KT 延时断开触点(3—4)断开→}KM_1 \text{ 线圈失电→} \\ KM_1 \text{ 常闭触点(6—8)复位闭合} \\ \text{KT 延时闭合触点(4—6)闭合→}KM_2 \text{ 线圈得电→} \\ KM_2 \text{ 常开触点闭合(4—9)→线圈 }KM_3 \text{ 得电} \end{array}\right\}$→电机高速运行。

③当 SA 扳到中间挡,电机停止运行。

任务小结

①双速电机定子绕组接线方法,变速原理。
②手动切换双速电机控制电路控制过程分析。
③时间继电器实现双速电机高低速的自动转换。

任务 6.6　三相异步电动机的电源反接制动控制

任务导入

吊扇,切除电源后,因惯性还会旋转一段时间才会停止,这是因为没有制动环节。在生产中,往往要求机械部件断电后,立即停止运行。那制动是怎么实现的呢?

学习目标

知识目标：
➤ 掌握低压电器的工作原理
➤ 掌握三相异步电动机的制动控制电路
➤ 能识读三相异步电动机的电气原理图

职业素养目标：
➤ 养成严谨科学的工作态度
➤ 养成团队协作精神,规范生产品质
➤ 培养创新意识及创新能力
➤ 养成严谨认真的学习态度

理论知识

6.6.1　三相异步电动机单向反接制动控制

三相异步电动机单向反接制动控制电气原理图如图 6-22 所示。

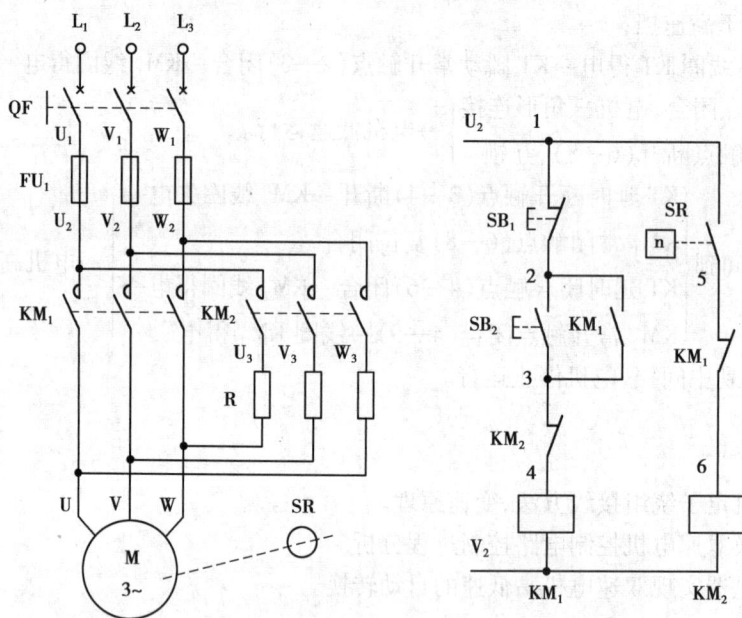

图 6-22　三相异步电动机单向反接制动控制电气原理图

1.单向反接制动控制电气元件

三相异步电动机单向反接制动元件见表 6-8。

表6-8 三相异步电动机单向反接制动控制元件清单

序号	符号	名称	功能
1	QF	低压断路器	电源的接通与关断
2	FU_1	熔断器	主电路和控制电路的短路保护
3	KM_1	交流接触器	电动机运行接触器
4	KM_2	交流接触器	电动机反接制动接触器
5	SR	速度继电器	反接制动控制器
6	SB_1	按钮	停止按钮
7	SB_2	按钮	启动按钮
8	R	制动电阻	限制制动电流

关于电气原理图6-22的几点说明如下:

①主电路中,KM_1、KM_2两个接触器主触点,U相和W相相序对调,实现反接制动。

②控制电路中,速度继电器SR(1—5)常开触点,电机转速大于120 r/min时,该触点闭合;小于100 r/min时,该触点复位断开。

③KM_1、KM_2接触器不能同时得电,控制电路中实现互锁(3—4)(5—6)。

④在制动时,为防止制动电流过大,在KM_2主触点处串联制动电阻R。

2.电气制动

(1)制动

由于惯性,三相异步电动机在切除电源后,需要经过一段时间才能完全停止,不能满足生产机械立即停车的要求,影响生产率,同时也会危及操作人员安全。所以,需要对电动机进行制动。

制动的方法有机械制动和电气制动。制动是指在电动机的轴上产生一个与旋转方向相反的转矩,使电动机减速或迅速停止运转。机械制动,通常是靠摩擦方法产生制动转矩。电气制动是使电动机所产生的电磁转矩方向与电动机旋转方向反向,达到制动的目的。电气制动主要有反接制动、能耗制动和回馈制动;这里主要介绍反接制动。

(2)反接制动

电源反接制动是指在电动状态下,改变三相电源其中两相电源的相序,电动机的旋转磁场随即反向,电磁转矩反向,电磁转矩与此时电动机旋转方向相反,电机将在制动转矩的作用下,降速停车。

反接制动的关键是,当电机转速接近零时,要立刻切断三相电源,否则电机将会反转。这就需要根据速度原则动作的继电器——速度继电器来实现转速接近零时切断电源的功能。

反接制动时冲击较大,对传动部件不利;且制动电阻会消耗较大的能量。故,反接制动适用于不经常制动的10 kW以下的小容量电机。

3.速度继电器

速度继电器与电动机同轴装接。电动机运行时,速度继电器的转子与电动机同速运转,当达到一定的转速时,速度继电器的定子转动一定角度,带动摆锤推动触点动作。即使常开触点闭合,常闭触点断开。一般当电动机速度大于等于 120 r/min 时,触点动作;当转速小于等于 100 r/min 时,触点复位。速度继电器主要用于反接制动,又称为反接制动继电器。其结构和图形符号如图 6-23 所示。

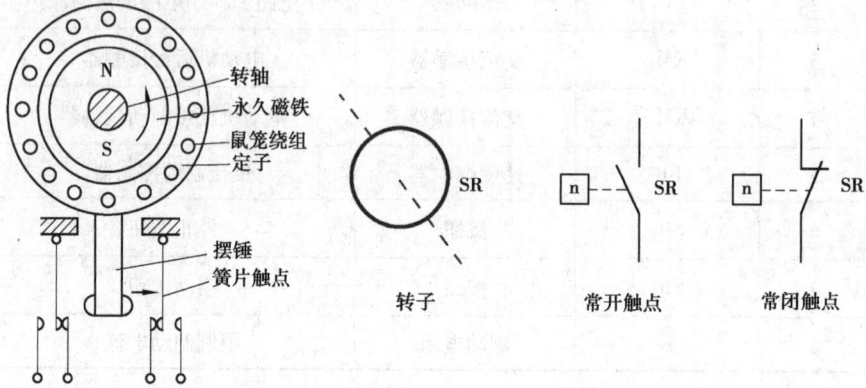

图 6-23　速度继电器的原理图与图形文字符号

4.工作过程分析

合闸低压断路器 QF:

①按下启动按钮 SB_2 $\begin{cases} KM_1 \text{ 线圈得电} \rightarrow KM_1 \text{ 主触点闭合} \\ KM_1 \text{ 常开触点闭合}(2\text{—}3),\text{自锁} \\ KM_1 \text{ 常闭触点断开}(5\text{—}6),\text{互锁} \end{cases} \rightarrow$ 电机运行 $\rightarrow$ 速度增加到

120 r/min 时,速度继电器 SR 常开触点(1—5)闭合,为制动做准备。

②按下停止按钮 $SB_1 \rightarrow KM_1$ 线圈失电 $\begin{cases} KM_1 \text{ 主触点断开} \\ KM_1 \text{ 常闭触点}(5\text{—}6)\text{复位闭合} \end{cases} \rightarrow KM_2$ 线圈得电,

电机开始制动 $\rightarrow$ 速度小于 100 r/min 时,速度继电器 SR 常开触点(1—5)复位断开 $\rightarrow KM_2$ 线圈失电 $\rightarrow$ 电机停止运行。

6.6.2　常见故障分析及检测

①按下 SB_2,电机正常启动;按下制动停止按钮 SB_1,转速迅速下降,而后电机反转。

故障分析:根据故障现象分析,推测是速度继电器 SR 的常开触点,在转速降低到 100 r/min 时还没有断开,造成 KM_2 线圈始终得电,在电动机制动过程结束后,电动机又慢慢反转。

故障检测:断电,用万用表蜂鸣挡检测速度继电器。调节速度继电器复位弹簧的压力。

②按下 SB_2,电机正常启动;按下制动停止按钮 SB_1,电机仍然正常运行,无制动效果。

故障分析:根据故障现象,推测是电动机启动后,速度继电器 SR 的摆杆摆向没有使用的一组触点,使线路中使用的 SR 的触点不起控制作用,致使无法停车。

故障检测:这时应断电,将控制电路中的速度继电器的触点换成另外一组,重新试车。注意:使用速度继电器时,一定先根据电动机的转向正确选择速度继电器的触点,然后再接线。

6.6.3 扩展阅读——可逆反接制动控制电路

图示 6-24：正转时，电机可串电阻降压启动，停机时，可反接制动。反转时，电机可串电阻降压启动；停机时，可反接制动。

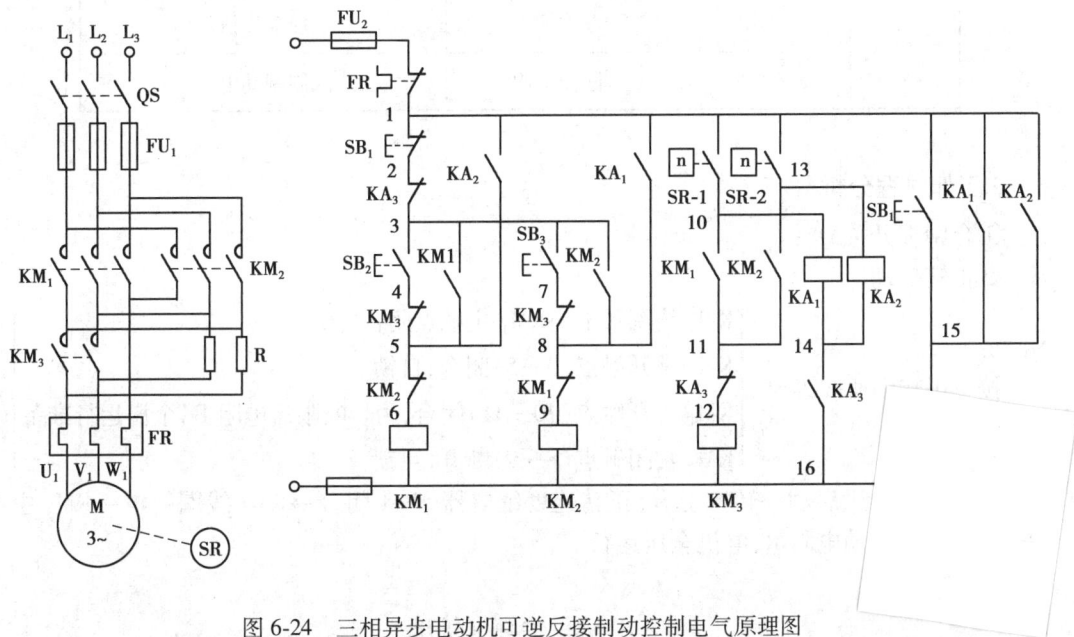

图 6-24 三相异步电动机可逆反接制动控制电气原理图

电气原理图 6-24 的几点说明如下：

①主电路，KM_1 闭合，有两种情况：一是 KM_1 闭合，串入起动电阻 R，正转起动；二是电路原处于反转，按下停止按钮 SB_1，KM_1 串电阻处于反接制动状态，使反转的电机迅速停车。

②主电路，KM_1、KM_3 闭合时，电机全压正转运行。

③主电路，KM_2 闭合时，有两种情况：一是 KM_2 闭合，串入起动电阻 R，反转起动；二是电路原处于正转，按下停止按钮 SB_1，KM_2 串电阻处于反接制动状态，使正转的电机迅速停车。

④主电路，KM_2、KM_3 闭合时，电机全压反转运行。

1.可逆反接制动控制电路元件列表

三相异步电动机可逆反接制动控制电路元件见表 6-9。

表 6-9 三相异步电动机可逆反接制动控制电路元件列表

序号	符号	名称	功能
1	QS	刀开关	电源的接通与关断
2	FU_1、FU_2	熔断器	主电路和控制电路的短路保护
3	KM_1、KM_3	交流接触器	电机正转
4	KM_2、KM_3	交流接触器	电机反转
5	KV	速度继电器	反接制动控制器

续表

序号	符号	名称	功能
6	SB$_1$	按钮	停止按钮
7	SB$_2$	按钮	启动按钮
8	R	限流电阻	限制制动电流

2.工作过程分析

①合闸刀开关 QS：

②正转启动，

按下正转启动按钮 SB$_2$ $\begin{cases} KM_1 \text{ 线圈得电} \rightarrow KM_1 \text{ 主触点闭合} \\ KM_1 \text{ 常开触点}(3\text{—}5)\text{闭合,自锁} \\ KM_1 \text{ 常开触点}(10\text{—}11)\text{闭合,为切断限流电阻 R,全压运行准备} \\ KM_1 \text{ 常闭触点}(8\text{—}9)\text{断开,互锁} \end{cases}$

→电机串电阻降压启动→转速上升,正转速度继电器 SR-1 闭合→KM$_3$ 线圈得电→KM$_3$ 主触点闭合→切断启动电阻 R,电机全压运行。

③停止正转，

按下停止按钮 SB$_1$ $\begin{cases} KM_1 \text{ 线圈失电} \begin{cases} KM_1 \text{ 主触点断开} \\ KM_1 \text{ 常闭触点}(8\text{—}9)\text{复位,闭合} \end{cases} \\ KA_3 \text{ 线圈得电} \begin{cases} \rightarrow KA_3 \text{ 常开触点}(14\text{—}16)\text{闭合} \rightarrow KA_1 \text{ 线圈得电} \rightarrow \\ KA_3 \text{ 常闭触点}(2\text{—}3)\text{断开} \end{cases} \end{cases}$

$\begin{cases} KA1 \text{ 常开触点}(1\text{—}15)\text{闭合,使得 KA3 线圈持续得电} \\ KA1 \text{ 常开触点}(1\text{—}8)\text{闭合} \rightarrow KM_2 \text{ 线圈得电} \rightarrow KM_2 \text{ 主触点闭合} \end{cases}$

→电机串电阻 R 反接制动→转速下降,下降至 100 r/min,速度继电器 SR-1 的常开触点(1—10)

复位断开→KA$_1$ 线圈失电 $\begin{cases} KA_1 \text{ 常开触点}(1\text{—}8)\text{断开复位} \rightarrow KM_2 \text{ 线圈失电} \rightarrow \\ KM_2 \text{ 主触点断开} \\ KA_1 \text{ 常开触点}(1\text{—}15)\text{断开复位} \rightarrow KA_3 \text{ 线圈失电} \end{cases}$ →电机正

转的反接制动结束,电机停转。

④反转启动，

按下反转启动按钮 SB$_3$ $\begin{cases} KM_2 \text{ 线圈得电} \rightarrow KM_2 \text{ 主触点闭合} \\ KM_2 \text{ 常开触点}(3\text{—}8)\text{闭合,自锁} \\ KM_2 \text{ 常开触点}(13\text{—}14)\text{闭合,为切断限流电阻 R,全压运行准备} \\ KM_2 \text{ 常闭触点}(5\text{—}6)\text{断开,互锁} \end{cases}$

→电机串电阻降压启动→转速上升,反转速度继电器 SR-2 闭合→KM$_3$ 线圈得电→KM$_3$ 主触点闭合→切断启动电阻 R,电机全压运行。

⑤反转停止，

$$\text{按下停止按钮 SB}_1 \begin{cases} \text{KM}_2 \text{ 线圈失电} \begin{cases} \text{KM}_2 \text{ 主触点断开} \\ \text{KM}_2 \text{ 常闭触点(5—6)复位,闭合} \end{cases} \\ \text{KA}_3 \text{ 线圈得电} \begin{cases} \text{KA}_3 \text{ 常开触点(14—16)闭合→KA}_2 \text{ 线圈得电→} \\ \text{KA}_3 \text{ 常闭触点(2—3)断开} \end{cases} \end{cases}$$

$$\begin{cases} \text{KA}_2 \text{ 常开触点(1—15)闭合,使得 KA}_3 \text{ 线圈持续得电} \\ \text{KA2 常开触点(1—5)闭合→ KM}_1 \text{ 线圈得电→KM}_1 \text{ 主触点闭合} \end{cases}$$

→电机串电阻 R 反接制动→转速下降,下降至 100 r/min,速度继电器 SR-2 的常开触点(1—13)

$$\text{复位断开→KA}_2 \text{ 线圈失电} \begin{cases} \text{KA}_2 \text{ 常开触点(1—2)断开复位→KM}_1 \text{ 线圈失电→} \\ \text{KM}_1 \text{ 主触点断开} \\ \text{KA}_2 \text{ 常开触点(1—15)断开复位→KA}_3 \text{ 线圈失电} \end{cases} \} →电机反$$

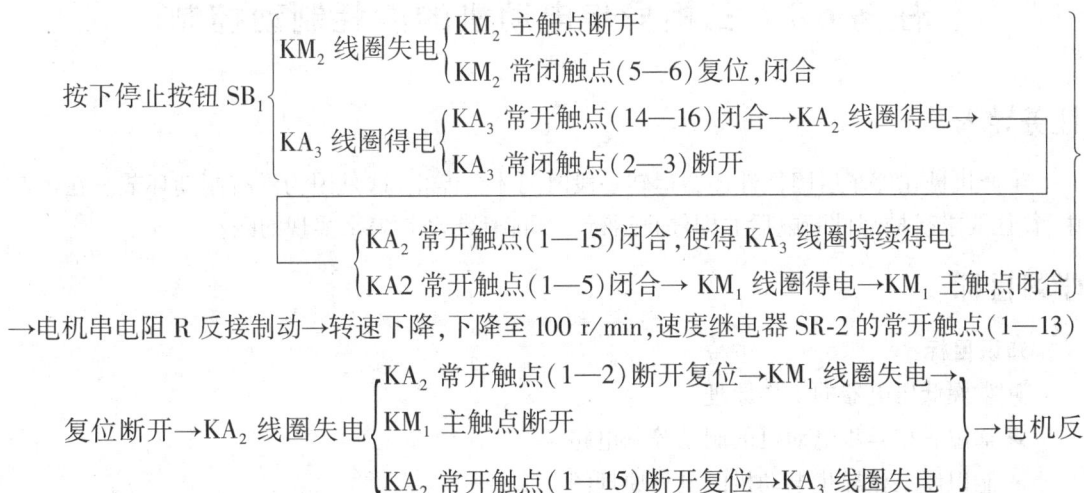

转的反接制动结束,电机停转。

3.中间继电器 KA

中间继电器主要用于传递控制过程中的中间信号和增加触点数量,中间继电器触点数量多,触点容量大,可将一路信号转变为多路信号。其结构、工作原理与交流接触器类似,中间继电器没有主触点,各对触点允许通过的电流相同。

中间继电器的动作过程:线圈中通入交流电,其对应的常闭触点断开,常开触点闭合,控制电路中其他信号的通断。其实物与图形符号如图 6-25 所示。

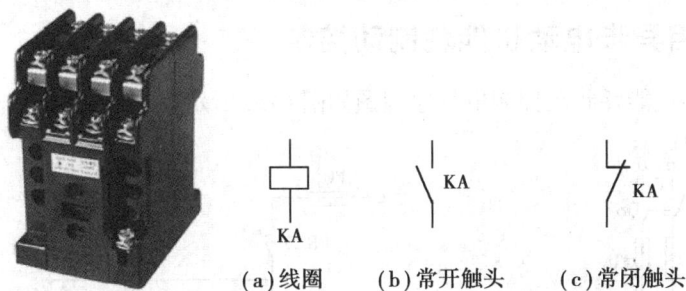

(a)线圈　　　(b)常开触头　　　(c)常闭触头

图 6-25　中间继电器及其图形符号

任务小结

①介绍制动的概念、制动的方法以及反接制动涉及的元件,速度继电器的结构、原理与图形文字符号。

②重点分析反接制动的控制过程以及常见故障的排查。

③理解三相异步电动机可逆反接制动控制电路及其控制过程的分析。

任务 6.7 三相异步电动机的能耗制动控制

任务导入

生产机械在停车后因惯性还会运转一段时间才会停止,这是因为没有制动环节。在生产中,往往要求机械部件断电后立即停止运行。那能耗制动是怎么实现的呢?

学习目标

知识目标:

➤ 掌握低压电器的工作原理

➤ 掌握三相异步电动机的制动控制电路

➤ 能识读三相异步电动机的电气原理图

职业素养目标:

➤ 养成严谨科学的工作态度

➤ 养成团队协作精神,规范生产品质

➤ 培养创新意识及创新能力

➤ 养成严谨认真的学习态度

理论知识

6.7.1 三相异步电动机能耗制动控制

三相异步电动机能耗制动控制电气原理图如图 6-26 所示。

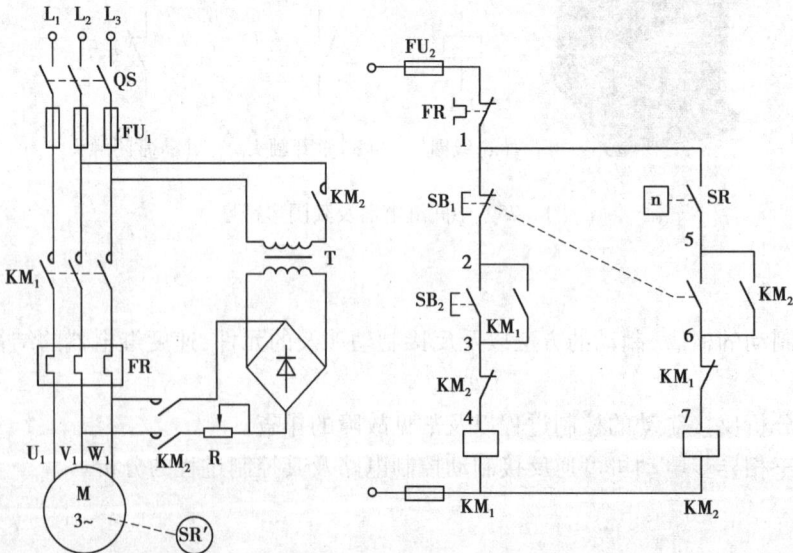

图 6-26 三相异步电动机能耗制动控制电气原理图

1.能耗制动控制电气元件

三相异步电动机能耗制动控制元件见表6-10。

表6-10 三相异步电动机能耗制动控制元件清单

序号	符号	名称	功能
1	QS	刀开关	电源的接通与关断
2	FU_1、FU_2	熔断器	主电路和控制电路的短路保护
3	KM_1	交流接触器	电动机运行接触器
4	KM_2	交流接触器	电动机能耗制动接触器
5	FR	热继电器	电动机过载保护
6	SB_2	按钮	启动按钮
7	SB_1	按钮	能耗制动停止按钮
8	SR	速度继电器	反接制动时,切断直流电源
9	VC	整流桥堆	将交流电整流为直流电
10	R	电阻	限流电阻
11	TC	变压器	电压大小变换

说明:

①接触器 KM_1、KM_2 不能同时得电,否则会相间短路;在控制电路中采用互锁实现。

②接触器 KM_2 闭合后,V,W 两相经变压器、整流器对和限流电阻 R 转换成为直流电源接入电机定子绕组。

③直流电源接入电路后,转速下降,下降到 100 r/min 后,速度继电器 SR 切断直流电源,电机停止运行。

2.能耗制动

能耗制动就是在断开三相电源的同时定子绕组任意两相接入直流电源。直流电源产生恒定磁场,转子因惯性,旋转方向不变,切割磁场,产生感应电流,受到电磁力的作用,产生一个与旋转方向相反的电磁转矩,对电机起制动作用。制动转矩大小与直流电流大小有关。

能耗制动的优点是制动力强,制动过程平稳,对电网影响小。广泛应用于要求平稳准确停车的场合;缺点是需要一套整流设备。

3.工作过程分析

合闸刀开关 QS:

①按下启动按钮 SB_2 $\begin{cases} KM_1\text{ 线圈得电} \rightarrow KM_1\text{ 主触点闭合} \\ KM_1\text{ 常开触点闭合}(2\text{—}3)\text{,自锁} \\ KM_1\text{ 常闭触点断开}(6\text{—}7)\text{,互锁} \end{cases} \rightarrow$电机正常运行→速度继电器

SR 常开触点(1—5)闭合。

②按下制动停止按钮 SB_1 $\begin{cases} KM_1\text{ 线圈失电} \rightarrow KM_1\text{ 主触点断开} \\ KM_1\text{ 常闭触点复位}(6\text{—}7)\text{闭合} \\ SB_1\text{ 常开触点}(5\text{—}6)\text{闭合} \end{cases} \rightarrow KM_2\text{ 线圈得电}$

KM_2 主触点闭合,能耗制动开始 $\begin{cases} KM_2\text{ 常开触点}(5\text{—}6)\text{闭合,自锁} \\ KM_2\text{ 常闭触点}(3\text{—}4)\text{断开,互锁} \end{cases}$电机速度下降到

100 r/min 时,速度继电器 SR 常开触点(1—5)复位,断开→KM_2 线圈失电→电机迅速停转,制动结束。

6.7.2 时间原则的单向能耗制动控制电路

时间原则的单向能耗制动控制电路如图 6-27 所示。

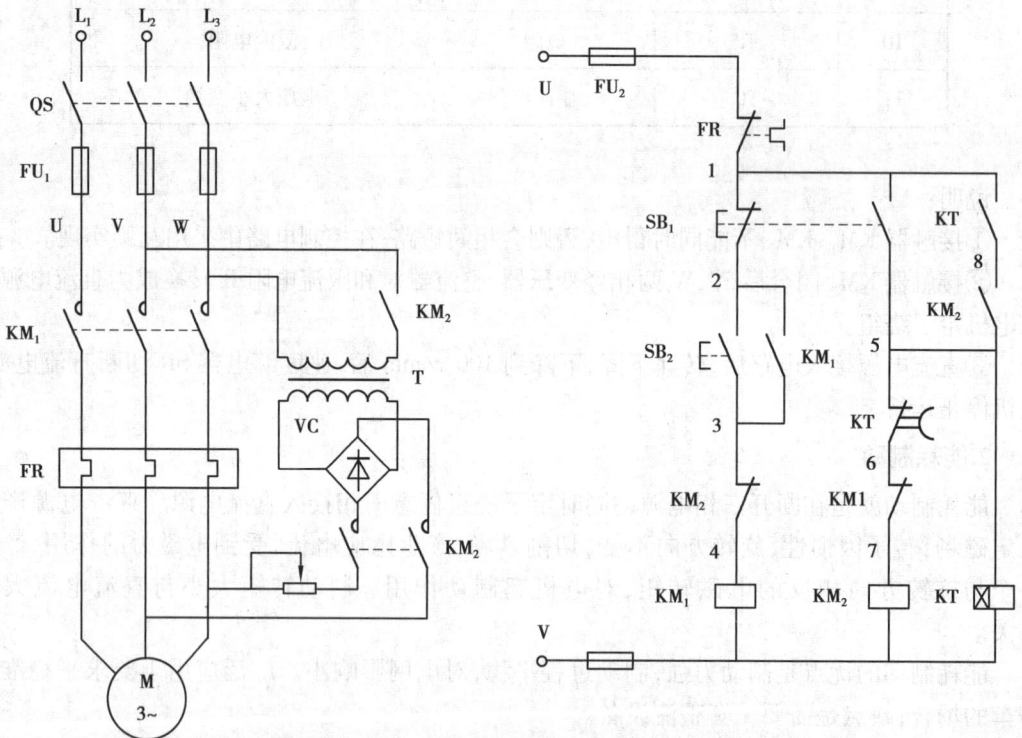

图 6-27 时间原则的单向能耗制动电气原理图

工作过程分析:

①按下启动按钮 SB$_2$ $\begin{cases} \text{KM}_1 \text{ 线圈得电} \rightarrow \text{KM}_1 \text{ 主触点闭合} \\ \text{KM}_1 \text{ 常开触点闭合}(2\text{—}3)，\text{自锁} \\ \text{KM}_1 \text{ 常闭触点断开}(6\text{—}7)，\text{互锁} \end{cases}$ $\rightarrow$ 电机正常运行。

②按下停止按钮 SB$_1$ $\begin{cases} \text{KM}_1 \text{ 线圈失电} \begin{cases} \text{KM}_1 \text{ 主触点断开} \\ \text{KM}_1 \text{ 常闭触点}(6\text{—}7)\text{复位，闭合} \end{cases} \\ \text{KM}_2 \text{ 线圈得电} \begin{cases} \text{KM}_2 \text{ 主触点闭合} \\ \text{KM}_2 \text{ 常开触点闭合}(8\text{—}5)，\text{自锁} \\ \text{KM}_2 \text{ 常闭触点断开}(3\text{—}4)，\text{互锁} \end{cases} \\ \text{KT 线圈得电} \begin{cases} \text{KT 常开触点}(1\text{—}8)\text{闭合，自锁} \\ \text{KT 定时器开始定时} \end{cases} \end{cases}$

KT 定时时间到 $\rightarrow$ KT 延时断开触点（5—6）断开 $\rightarrow$ KM$_2$ 线圈失电 ————

$\begin{cases} \text{KM}_2 \text{ 常开触点}(8\text{—}5)\text{复位断开} \rightarrow \text{KT 线圈失电} \\ \text{KM}_2 \text{ 主触点断开} \end{cases}$ $\rightarrow$ 制动结束，电机停止运行。

任务小结

①常用的制动方式有能耗制动和反接制动。能耗制动时，切断交流电源后，在电机中加入一直流电源，产生制动转矩，使电动机快速停车。反接制动时，切断交流电源后，在电机中接入两相相序与之前电源反相的三相电源，产生制动转矩，使电机快速停车。

②分析主电路时，重点应观察电动机的启动方法，制动方法，各保护环节；分析控制电路时，重点观察各电气互锁与机械连锁。

项目 7

典型机床电气控制线路分析与故障排查

任务 7.1　电动机电气控制线路

任务导入

　　三相异步电动机的电气原理图,应该怎么阅读? 在绘制电气原理图时,应该有什么规则要遵守? 除了电气原理图外,在实际制作中还要别的电气图纸需要绘制和阅读吗?

学习目标

知识目标:
➢ 掌握低压电器的工作原理及符号
➢ 掌握三相异步电动机控制原理图的绘制规则
➢ 掌握电气布置图、电气接线图应遵守的规则

职业素养目标:
➢ 养成严谨科学的工作态度
➢ 养成团队协作精神,规范生产品质
➢ 培养创新意识及创新能力
➢ 养成严谨认真的学习态度

理论知识

7.1.1　电气原理图

　　电气原理图是用国家规定的图形和文字符号表示各电器元件,根据控制要求和工艺,按照一定规则连接起来表述控制线路工作原理的图形。如图 7-1 所示为车床的电气原理图。

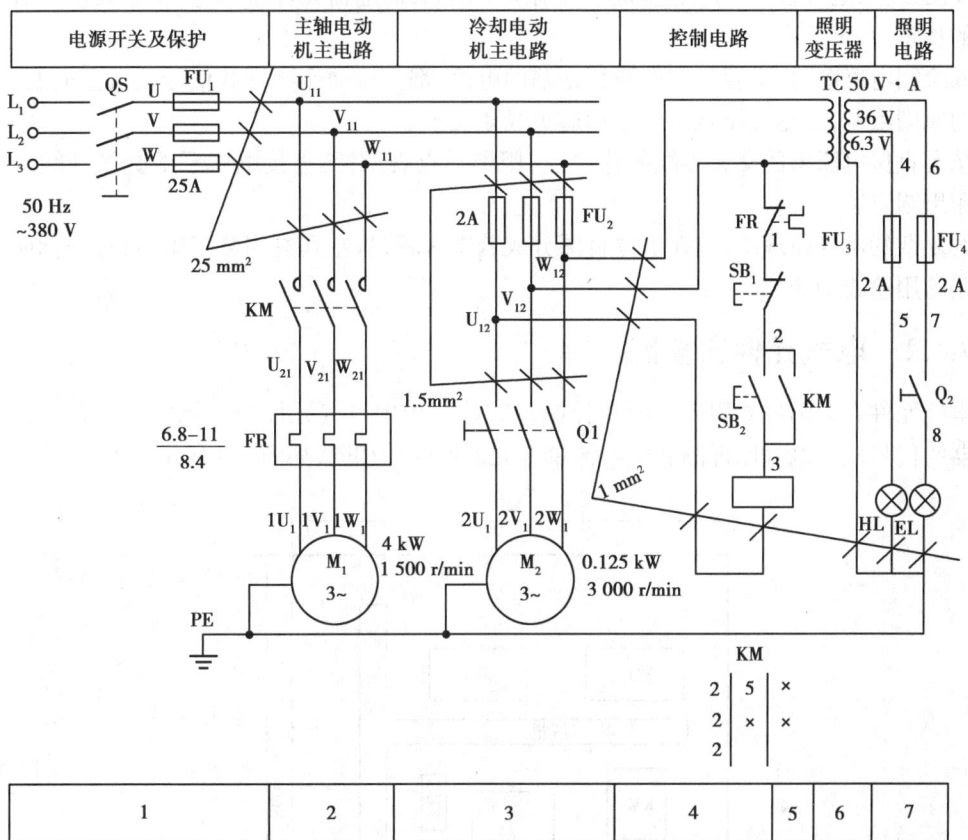

图 7-1　CW6132 型车床电气原理图

电气原理图应该如何绘制呢？应该遵守什么规则呢？

①电气原理图一般分主电路和控制电路两部分，主电路在左边，控制电路在右边。主电路是大电流电路，即有电机的电路。控制电路，流过的电流较小，即最终的控制对象为各继电器的线圈。

②同一电器的各个部件按其在电路中所起的作用，其各个功能部件可以不用画在一起，但必须使用相同的文字符号标注。如交流接触器 KM，KM 的线圈、KM 的常开触点、KM 的常闭触点，根据控制原理，其触点可以绘制在不同的地方，但要使用同一个标注。

③图 7-2 中，标注的含义是：

KM 有 3 对主触点，在 2 号图区；

KM 有两对常开触点，一对在 5 号图区，一对未使用；

KM 有两对常闭触点，均未使用。

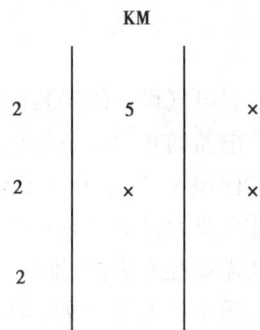

图 7-2　接触器标注

④采用垂直布局时，动力电路的电源线绘成水平线，主电路应垂直于电源电路画出。控制回路和信号回路应垂直画在两条电源线之间，耗能元件（如线圈、电磁铁、信号灯等）应画在电路的最下面，且交流电压线圈不能串联。

201

⑤图纸中,电气设备的触点应是常态情况下绘制,即电器元件未通电,主令元件没有外力作用的状态。

⑥绘制电路图时,不管是主电路还是辅助电路,都应按动作顺序和信号流自左向右、从上到下的原则绘制,并尽可能减少线条和避免线条交叉。

⑦有直接电联系的交叉导线的连接点,用黑圆点表示;无直接电联系的交叉导线交叉处不能用黑圆点。

⑧复杂的电气原理图,应在上方将图分成若干区域,从左到右用数字编号;分别标明该区域电路的用途或功能。

7.1.2 电气元件布置图

电气元件布置图主要用来表明在控制盘或控制柜中电气元件的实际安装位置。图中的各电器的代号应与电气原理图和电器清单上元器件代号相同,如图 7-3 所示。

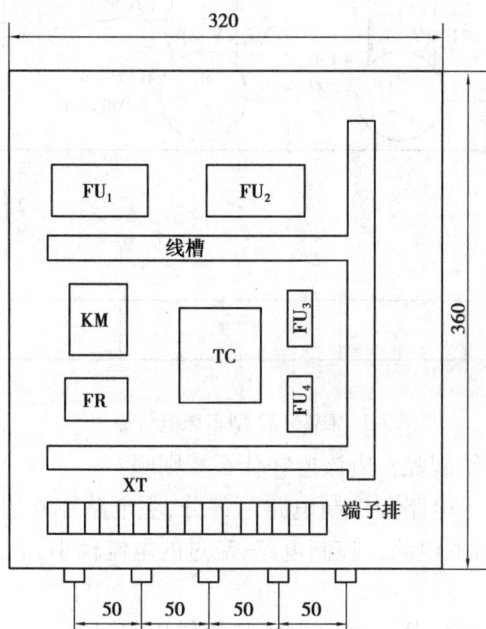

图 7-3　CW6132 型车床电气元件布置图

布置电气设备的安装位置时应注意以下几个方面:

①电器的布置应考虑整齐、美观、对称。

②体积大、较重的电气元件应安装在电气安装板的下方。

③发热元件应安装在电气安装板的上方并将发热元件与感温元件隔开。

④需要经常维护、维修、调整的电气设备的安装位置不能太高或太低。

⑤图中各电器的文字符号必须与原理图和接线图的标注一致。

7.1.3 电气接线图

电气接线图用来表明电气控制线路中所有电器的实际位置,标出各电器之间的接线关系和接线去向。接线图主要用于安装电气设备和电气元件及相关接线,如图 7-4 所示。

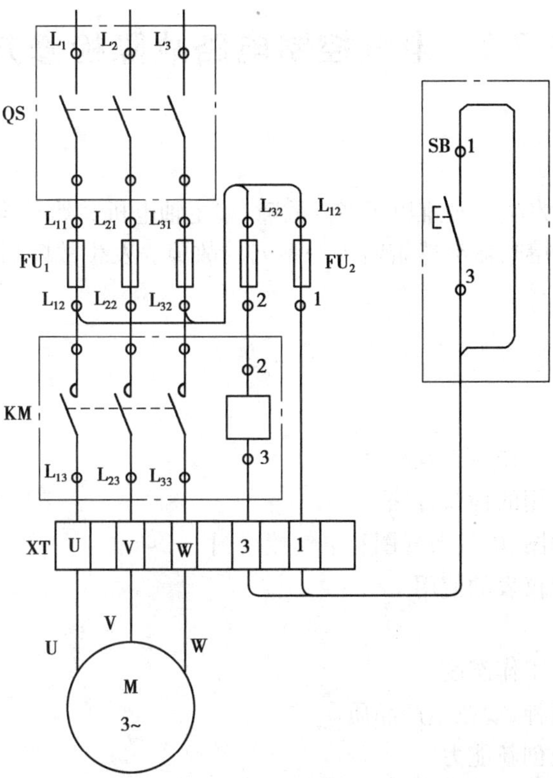

图 7-4　三相异步电动机点动控制接线图

①在接线图中各电器以国家标准规定的图形符号代表实际的电器,各电器的位置与实际安装位置一致。一个元件的所有部件应画在一起,并用虚线框起来。

②接线图中的各电气元件的图形符号及文字代号必须与原理图完全一致,并要符合国家标准。

③各电气元件上凡是需要接线的部件端子都应绘出,并且一定要标注端子编号,各接线端子的编号必须与原理图上相应的线号一致;同一根导线上连接的所有端子的编号应相同,即等电位点的标号相同。

④同一控制柜内的电气元件可以直接连接,而控制柜和外部元器件连接时必须经过接线端子排进行,走向相同的相邻导线可绘成一股线。在接线图中一般不表示导线的实际走线途径,施工时由操作者根据实际情况选择最佳走线方式。

任务小结

①要求重点掌握电气控制原理图的绘制规则。

②掌握电气布置图的布置要求。

③能看懂电气接线图并进行接线。

任务 7.2 电气控制电路故障检修方法

任务导入

机床电气线路往往发生多种难以预料的故障,如主轴电机突然异响,而后停车;电机时停时转,接触器振动剧烈;熔断器突然熔断等一系列的故障。发生故障后,作为检修人员,应该怎么去检修呢?

学习目标

知识目标:
➤ 掌握低压电器的工作原理及符号
➤ 掌握电气故障常用的检修方法
➤ 能阅读电气原理图、电气布置图和电气接线图
➤ 掌握故障检修中仪表的使用

职业素养目标:
➤ 养成严谨科学的工作态度
➤ 养成团队协作精神,规范生产品质
➤ 培养创新意识及创新能力
➤ 养成严谨认真的学习态度

理论知识

当电气设备发生故障时,要了解电气设备的主要结构、运动形式、操作方法,电气控制线路的控制原理及生产工艺,熟悉和掌握故障诊断的方法,才能迅速、准确、安全的查找出故障点并迅速排除。一般在进行机床故障检查时,应遵循以下步骤。

7.2.1 电气故障检修步骤

1.阅读电气控制原理图

①阅读电气控制原理图,主要是为了帮助检修人员掌握机床的结构、运动控制、操作方法、分析机床的控制过程。

②读主电路,了解机床由哪些电机实现拖动,都是什么功能,有哪些保护元件。

③读控制电路,掌握机床的控制过程,分析各电机控制电路的控制情况。

④读照明电路和电源指示电路。

2.检修前的故障调查

①问。向操作员询问故障发生前、后的情况;故障发生前,有什么异常情况? 故障发生时,是否在进行操作? 按了哪个按钮? 机床有无异响? 有无冒烟? 故障发生后,电机是自由停车,还是突然停车,还是操作人员按下停止按钮后停车? 该机床之前都有什么故障发生? 怎么处理的,是否已经解决?

②看。检查保护电器是否动作,熔断器是否熔断,热继电器是否动作;电气电路中,有无

烧焦、发热；看连接导线是否牢固。

③闻。闻一闻现场是否有烧焦的味道。

④摸。摸一摸电机、继电器、接触器的发热情况。

⑤听。听一听机床在运行时各器件运行声音是否正常。

3.故障检修

①检查故障时，先从主电路入手，看拖动该设备的几个电动机是否正常，然后逆着电流方向检查主电路的触点系统、热元件、熔断器、隔离开关及线路本身是否有故障。

②根据主电路与控制电路之间的控制关系，检查控制回路的线路接头，自锁或互锁触点、电磁线圈是否正常，检查并确定制动装置、传动机构中工作不正常的范围，从而找出故障部位。

③通过直接观察无法找到故障点时，在不会造成损失的前提下，切断主线路，让电动机停转，然后通电并检查控制电路的动作顺序，观察各元件的动作情况。如某元件该动作时不动作、不该动作时乱动作、动作不正常、行程不到位、虽能吸合但接触电阻过大或有异响等，则故障点很可能就在该元件中。

④当认定控制电路工作正常后，再接通主电路，检查控制电路对主电路的控制效果，最后检查主电路的供电环节是否有问题。

7.2.2　故障检修方法

1.电压测量法

电压测量检测电路故障时，将万用表打到交流电压 500 V 挡。

（1）分阶测量法（图 7-5）

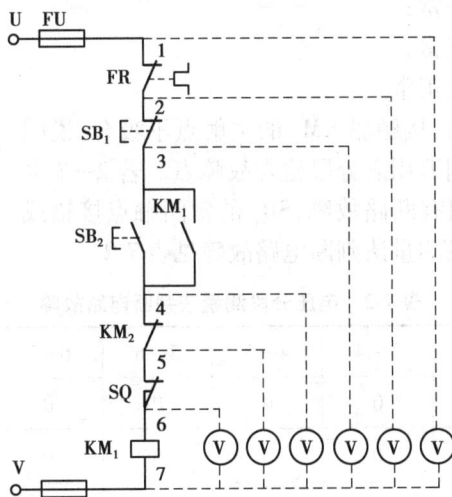

图 7-5　电压分阶测量法

点 1—7 电压值：380 V，正常；

按下并一直按着启动按钮 SB_2；

点 2—7 电压值：380 V，正常；

点 3—7 电压值：380 V，正常；

点 4—7 电压值：380 V，正常；

点 5—7 电压值:380 V,正常;

点 6—7 电压值:380 V,正常。

若 6—7 电压为 0 V,表明电路有断路故障。万用表的黑表笔固定在 7 点不动;红表笔依次从 5、4、3、2、1 往前移;当红笔移动到 4 点时,电压正常 380 V,说明 1—4 点连接正确无误;故障出现在 4 点之后的控制电路中。一般是 4 点之后的第一个触点有断路故障。用电压分阶测量法判断电路故障见表 7-1。

表 7-1　电压分阶测量法判断电路故障

序号	2—7	3—7	4—7	5—7	6—7	故障
1	0	0	0	0	0	FR 常闭触点断开
2	380 V	0	0	0	0	SB$_1$ 常闭触点断开
3	380 V	380 V	0	0	0	SB$_2$ 常开触点接触不好
4	380 V	380 V	380 V	0	0	KM$_2$ 常闭触点断开
5	380 V	380 V	380 V	380 V	0	SQ 常闭触点断开
6	380 V	380 V	380 V	380 V	380 V	电路正常

(2)分段测量法(图 7-6)

按下启动按钮并一直按着 SB$_2$;

点 1—2 电压值:0 V,正常;

点 2—3 电压值:0 V,正常;

点 3—4 电压值:0 V,正常;

点 4—5 电压值:0 V,正常;

点 5—6 电压值:0 V,正常;

点 6—7 电压值:380 V,正常。

若按下启动按钮 SB$_2$ 后,接触器 KM$_1$ 的主触点不吸合,说明该控制电路有断路故障。用万用表分段检查故障点。若 2—3 电压为 380 V,说明 2—3 之间有断路故障,SB$_1$ 的常闭触点接错或导线接触不良。用电压分段测量法判断电路故障见表 7-2。

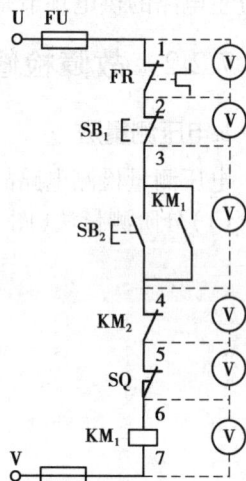

图 7-6　电压分段测量法

表 7-2　电压分段测量法判断电路故障

序号	1—2	2—3	3—4	4—5	5—6	6—7	故障
1	380 V	0	0	0	0	0	FR 常闭触点断开
2	0	380 V	0	0	0	0	SB$_1$ 常闭触点断开
3	0	0	380 V	0	0	0	SB$_2$ 常开触点接触不好
4	0	0	0	380 V	0	0	KM$_2$ 常闭触点断开
5	0	0	0	0	380 V	0	SQ 常闭触点断开
6	0	0	0	0	0	380 V	电路正常

2.电阻测量法

（1）分阶测量法（图 7-7）

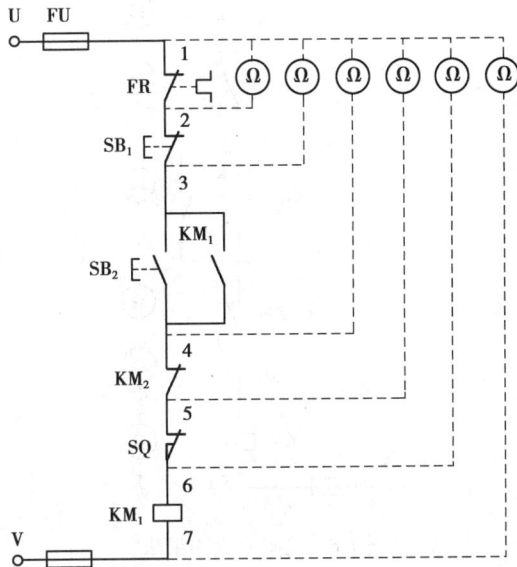

图 7-7　电阻分阶测量法

电阻测量法,要断开电源。

万用表打到欧姆挡的 R×10 k 挡,并一直按着按钮 SB_2。

点 1—2 电阻值:0 Ω,正常;

点 1—3 电阻值:0 Ω,正常;

点 1—4 电阻值:0 Ω,正常;

点 1—5 电阻值:0 Ω,正常;

点 1—6 电阻值:0 Ω,正常;

点 1—7 电阻值:几十到几百 Ω,正常。

若某两点间电阻值为 ∞ ,说明该处有断路故障。用电阻分阶测量法判断电路故障见表 7-3。

表 7-3　电阻分阶测量法判断电路故障

序号	1—2	1—3	1—4	1—5	1—6	1—7	故障
1	∞						FR 常闭触点断开
2	0	∞					SB_1 常闭触点断开
3	0	0	∞				SB_2 常开触点接触不好
4	0	0	0	∞			KM_2 常闭触点断开
5	0	0	0	0	∞		SQ 常闭触点断开
6	0	0	0	0	0	∞	KM 线圈断开

（2）分段测量法（图 7-8）

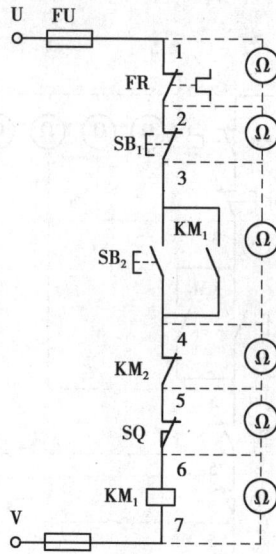

图 7-8　电阻分段测量法

电阻测量法，要断开电源。

万用表打到欧姆挡的 R×10 k 挡，并一直按着按钮 SB$_2$。

点 1—2 电阻值：0 Ω，正常；

点 2—3 电阻值：0 Ω，正常；

点 3—4 电阻值：0 Ω，正常；

点 4—5 电阻值：0 Ω，正常；

点 5—6 电阻值：0 Ω，正常；

点 6—7 电阻值：几十到几百 Ω，正常。

若某两点间电阻值为∞，说明该处有断路故障。用电阻分段测量法判断电路故障见表 7-4。

表 7-4　电阻分段测量法判断电路故障

序号	1—2	2—3	3—4	4—5	5—6	6—7	故障
1	∞						FR 常闭触点断开
2	0	∞					SB$_1$ 常闭触点断开
3	0	0	∞				SB$_2$ 常开触点接触不好
4	0	0	0	∞			KM$_2$ 常闭触点断开
5	0	0	0	0	∞		SQ 常闭触点断开
6	0	0	0	0	0	∞	KM 线圈断开

7.2.3　检修后的通电调试

1.控制电路的常见故障

①断路故障。

②短路故障。

③接地故障。

④连接故障。

2.检修后的通电调试

①断开电动机的电源连接线,进行空操作调试;设备各转动部件处于停止状态。

②空操作正常后,合闸电源开关;操作控制电路时,一定要根据机床的控制顺序要求,逐步操作启动和停止。

③空操作,各接触器,继电器动作正常;方能接通电动机的电源线。根据控制要求,逐一调试相应的功能是否正常。

任务小结

①本任务主要讲述机床电气故障时,常用的几种检测方法。

②注意:机床故障检查不能直接上电检查故障现象,否则机床的转动部件可能因错误的动作导致更加严重的损伤。

③一般应空载检查,在带电检查时,应做好个人安全防护。

任务 7.3　CA6140 普通车床电气控制电路故障检修

任务导入

普通车床主轴电机不能启动,启动后不能制动;指示灯亮而照明灯不亮;刀架不能快速移动。车床发生电气故障后,运用电压测量法和电阻测量法,来检修车床的电气控制电路。

学习目标

知识目标:

➤ 掌握低压电器的工作原理及符号

➤ 掌握 CA6140 普通车床电气控制电路

➤ 掌握万用表检测 CA6140 普通车床常见的电气故障

➤ 能阅读电气原理图、电气布置图和电气接线图

职业素养目标:

➤ 养成严谨科学的工作态度

➤ 养成团队协作精神,规范生产品质

➤ 培养创新意识及创新能力

➤ 养成严谨认真的学习态度

理论知识

车床是一种应用非常广泛的金属切削机床,主要用来加工工件的外圆、内圆、螺纹、钻孔等。车床主要由床身、主轴箱、进给箱、溜板箱、刀架、尾座、光杆和丝杆等组成,如图7-9所示。

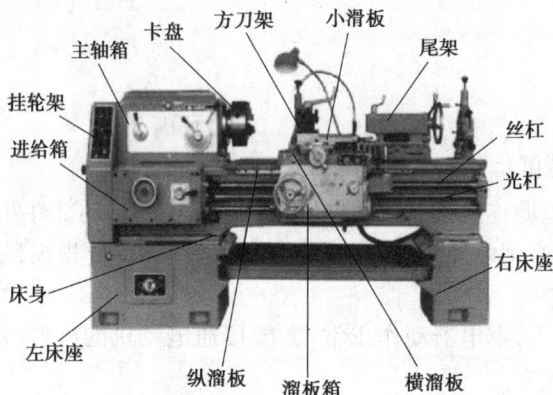

图7-9　CA6140车床结构示意图

7.3.1　车床的运动与电气控制要求

1.车床的运动

车床的主要运动由3个运动部分组成。主运动、进给运动和车床的辅助运动。

主运动是工件的旋转运动。由主轴通过卡盘或顶尖带动工件旋转。主轴电动机的运动经皮带传递到主轴箱再传递给主轴,主轴的转速依靠主轴箱内的变速箱实现有级调速。

进给运动是溜板箱带动刀具做直线运行。溜板箱把丝杆或光杆的转动传递给刀架部分,改变溜板箱外手柄的位置,使刀具做横向或纵向进给。横向运动是相对于操作者的前后运行。纵向运动是相对于操作者的左右运动。

辅助运动有刀架的快速移动、工件的夹紧和放松。工件的装卸、尾座的移动均由人工操作。

2.CA6140普通车床的电气控制

①CA6140车床的主轴只需要做单向的旋转运动,只有在加工螺纹时才需要反转退刀。用操作手柄通过摩擦离合器来改变主轴的转向。

②主运动与进给运动由同一台电动机拖动。因为工件的转速与刀具的进给要保持一定的比例。

③车床运行的经济性和可靠性,采用机械调速,不用电气调速。

④普通车床电机的功率都不大,采用直接启动;按钮控制停止,无须制动环节。

⑤车削加工工件时,工件和刀具温度较高,有时需要冷却,所以配有冷却泵电动机。

⑥溜板箱的快速移动,由单独的电机来进行拖动。

7.3.2　CA6140普通车床的电气控制原理

1.CA6140普通车床电气控制原理图

CA6140普通车床电气控制原理图如图7-10所示。

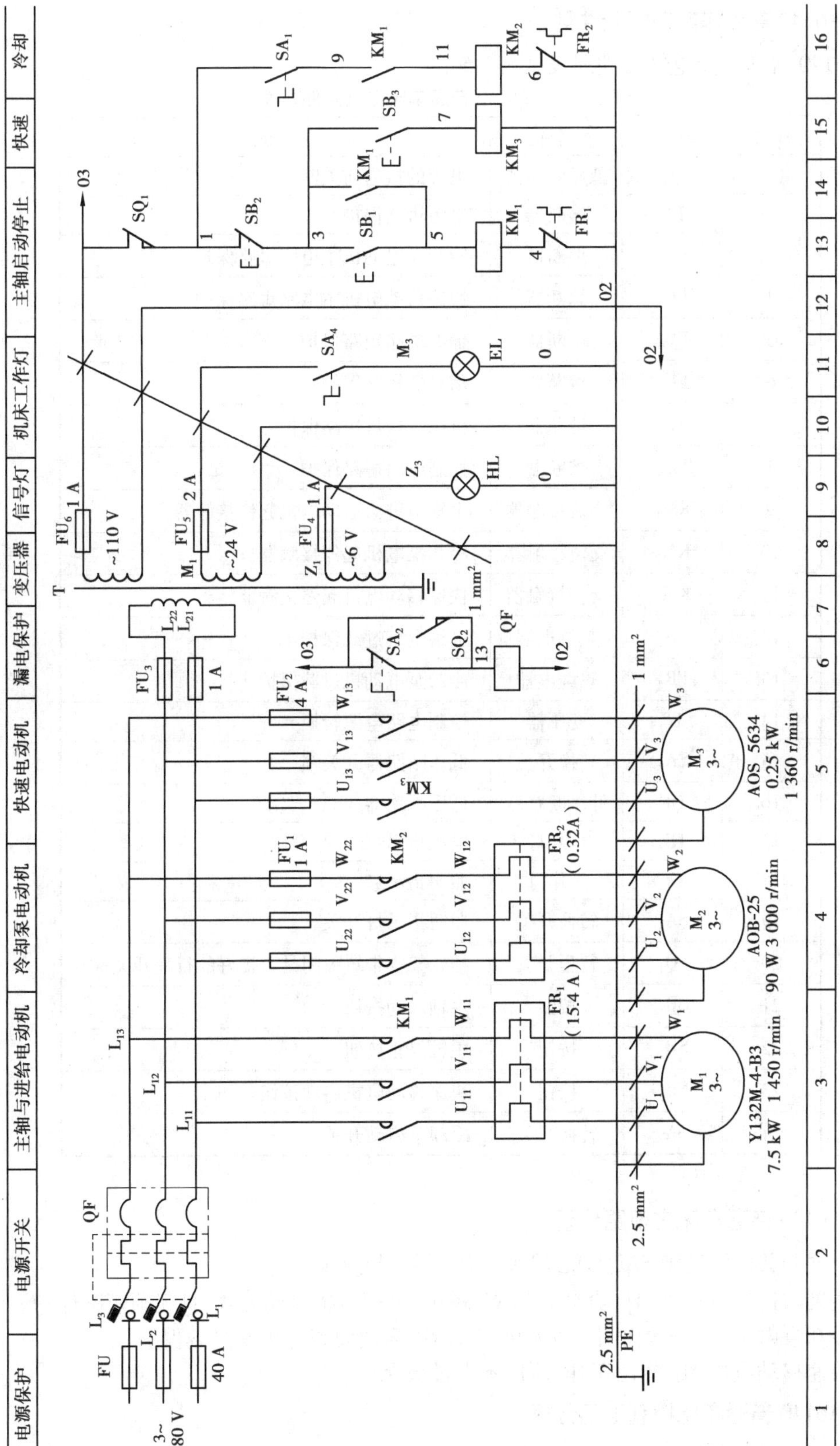

图7-10　CA6140型普通车床电气控制原理图

2.CA6140 普通车床电气元件列表

CA6140 普通车床电气元件列表见表7-5。

表 7-5　CA6140 普通车床电气元件列表

序号	符号	名称	功能
1	QF	低压断路器	电源的接通与关断
2	FU	熔断器	电源短路保护
3	FU_1	熔断器	冷却泵电动机主电路短路保护
4	FU_2	熔断器	快速移动电机主电路短路保护
5	FU_3	熔断器	辅助电路短路保护
6	FU_4	熔断器	信号灯短路保护
7	FU_5	熔断器	机床工作灯短路保护
8	FU_6	熔断器	控制电路短路保护
9	KM_1	交流接触器	主轴与进给运动电机起停接触器
10	KM_2	交流接触器	冷却泵电机起停接触器
11	KM_3	交流接触器	快速移动电机起停接触器
12	FR_1	热继电器	进给电机过载保护
13	FR_2	热继电器	冷却泵电动机过载保护
14	TC	变压器	控制电路电源转换
15	SA_2	转换开关	低压断路器开关锁
16	QF	低压断路器	低压断路器线圈
17	HL	信号灯	电源指示灯
18	EL	工作灯	照明指示灯
19	SA_4	转换开关	照明指示灯开关
20	SQ_1	行程开关	挂轮架皮带罩关闭是否良好的行程开关
21	SB_1	按钮	主轴启动按钮
22	SB_2	按钮	主轴停止按钮
23	SB_3	按钮	快速移动电机启动按钮
24	SA_1	转换开关	冷却泵启动开关

3.CA6140 普通车床主电路分析

将空气开关的钥匙锁 SA_2 右旋,合闸低压断路器 QF。

①主轴与进给电动机 M_1,功率 7.5 kW,较小,采用直接启动方式,且无须短路保护。

②冷却泵电机 M_2,容量很小,功率 90 W,所以需要短路保护和过载保护。

③快速移动电机 M_3,短时工作,所以不需过载保护。

4.CA6140 普通车床控制电路分析

控制电路的电压是 110 V,工作灯照明电压 24 V,信号指示灯电压 6 V。380 V 的交流电源通过变压器转换为需要的电压。FU_4、FU_5、FU_6 分别作为控制电路、工作灯照明电路、信号灯指示电路的短路保护。

（1）带开关锁 SA_2 低压断路器 QF 的控制

电源开关是带开关锁 SA_2 低压断路器 QF。合闸 QF 之前，用钥匙将开关锁 SA_2 右旋，使 SA_2 断开（03—13），QF 线圈失电，再扳动 QF 合闸。

若用钥匙将 SA_2 左旋，SA_2 闭合（3—13），QF 线圈得电；断路器 QF 将自动断开。若此时有人去扳动断路器 QF，QF 将在很短的时间内自动断开。这样做是防止检修人员在检修机床时，操作员不知而合闸断路器 QF，导致的事故。

在机床电气控制柜壁上装有安全行程开关 SQ_2，当打开电气控制柜时，行程开关 SQ_2（03—13）闭合，QF 线圈得电，QF 自动跳闸，切断机床的总电源，保证人身安全。

（2）安全行程开关 SQ_1

SQ_1 安装在机床挂轮架皮带罩处。当皮带罩装好后，SQ_1 常闭触点（03—1）闭合，控制电路才能工作；当打开皮带罩，SQ_1 常闭触点（03—1）断开，控制电路断路。

（3）信号灯和工作灯分析

合闸 QF，指示灯 HL 亮；扳动转换开关 SA_4，工作灯 EL 亮。

（4）主轴电动机 M_1 的控制

$$按下启动按钮 SB_1 \begin{cases} KM_1 \text{ 线圈得电} \rightarrow KM_1 \text{ 主触点闭合} \\ KM_1 \text{ 常开触点闭合（3—5），自锁} \\ KM_1 \text{ 常开触点闭合（9—11），顺序控制} \end{cases} \rightarrow 主轴电机运行$$

按下停止按钮 $SB_2 \rightarrow KM_1$ 线圈失电 $\rightarrow KM_1$ 主触点断开 $\rightarrow M_1$ 电机停止运行。

（5）冷却泵电机 M_2 的控制

$$\left.\begin{array}{l} 扳动转换开关 SA_1（1—9）闭合 \\ 主轴电机 M_1 已启动 \rightarrow KM_1 \text{ 常开触点闭合（9—11）} \end{array}\right\} \rightarrow KM_2 \text{ 线圈得电} \rightarrow KM_2 \text{ 主触点}$$

闭合 $\rightarrow$ 冷却泵电机 M_2 运行。

扳动转换开关 SA_1（1—9）断开或者电机 M_1 停止 $\rightarrow KM_3$ 线圈失电 $\rightarrow KM_3$ 主触点断开 $\rightarrow$ 电动机 M_3 停止运行。

（6）快速移动电机 M_3 的控制

按下启动按钮 $SB_3 \rightarrow KM_3$ 线圈得电 $\rightarrow KM_3$ 主触点闭合 $\rightarrow M_3$ 电机运行 $\rightarrow$ 松开按钮 $SB_3 \rightarrow KM_3$ 线圈失电 $\rightarrow KM_3$ 主触点断开 $\rightarrow M_3$ 电机停止。

快速移动电机 M_3 是点动控制。快速移动方向通过装在溜板箱上的十字手柄来操作控制的。

7.3.3　CA6140 普通车床常见故障分析

1.主轴电机 M_1 不能启动

发生该故障时，首先应该检查故障发生在主电路还是控制电路。按下启动按钮 SB_1，若接触器 KM_1 主触点不吸合，则故障在控制电路；若 KM_1 主触点吸合，故障发生在主电路。

故障在控制电路：检查 FU_6 是否熔断；检查电器柜是否已经打开，导致 SQ_1 断开；检查停止按钮 SB_2（1—3）是否接触不良或损坏，导致电路断开；检查启动按钮 SB_1（3—5），是否存在触点损坏或接触不良；检查接触器 KM_1 线圈（4—5）是否断线；检查热继电器是否动作后，没有复位。检查热继电器的常闭触点（2—4）是否动作没有复位。

故障在主电路:检查熔断器 3 个 FU_1 接触是否良好;检查 FU_1 熔体是否正常;检查 KM_1 的 3 对主触点是否接触良好;检查三相电机的三相电源线连接是否正常。

2.主轴电机断相运行

按下启动按钮,电动机发出嗡嗡声不能正常启动,这是电动机断相造成的,此时应立即切断电源,否则易烧坏电动机。

故障检查:电源断相;熔断器有一相熔断;接触器有一对主触点没接触好,应修复。

3.主轴电动机启动后不能自锁

故障检查:控制电路中自锁触点接触不良或自锁电路接线松开,修复即可。

4.按下停止按钮主轴电动机不停止

故障检查:接触器主触点熔焊,应修复或更换接触器;停止按钮动断触点被卡住,不能断开,应更换停止按钮。

5.冷却泵电动机不能启动

故障检查:按钮 SB_6 触点不能闭合;熔断器 FU_2 熔体熔断;热继电器 FR_2 已动作过,未复位;接触器 KM_4 线圈或触点已损坏;冷却泵电动机已损坏,应修复或更换。

任务小结

①本任务介绍 CA6140 型普通车床的结构,电气控制要求,电气控制原理分析和常见故障的排查。

②分析车床电气控制图时,先分析主电路:主电路有几台电动机,各自的功能,每台电机的启动方法,有无调速及其制动方式,每台电动机的保护环节等。

③分析控制电路时,要分析各电动机之间相互的运行关系,机械与电气互锁。

任务 7.4 Z3050 型摇臂钻床电气控制电路故障检修

任务导入

本任务主要探究:Z3050 型摇臂钻床电气控制特点,电气原理图的识读;重点分析钻床发生电气故障后,如何进行排查。

学习目标

知识目标:

➤ 掌握低压电器的工作原理及符号

➤ 掌握 Z3050 型摇臂钻床电气控制电路

➤ 掌握万用表检测 Z3050 型摇臂钻床常见的电气故障

➤ 能阅读电气原理图、电气布置图和电气接线图

职业素养目标:

➤ 养成严谨科学的工作态度

➤ 养成团队协作精神,规范生产品质

➤ 培养创新意识及创新能力
➤ 养成严谨认真的学习态度

理论知识

7.4.1 摇臂钻床的结构与电气控制要求

Z3050型摇臂钻床(图7-11)是一种常见的立式钻床,主要有床身、工作台、立柱、摇臂、主轴箱等组成。主要功能有钻孔、扩孔、铰孔、攻螺纹等加工;适用于单件和成批生产加工多孔的大型零件。

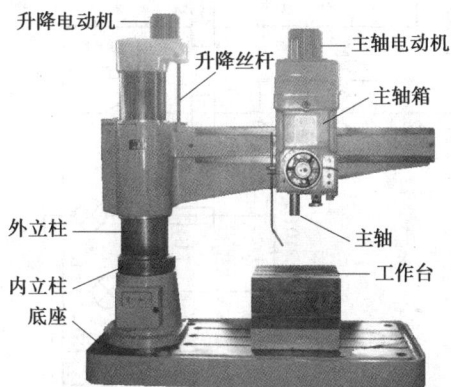

图7-11 Z3050摇臂钻床实物图

Z3050型摇臂钻床内立柱固定在底座上,在它外面套着空心的外立柱,外立柱可绕着内立柱回转一周,摇臂一端的套筒部分与外立柱滑动配合,借助于丝杆,摇臂可沿着外立柱上下移动,但两者不能作相对转动,所以摇臂将与外立柱一起相对内立柱回转。

1.Z3050型摇臂钻床的运动

主运动:主轴带动钻头的旋转运动。

进给运动:钻头的上下移动。

辅助运动:主轴箱沿摇臂水平移动。

　　　　　摇臂沿外立柱上下移动。

　　　　　摇臂与外立柱一起相对于内立柱回转运动。

2.Z3050型摇臂钻床的电气控制要求

①M_4:冷却泵电机。功率较小,由开关QS直接起停,且无须反转。

②M_1:主轴电机。由KM_1交流接触器控制,正反转由机械装置实现,电气部分只需正转即可。

③M_2:摇臂升降电机。KM_2,KM_3控制其正反转。

④M_3:液压泵电机。KM_4,KM_5控制其正反转。给夹紧装置供给压力油实现摇臂和立柱的夹紧与松开。

7.4.2 Z3050摇臂钻床的电气控制分析

1.Z3050摇臂钻床电气控制原理图

Z3050摇臂钻床电气控制分析原理图如图7-12所示。

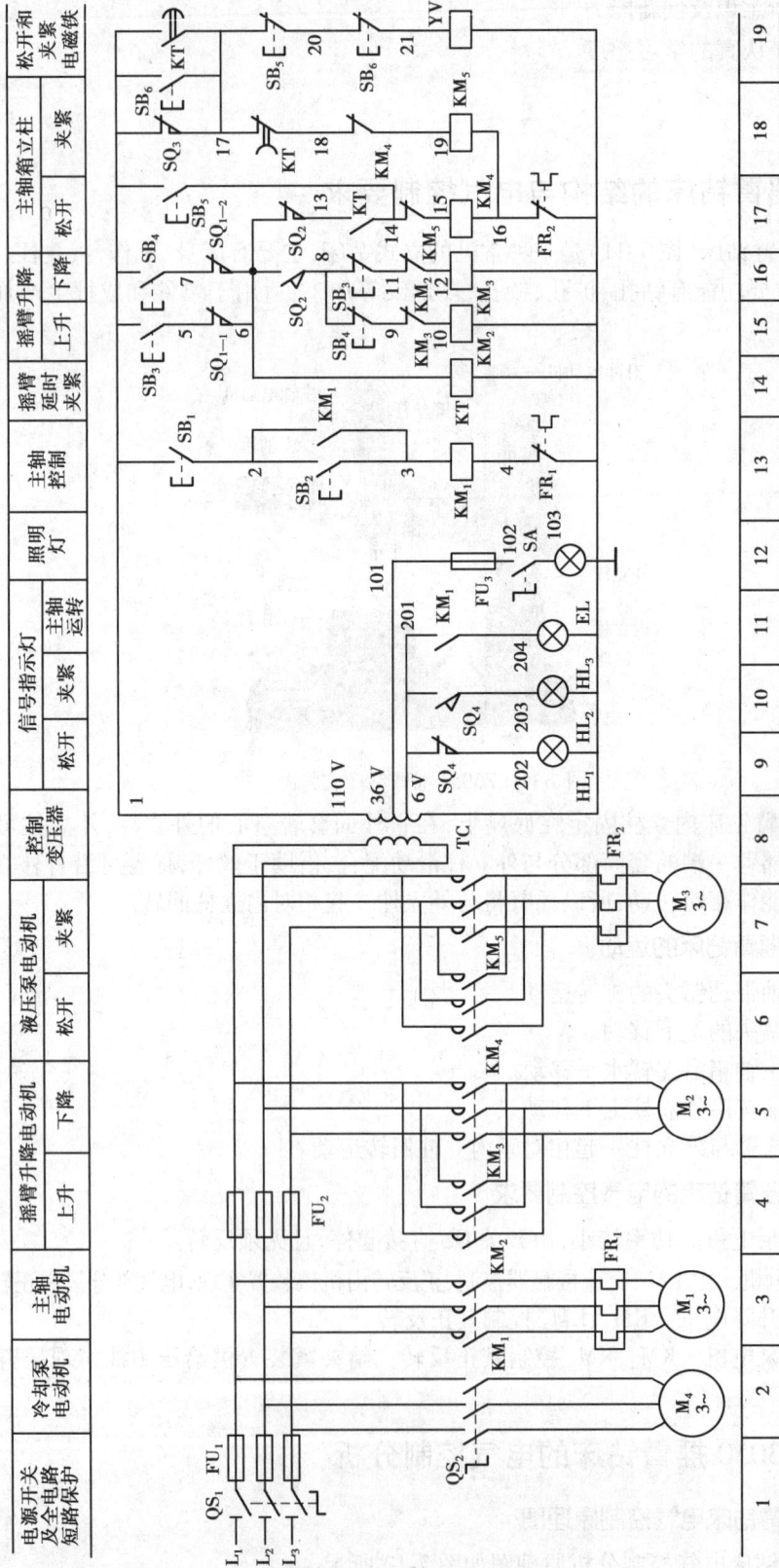

图7-12　Z3050型摇臂钻床电气控制原理图

2.Z3050 摇臂钻床控制电路电气元件表

Z3050 摇臂钻床控制电路电气元件列表见表 7-6。

表 7-6 Z3050 摇臂钻床电气元件列表

序号	符号	名称	功能
1	QS	刀开关	电源的接通与关断
2	FU_1	熔断器	冷却泵电机、主轴电机短路保护
3	FU_2	熔断器	摇臂和液压泵电机、控制电路短路保护
4	FU_3	熔断器	照明灯的短路保护
5	TC	变压器	将 380 V 电压变换成控制电路需要的等级
6	KM_1	交流接触器	主轴电机的起停
7	KM_2、KM_3	交流接触器	摇臂电机的升降
8	KM_4、KM_5	交流接触器	液压泵电机的夹紧与松开
9	FR_1	热继电器	主轴电机过载保护
10	FR_2	热继电器	液压泵电机的过载保护
11	SB_1	按钮	主轴停止按钮
12	SB_2	按钮	主轴启动按钮
13	SB_3	按钮	摇臂上升按钮
14	SB_4	按钮	摇臂下降按钮
15	SB_5	按钮	主轴箱、立柱松开按钮
16	SB_6	按钮	主轴箱、立柱夹紧按钮
17	SA	转换开关	通断照明灯
18	SQ_{1-1}	行程开关	摇臂上升到位检测
19	SQ_{1-2}	行程开关	摇臂下降到位检测
20	SQ_2	行程开关	摇臂松开到位检测
21	SQ_3	行程开关	摇臂夹紧到位检测
22	SQ_4	行程开关	主轴箱和立柱夹紧松开检测
23	HL_1	指示灯	主轴箱和立柱松开指示灯
24	HL_2	指示灯	主轴箱和立柱夹紧指示灯
25	HL_3	指示灯	主轴运转指示灯
26	EL	照明灯	照明
27	YV	电磁阀	YV 得电,压力油进入摇臂 YV 不得电,压力油进入主轴箱和立柱
28	KT	时间继电器	断电延时时间继电器

3.Z3050 型摇臂钻床控制功能分析

（1）主轴启动,按下主轴启动按钮 SB_2

$$KM_1 \text{ 线圈得电} \begin{cases} KM_1 \text{ 主触点闭合} \\ KM_1 \text{ 常开触点（2—3）闭合,自锁} \end{cases} \text{主轴电机 } M_1 \text{ 启动}$$

（2）主轴停止

按下主轴停止按钮 SB_1→KM_1 线圈失电→主轴电机 M_1 惯性停车

（3）摇臂上升——长按摇臂上升按钮 SB_3

摇臂上升的过程:摇臂松开→松开到位后（SQ_2）,摇臂上升→上升到位后（SQ_{1-1}）,夹紧。

$$1）断电延时继电器 KT 线圈得电 \begin{cases} ①KT \text{ 瞬动触点（13—14）闭合} \\ ②KT \text{ 延时闭合常闭触点（17—18）断开} \\ ③KT \text{ 延时断开常开触点（1—17）闭合} \end{cases}$$

①KT 瞬动触点（13—14）闭合→线路（1—5—6—13—14—15—16）接通→KM_4 线圈得电,KM_4 主触点闭合→电机 M_4 正转,摇臂松开。

②KT 延时闭合常闭触点（17—18）断开→KM_5 线圈失电。

③KT 延时断开常开触点（1—17）闭合→线路（1—17—20—21）接通→电磁阀 YV 线圈得电→压力油进入摇臂松开油箱。

2）摇臂松开到位后,压下行程开关 SQ_2

$$\begin{cases} SQ_2 \text{ 的常闭触点（6—13）断开}→KM_4 \text{ 线圈失电} \\ SQ_2 \text{ 的常开触点（6—8）闭合}→\text{线路（1—5—6—8—9—10）接通}→KM_2 \text{ 线圈得电}→\text{电机} \\ M_2 \text{ 正转,摇臂上升} \end{cases}$$

3）摇臂上升到位后,压下行程开关

$$SQ_{1-1}（5—6）断开→KT 失电 \begin{cases} KT \text{ 瞬动触点（13—14）复位断开}→KM_4 \text{ 线圈不能得电} \\ KT \text{ 延时触点（17—18）开始延时,准备复位闭合} \\ KT \text{ 延时触点（1—17）开始延时,准备复位断开} \end{cases}$$

$$KT \text{ 延时时间到} \begin{cases} KT \text{ 延时触点（17—18）复位闭合}→\text{线路（1—17—18—19）接通}→KM_5 \text{ 线圈得电} \\ KT \text{ 延时触点（1—17）复位断开}→\text{线路（1—17—20—21）接通}→\text{电磁阀 YV 线} \\ \text{圈得电}→\text{压力油进入摇臂松开油箱。} \end{cases}$$

→电机 M_3 反转,摇臂夹紧→夹紧到位后,压下行程开关 SQ_3,$\begin{cases} KM_5 \text{ 线圈失电} \\ YV \text{ 线圈失电} \end{cases}$→$M_3$ 停转。

至此,一个摇臂上升的过程结束。

（4）摇臂下降——长按摇臂上升按钮 SB_4

摇臂下降的过程:摇臂松开→松开到位后（SQ_2）,摇臂下降→下降到位后（SQ_{1-2}）,夹紧。摇臂下降的控制分析与上升的控制分析类似。

（5）主轴箱立柱的松开——点动控制（SB_5）

$$按下 SB_5 \begin{cases} \text{线路（1—14—15—16）接通}→KM_4 \text{ 线圈得电}→\text{电机 } M_3 \text{ 正转} \\ SB_5（17—20）断开,YV 失电→\text{压力油进入主轴箱立柱的油箱} \end{cases} \text{松开主轴箱立柱}$$

松开 SB_5→电机 M_3 就停止

（6）主轴箱立柱的夹紧——点动控制（SB_6）

分析过程与（5）类似。

（7）信号指示灯 HL_1 和 HL_2

主轴箱立柱夹紧时，压下行程开关 SQ_4，$\begin{cases}SQ_4 \text{ 触点（201—203）闭合→}HL_2 \text{ 亮} \\ SQ_4 \text{ 触点（201—202）断开→HL1 灭}\end{cases}$

主轴箱立柱松开时，行程开关 SQ_4 复位，$\begin{cases}SQ_4 \text{ 触点（201—203）复位断开→}HL_2 \text{ 灭} \\ SQ_4 \text{ 触点（201—202）复位闭合→}HL_1 \text{ 亮}\end{cases}$

（8）照明灯 EL

$\begin{cases}\text{闭合开关 SA→EL 亮;} \\ \text{断开开关 SA→EL 灭}\end{cases}$

7.4.3　Z3050 型摇臂钻床常见故障分析

1.摇臂不能上升或下降

故障点分析：

①行程开关 SQ_2 不动作，SQ_2 的动合触点（6—8）不闭合，SQ_2 安装位置移动或损坏。

②接触器 KM_2 线圈不吸合，摇臂升降电动机 M_2 不转动。

③系统发生故障（如液压泵卡死、不转,油路堵塞等），使摇臂不能完全松开，压不上 SQ_2。

④安装或大修后，相序接反，按 SB_3 摇臂上升按钮，液压泵电动机反转，使摇臂夹紧，压不上 SQ_2，摇臂也就不能上升或下降。

故障检测：

①检查行程开关 SQ_2 触点、安装位置或损坏情况。

②检查接触器 KM_2 或摇臂升降电动机 M_2。

③检查系统故障原因、位置移动或损坏。

④检查相序。

2.摇臂上升(下降)到位置后,不能夹紧

故障点分析：

①限位开关 SQ_3 安装位置不准确或紧固螺钉松动，使 SQ_3 限位开关过早动作。

②活塞杆通过弹簧片压不上 SQ_3，其触点（1—17）未断开，使 KM_5、YV 不断电释放。

③接触器 KM_5、电磁铁 YV 不动作，电动机 M_3 不反转。

故障检测：

①调整 SQ_3 的动作行程，并紧固好定位螺钉。

②调整活塞杆、弹簧片的位置。

③检查接触器 KM_3、电磁铁 YV 线路是否正常及电动机 M_3 是否完好，并予以修复。

3.立柱主轴箱不能夹紧(松开)

故障点分析：

①按钮接线脱落、接触器 KM_4 或 KM_5 接触不良。

②油路堵塞，使接触器 KM_4 或 KM_5 不能吸合。

故障检测：

①检查按钮 SB_5、SB_6 和接触器 KM_4、KM_5 是否良好，并予以修复或更换。

②检查油路堵塞情况，并予以修复。

4.按 SB_6 按钮，立柱、主轴箱能夹紧，但放开按钮后，立柱、主轴箱却松开

故障点分析：

①菱形块或承压块的角度方向错位，或者距离不适合。

②菱形块立不起来，因为夹紧力调得太大或夹紧液压系统压力不够所致。

故障检测：

①调整菱形块或承压块的角度与距离。

②调整夹紧力或液压系统压力。

任务小结

①Z3050 型摇臂钻床的结构与电气控制要求。

②Z3050 型摇臂钻床电气控制原理分析。

③Z3050 型摇臂钻床常见故障排查。

④在分析电气图时，先分析主电路：主电路有几台电动机，各自的功能，每台电机的启动方法，有无调速及其制动方式，每台电动机的保护环节等。分析控制电路时，要分析各电动机之间相互的运行关系，机械与电气互锁。

项目 8

可编程序控制器技术

任务 8.1　认识 PLC

任务导入

PLC 是工业控制的核心部分,应用范围非常广泛,那么究竟什么是 PLC,它有怎样的特点呢? 它应用于哪些领域,又有着怎样的发展趋势呢?

学习目标

知识目标:

➢ 掌握 PLC 的概念

➢ 了解 PLC 的特点、分类、应用领域及发展趋势

职业素养目标:

➢ 培养清晰的逻辑分析能力

➢ 培养创新意识及创新能力

➢ 养成严谨认真的学习态度

理论知识

8.1.1　PLC 概述

1.PLC 的概念

IEC(国际电工委员会)于 1987 年对可编程序控制器下的定义是:可编程序控制器是一种数字运算操作的电子系统,专为在工业环境下应用而设计;它采用一类可编程的存储器,用于其内部存储程序,执行逻辑运算、顺序控制、定时、计数和算术操作等面向用户的指令;并通过

数字式或模拟式输入/输出控制各种类型的机械或生产过程。

2.PLC 的特点

（1）编程方法简单易学

PLC 是面向用户的设备,采用梯形图和面向工业控制的简单指令语句编写程序。梯形图是最常用的可编程控制器的编程语言,其编程符号和表达方式与继电器电路原理图相似。梯形图语言形象直观,易学易懂,熟悉继电器电路图的工程技术人员只需要花少量时间就可熟练掌握梯形图语言。梯形图语言实际上是一种面向用户的高级语言,可编程控制器在执行梯形图程序时,用编译程序将它"翻译"成机器语言后再去执行。

（2）功能强,性能价比高

一台小型 PLC 内有成百上千个可供用户使用的编程元件,可以实现非常复杂的控制功能。此外,PLC 还可以通过网络通信,实现分散控制、集中管理。与相同功能的继电器系统相比,PLC 具有更高的性价比。

（3）硬件配套齐全,适应性强

PLC 的输入/输出(I/O)端可以直接与 AC 220 V 或 DC 24 V 的电信号相连接,还具有较强的带负载能力,可以直接驱动一般的电磁阀和交流接触器的线圈。

（4）可靠性高,抗干扰能力强

传统的继电器控制系统中使用了大量的中间继电器、时间继电器。由于触点接触不良,容易出现故障。PLC 用软件代替中间继电器和时间继电器,仅剩下与输入和输出有关的少量硬件元件,接线可减少到继电器控制系统的 1/10 以下,大大减少了因触点接触不良造成的故障。

PLC 采取了一系列硬件和软件抗干扰措施,具有很强的抗干扰能力,平均无故障时间达到数万小时以上,可以直接用于有强烈干扰的工业生产现场,PLC 被广大用户公认为最可靠的工业控制设备之一。

（5）体积小,功耗低

复杂的控制系统使用 PLC 后,可以减少大量的中间继电器和时间继电器,小型 PLC 的体积仅相当于几个继电器的大小,因此可以将开关柜的体积缩小到原来的 1/10～1/2。

PLC 控制系统与继电器控制系统相比,配线用量少,安装接线工时短,加上开关柜体积的缩小,因此可以节省大量的费用。

（6）系统的设计、安装、调试工作量小

PLC 用软件功能取代了继电器控制系统中大量的中间继电器、时间继电器、计数器等器件,使控制柜的设计、安装、接线工作量大大减少。

PLC 的梯形图程序可以用顺序控制设计法来设计。这种设计方法很有规律,很容易掌握。对于复杂的控制系统,用这种方法设计程序的时间比设计继电器系统电路图的时间要少得多。

PLC 的程序可以先模拟调试,将输入信号的装置用小开关代替,输出信号的状态可通过PLC 上的发光二极管指示,调试好将 PLC 安装在现场统一调试。调试过程中发现的问题一般通过修改程序就可以解决,所需调节时间比继电器系统的调试时间少得多。

（7）维护方便工作量小

PLC 的故障率很低,并且有完善的故障诊断功能。PLC 或外部的输入装置和执行机构发生故障时,可以根据信号模块上的发光二极管或编程软件提供的信息,方便快速地查明故障的原因,用更换模块的方法可以迅速地排除故障。

8.1.2　PLC 的分类

PLC 的种类有很多,功能也不尽相同。对 PLC 进行分类时,一般按照以下原则进行。

1.按硬件结构分类

根据 PLC 的结构形式,可将 PLC 分为整体式和模块式两类。

(1)整体式 PLC

整体式 PLC 是将电源、CPU、I/O 接口等部件都集中装在一个机箱内, 具有结构紧凑、体积小、价格低的特点。小型 PLC 一般采用这种整体式结构。整体式 PLC 由不同 I/O 点数的基本单元(又称主机)和扩展单元组成。基本单元内有 CPU、I/O 接口、与 I/O 扩展单元相连的扩展口,以及与编程器或 EPROM 写入器相连的接口等。扩展单元内只有 I/O 和电源等,没有 CPU。基本单元和扩展单元之间一般用扁平电缆连接。整体式 PLC 一般还可配备特殊功能单元,如模拟量单元、位置控制单元等,使其功能得以扩展。

(2)模块式 PLC

模块式 PLC 是将 PLC 各组成部分,分别作成若干个单独的模块,如 CPU 模块、I/O 模块、电源模块(有的含在 CPU 模块中)以及各种功能模块。模块式 PLC 由框架或基板和各种模块组成。模块装在框架或基板的插座上。这种模块式 PLC 的特点是配置灵活,可根据需要选配不同规模的系统,而且装配方便,便于扩展和维修。大、中型 PLC 一般采用模块式结构。

还有一些 PLC 将整体式和模块式的特点结合起来,构成所谓叠装式 PLC。叠装式 PLC 其 CPU、电源、I/O 接口等都是各自独立的模块,但它们之间是靠电缆进行连接,并且各模块可以一层层地叠装。这样,不但系统可以灵活配置,还可做得体积小巧。

2.按功能分类

根据 PLC 所具有的功能不同,可将 PLC 分为低档、中档、高档 3 类。

(1)低档 PLC

低档 PLC 具有逻辑运算、定时、计数、移位以及自诊断、监控等基本功能,还有少量模拟量输入/输出、算术运算、数据传送和比较、通信等功能。主要用于逻辑控制、顺序控制或少量模拟量控制的单机控制系统。

(2)中档 PLC

中档 PLC 除具有低档 PLC 的功能外,还具有较强的模拟量输入/输出、算术运算、数据传送和比较、数制转换、远程 I/O、子程序、通信联网等功能。有些还可增设中断控制、PID 控制等功能,适用于复杂控制系统。

(3)高档 PLC

高档 PLC 除具有中档机的功能外,还增加了带符号算术运算、矩阵运算、位逻辑运算、平方根运算及其他特殊功能函数的运算、制表及表格传送功能等。高档 PLC 机具有更强的通信联网功能,可用于大规模过程控制或构成分布式网络控制系统,实现工厂自动化。

3.按 I/O 点数分类

根据 PLC 的 I/O 点数的多少,可将 PLC 分为小型、中型和大型 3 类。

(1)小型 PLC

小型 PLC 的 I/O 点数在 256 点以下,其中 I/O 点数小于 64 位点的称为超小型或微型 PLC。

（2）中型 PLC

中型 PLC 的 I/O 点数在 256~2048 点。

（3）大型 PLC

大型 PLC 的 I/O 点数在 2048 点以上；其中 I/O 点数超过 8192 点的称为超大型 PLC。

8.1.3　PLC 的应用领域

目前，PLC 在国内外已广泛应用于钢铁、石油、化工、电力、建材、机械制造、汽车、轻纺、交通运输、环保及文化娱乐等各个行业，使用情况大致可归纳为如下几类。

1.开关量的逻辑控制

开关量的逻辑控制是 PLC 最基本、最广泛的应用领域，它取代传统的继电器电路，实现逻辑控制、顺序控制，既可用于单台设备的控制，也可用于多机群控及自动化流水线，如注塑机、印刷机、订书机械、组合机床、磨床、包装生产线、电镀流水线等。

2.模拟量控制

在工业生产过程当中，有许多连续变化的量，如温度、压力、流量、液位和速度等都是模拟量。为了使可编程控制器处理模拟量，必须实现模拟量（Analog）和数字量（Digital）之间的 A/D 转换及 D/A 转换。PLC 厂家都生产配套的 A/D 和 D/A 转换模块，使可编程控制器用于模拟量控制。

3.运动控制

PLC 可以用于圆周运动或直线运动的控制。从控制机构配置来说，早期直接用于开关量 I/O 模块连接位置传感器和执行机构，现在一般使用专用的运动控制模块。如可驱动步进电机或伺服电机的单轴或多轴位置控制模块。世界上各主要 PLC 厂家的产品几乎都有运动控制功能，广泛用于各种机械、机床、机器人、电梯等场合。

4.过程控制

过程控制是指对温度、压力、流量等模拟量的闭环控制。作为工业控制计算机，PLC 能编制各种各样的控制算法程序，完成闭环控制。PID 调节是一般闭环控制系统中用得较多的调节方法。大中型 PLC 都有 PID 模块，目前许多小型 PLC 也具有此功能模块。PID 处理一般是运行专用的 PID 子程序。过程控制在冶金、化工、热处理、锅炉控制等场合有非常广泛的应用。

5.数据处理

现代 PLC 具有数学运算（含矩阵运算、函数运算、逻辑运算）、数据传送、数据转换、排序、查表、位操作等功能，可以完成数据的采集、分析及处理。这些数据可以与存储在存储器中的参考值比较，完成一定的控制操作，也可以利用通信功能传送到别的智能装置，或将它们打印制表。数据处理一般用于大型控制系统，如无人控制的柔性制造系统；也可用于过程控制系统，如造纸、冶金、食品工业中的一些大型控制系统。

6.通信及联网

PLC 通信含 PLC 间的通信及 PLC 与其他智能设备间的通信。随着计算机控制的发展，工厂自动化网络发展得很快,各 PLC 厂商都十分重视 PLC 的通信功能,纷纷推出各自的网络系统。新近生产的 PLC 都具有通信接口,通信非常方便。

8.1.4　PLC 的发展趋势

随着 PLC 应用领域日益扩大,PLC 技术及其产品结构都在不断改进,功能日益强大,性价比越来越高。

1.在产品规模方面,向两极发展

一方面,大力发展速度更快、性价比更高的小型和超小型 PLC。以适应单机及小型自动控制的需要。另一方面,向高速度、大容量、技术完善的大型 PLC 方向发展。随着复杂系统控制的要求越来越高和微处理器与计算机技术的不断发展,人们对 PLC 的信息处理速度要求也越来越高,要求用户存储器容量也越来越大。

2.向通信网络化发展

PLC 网络控制是当前控制系统和 PLC 技术发展的潮流。PLC 与 PLC 之间的联网通信、PLC 与上位计算机的联网通信已得到广泛应用。目前,PLC 制造商都在发展自己专用的通信模块和通信软件以加强 PLC 的联网能力。各 PLC 制造商之间也在协商指定通用的通信标准,以构成更大的网络系统。PLC 已成为集散控制系统(DCS)不可缺少的组成部分。

3.向模块化、智能化发展

为满足工业自动化各种控制系统的需要,近年来,PLC 厂家先后开发了不少新器件和模块,如智能 I/O 模块、温度控制模块和专门用于检测 PLC 外部故障的专用智能模块等,这些模块的开发和应用不仅增强了功能,扩展了 PLC 的应用范围,还提高了系统的可靠性。

4.编程语言和编程工具的多样化和标准化

多种编程语言的并存、互补与发展是 PLC 软件进步的一种趋势。PLC 厂家在使硬件及编程工具换代频繁、丰富多样、功能提高的同时,日益向 MAP(制造自动化协议)靠拢,使 PLC 的基本部件,包括输入输出模块、通信协议、编程语言和编程工具等方面的技术规范化和标准化。

任务小结

①PLC 全称叫作可编程逻辑控制器,是工业控制的核心部分。

②PLC 具有编程方法简单易学、功能强、性能价比高、硬件配套齐全、适应性强、可靠性高、抗干扰能力强、体积小、功耗低、系统的设计、安装、调试工作量小、维护方便工作量小等特点。

③PLC 按硬件结构可分为整体式和模块式两类,按功能可分为低档、中档、高档 3 类,按 I/O 点数可分为小型、中型和大型 3 类。

任务 8.2　PLC 的结构

任务导入

我们已经知道了什么是 PLC,它有怎样的特点、分类、应用领域及发展趋势,那 PLC 究竟长什么样子? 它的结构如何呢?

学习目标

知识目标:

➢ 了解 PLC 的硬件结构

➢ 了解 PLC 的软件结构

➢ 掌握 PLC 的编程语言及程序结构

职业素养目标:

➢ 培养清晰的逻辑分析能力

➢ 培养创新意识及创新能力

➢ 养成严谨认真的学习态度

理论知识

PLC 是一种以微处理器(CPU)为核心,专门为工业环境下的电气自动化控制而设计的计算机控制装置相比于普通计算机,PLC 拥有更强的 I/O 接口能力,更适用于工业控制要求的编程语言和优良的抗干扰能力。PLC 由硬件和软件两大部分组成。PLC 的硬件是其软件发挥功能的物质基础,PLC 的软件则提供了发挥硬件功能的方法和手段。

8.2.1 PLC 的硬件结构

PLC 的硬件系统主要由中央处理器(CPU)、存储器、输入单元、输出单元、通信接口、扩展接口、电源等几部分组成。其中 CPU 是 PLC 的核心,I/O 单元是 CPU 与现场 I/O 设备之间的接口电路,通信接口主要用于连接编程器、上位计算机等外部设备。对于整体式 PLC,其组成框图如图 8-1 所示。

S7-200PLC 的结构

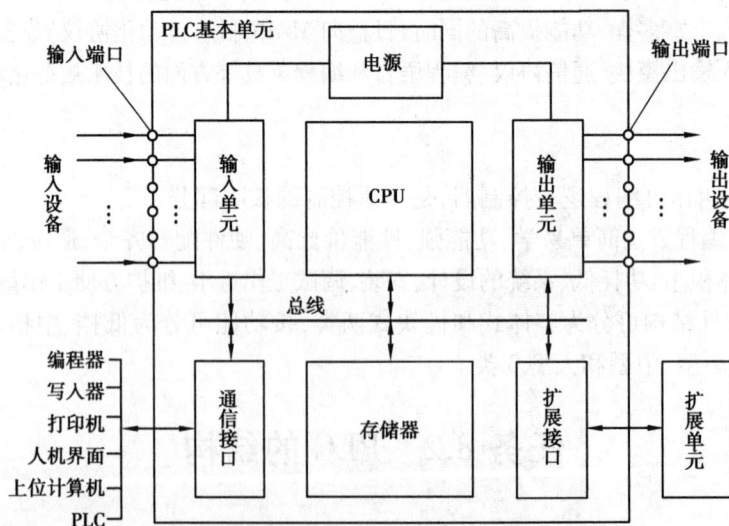

图 8-1 整体式 PLC 组成框图

1.CPU

同一般的微机一样,CPU 是 PLC 的核心。PLC 中所配置的 CPU 随机型不同而不同,常用有 3 类:通用微处理器(如 Z80、8086、80286 等)、单片微处理器(如 8031、8096 等)和位片式微处理器(如 AMD29W 等)。小型 PLC 大多采用 8 位通用微处理器和单片微处理器;中型 PLC大多采用 16 位通用微处理器或单片微处理器;大型 PLC 大多采用高速位片式微处理器。

目前,小型 PLC 为单 CPU 系统,而中、大型 PLC 则大多为双 CPU 系统,甚至有些 PLC 中多达 8 个 CPU。对于双 CPU 系统,一般一个为字处理器,一般采用 8 位或 16 位处理器;另一个为位处理器,采用由各厂家设计制造的专用芯片。字处理器为主处理器,用于执行编程器接口功能,监视内部定时器,监视扫描时间,处理字节指令以及对系统总线和位处理器进行控制等。位处理器为从处理器,主要用于处理位操作指令和实现 PLC 编程语言向机器语言的转换。位处理器的采用,提高了 PLC 的速度,使 PLC 更好地满足实时控制要求。

在 PLC 中 CPU 按系统程序赋予的功能,指挥 PLC 有条不紊地进行工作,归纳起来主要有以下几个方面:

①接收从编程器输入的用户程序和数据。

②诊断电源、PLC 内部电路的工作故障和编程中的语法错误等。

③通过输入接口接收现场的状态或数据,并存入输入映象寄存器或数据寄存器中。

④从存储器逐条读取用户程序,经过解释后执行。

⑤根据执行的结果,更新有关标志位的状态和输出映象寄存器的内容,通过输出单元实现输出控制。有些 PLC 还具有制表打印或数据通信等功能。

2.存储器

存储器主要有两种:一种是可读/写操作的随机存储器 RAM,另一种是只读存储器 ROM、PROM、EPROM 和 EEPROM。在 PLC 中,存储器主要用于存放系统程序、用户程序及工作数据。

系统程序是由 PLC 的制造厂家编写的,和 PLC 的硬件组成有关,完成系统诊断、命令解释、功能子程序调用管理、逻辑运算、通信及各种参数设定等功能,提供 PLC 运行的平台。系统程序关系到 PLC 的性能,而且在 PLC 使用过程中不会变动,所以是由制造厂家直接固化在只读存储器 ROM、PROM 或 EPROM 中,用户不能访问和修改。

用户程序是随 PLC 的控制对象而定的,由用户根据对象生产工艺的控制要求而编制的应用程序。为了便于读出、检查和修改,用户程序一般存于 CMOS 静态 RAM 中,用锂电池作为后备电源,以保证掉电时不会丢失信息。为了防止干扰对 RAM 中程序的破坏,当用户程序经过运行正常,不需要改变,可将其固化在只读存储器 EPROM 中。现在有许多 PLC 直接采用EEPROM 作为用户存储器。

工作数据是 PLC 运行过程中经常变化、经常存取的一些数据。存放在 RAM 中,以适应随机存取的要求。

3.输入/输出单元

I/O 模块是输入(Input)模块和输出(Output)模块的简称。I/O 模块是系统的眼、耳、手、脚,是联系外部现场和 CPU 模块的桥梁。输入模块用来接收和采集输入信号。输入信号有两类:一类是从按钮、选择开关、数字拨码开关、限位开关、接近开关、光电开关、压力继电器等来的开关量输入信号;另一类是由电位器、热电偶、测速发电机、各种变送器提供的连续变化的模拟输入信号。

可编程序控制器通过输出模块控制接触器、电磁阀、电磁铁、调节阀、调速装置等执行器，可编程序控制器控制的另一类外部负载是指示灯、数字显示装置和报警装置等。

4.通信接口

PLC 配有各种通信接口，这些通信接口一般都带有通信处理器。PLC 通过这些通信接口可与监视器、打印机、其他 PLC、计算机等设备实现通信。PLC 与打印机连接，可将过程信息、系统参数等输出打印；与监视器连接，可将控制过程图像显示出来；与其他 PLC 连接，可组成多机系统或连成网络，实现更大规模控制。与计算机连接，可组成多级分布式控制系统，实现控制与管理相结合。

远程 I/O 系统也必须配备相应的通信接口模块。

5.智能接口模块

智能接口模块是一独立的计算机系统，它有自己的 CPU、系统程序、存储器以及与 PLC 系统总线相连的接口。它作为 PLC 系统的一个模块，通过总线与 PLC 相连，进行数据交换，并在 PLC 的协调管理下独立地进行工作。

PLC 的智能接口模块种类很多，如高速计数模块、闭环控制模块、运动控制模块、中断控制模块等。

6.编程装置

编程装置的作用是编辑、调试、输入用户程序，也可在线监控 PLC 内部状态和参数，与 PLC 进行人机对话。它是开发、应用、维护 PLC 不可缺少的工具。编程装置可以是专用编程器，也可以是配有专用编程软件包的通用计算机系统。

专用编程器是由 PLC 厂家生产，专供该厂家生产的某些 PLC 产品使用，它主要由键盘、显示器和外存储器接插口等部件组成。专用编程器有简易编程器和智能编程器两类。

简易编程器体积小、价格便宜，它可以直接插在 PLC 的编程插座上。智能编程器又称图形编程器，本质上它是一台专用便携式计算机，如三菱的 GP-80FX-E 智能型编程器。它既可联机编程，又可脱机编程。可直接输入和编辑梯形图程序，使用更加直观、方便，但价格较高，操作也比较复杂。

专用编程器只能对指定厂家的几种 PLC 进行编程，使用范围有限，价格较高。同时，由于 PLC 产品不断更新换代，所以专用编程器的生命周期也十分有限。因此，现在的趋势是使用以个人计算机为基础的编程装置，用户只要购买 PLC 厂家提供的编程软件和相应的硬件接口装置。这样，用户只用较少的投资即可得到高性能的 PLC 程序开发系统。基于个人计算机的程序开发系统功能强大。它既可以编制、修改 PLC 的梯形图程序，又可以监视系统运行、打印文件、系统仿真等，配上相应的软件还可实现数据采集和分析等许多功能。

7.电源

PLC 配有开关电源，以供内部电路使用。与普通电源相比，PLC 电源的稳定性好、抗干扰能力强。对电网提供的电源稳定度要求不高，一般允许电源电压在其额定值±15%波动。许多 PLC 还向外提供直流 24 V 稳压电源，用于对外部传感器供电。

8.其他外部设备

除了以上所述的部件和设备外，PLC 还有许多外部设备，如 EPROM 写入器、外存储器、人机接口装置等。

EPROM 写入器是用来将用户程序固化到 EPROM 存储器中的一种 PLC 外部设备。为了使调试好用户程序不易丢失,经常用 EPROM 写入器将 PLC 内 RAM 保存到 EPROM 中。

PLC 内部的半导体存储器称为内存储器。有时可用外部的磁带、磁盘和用半导体存储器做成的存储盒等来存储 PLC 的用户程序,这些存储器件称为外存储器。外存储器一般是通过编程器或其他智能模块提供的接口,实现与内存储器之间相互传送用户程序。

人机接口装置是用来实现操作人员与 PLC 控制系统的对话。最简单、最普遍的人/机接口装置由安装在控制台上的按钮、转换开关、拨码开关、指示灯、LED 显示器、声光报警器等器件构成。

8.2.2　PLC 的编程语言

1.PLC 的软件组成

PLC 的软件由系统程序和用户程序组成。

系统程序由 PLC 制造厂商设计编写,并存入 PLC 的系统存储器中,用户不能直接读写与更改。系统程序一般包括系统诊断程序、输入处理程序、编译程序、信息传送程序及监控程序等。

S7-200PLC 编程
软件介绍

PLC 的用户程序是用户利用 PLC 的编程语言,根据控制要求编制的程序。在 PLC 的应用中,最重要的是用 PLC 的编程语言来编写用户程序,以实现控制目的。由于 PLC 是专门为工业控制而开发的装置,其主要使用者是广大电气技术人员,为了满足他们的传统习惯和掌握能力,PLC 的主要编程语言采用比计算机语言相对简单、易懂、形象的专用语言。

2.PLC 的编程语言

PLC 为用户提供了完善的编程语言来满足编制用户程序的需求。它提供的编程语言通常有梯形图(LAD)、功能块图(FBD)、语句表(STL)和顺序功能图(SFC)及结构化文本语言(ST)。

（1）梯形图(LAD)

梯形图是使用最多的 PLC 图形编程语言。梯形图与继电器——接触器控制系统的电路图相似,具有直观易懂的优点。

梯形图由触点、线圈和用方框表示的功能块组成。触点代表逻辑输入条件,如外部的开关、按钮、内部条件等。线圈通常代表逻辑输出结果,用来控制外部的指示灯、接触器、内部的输出条件等。功能块用来表示定时器、计数器或数学运算等指令。

图 8-2 中的 I0.0 或 M0.0 的触点接通时,有一个假想的“能流”流过 Q0.0 线圈。利用能流这一概念,可以帮助我们更好地理解和分析梯形图,而能流只能是从左向右流动。

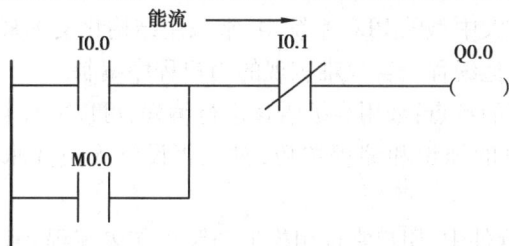

图 8-2　梯形图

（2）功能块图（FBD）

功能块图是一种类似于数字逻辑电路的编程语言，该编程语言用类似与门、或门的方框来表示逻辑运算关系，方框的左侧为逻辑运算的输入变量，右侧为输出变量，输入、输出端的小圆圈表示"非"运算，方框用导线连接在一起，能流就从左向右流动。图 8-3 中的控制逻辑与图 8-2 中的控制逻辑完全相同。

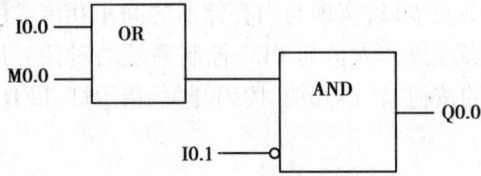

图 8-3　功能块图

（3）语句表（STL）

语句表编程语言是与汇编语言类似的一种助记符编程语言，和汇编语言一样由操作码和操作数组成。在无计算机的情况下，适合采用 PLC 手持编程器对用户程序进行编制。同时，语句表编程语言与梯形图编程语言图——对应，在 PLC 编程软件下可以相互转换，如图 8-4 所示。

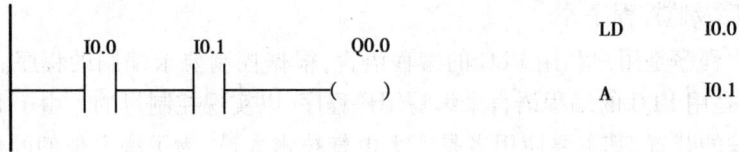

图 8-4　梯形图与语句表对比

语句表编程语言的特点是：采用助记符来表示操作功能，具有容易记忆，便于掌握；在手持编程器的键盘上采用助记符表示，便于操作，可在无计算机的场合进行编程设计；与梯形图有——对应关系。其特点与梯形图语言基本一致。

（4）顺序功能图（SFC）

顺序功能流程图是为了满足顺序逻辑控制而设计的编程语言。编程时将顺序流程动作的过程分成步和转换条件，根据转移条件对控制系统的功能流程顺序进行分配，一步一步地按照顺序动作。每一步代表一个控制功能任务，用方框表示，在方框内含有用于完成相应控制功能任务的梯形图逻辑。这种编程语言使程序结构清晰，易于阅读及维护，大大减轻编程的工作量，缩短编程和调试时间，用于系统的规模较大，程序关系较复杂的场合。

（5）结构化文本语言（ST）

结构化文本语言是用结构化的描述文本来描述程序的一种编程语言。它是类似于高级语言的一种编程语言。在大中型的 PLC 系统中，常采用结构化文本来描述控制系统中各个变量的关系。其主要用于其他编程语言较难实现的用户程序编制。

结构化文本编程语言的特点：采用高级语言进行编程，可以完成较复杂的控制运算；需要有一定的计算机高级语言的知识和编程技巧，对工程设计人员要求较高，直观性和操作性较差。

在 S7-200 PLC 编程软件中，用户常选用梯形图和语句表编程，编程软件可以自动切换用户程序使用的编程语言。

3.S7-200 的程序结构

S7-200 系列 PLC,CPU 的控制程序由主程序、子程序和中断程序组成。

（1）主程序

主程序是程序的主体,每一个项目都必须并且只能有一个主程序。在主程序中可以调用子程序和中断程序。

主程序通过指令控制整个应用程序的执行,每个扫描周期都要执行一次主程序。因为各个程序都存放在独立的程序块中,各程序结束时不需要加入无条件结束指令或无条件返回指令。

（2）子程序

子程序仅在被其他程序调用时执行。同一个子程序可以在不同的地方被多次调用。使用子程序可以简化程序代码和减少扫描时间。

（3）中断程序

中断程序用来及时处理与用户程序的执行时序无关的操作,或者不能事先预测何时发生的中断事件。中断程序不是由用户程序调用,而是在中断事件发生时由操作系统调用。中断程序是用户编写的。

任务小结

①PLC 的硬件系统主要由中央处理器(CPU)、存储器、输入单元、输出单元、通信接口、扩展接口、电源等几部分组成。其中 CPU 是 PLC 的核心,I/O 单元是 CPU 与现场 I/O 设备之间的接口电路,通信接口主要用于连接编程器、上位计算机等外部设备。

②PLC 的编程语言通常有梯形图(LAD)、功能块图(FBD)、语句表(STL)和顺序功能图(SFC)及结构化文本语言(ST)。

任务 8.3　S7-200PLC 的编程软元件

任务导入

传统的继电器-接触器控制,要用到交流接触器的线圈和触电,而 PLC 控制逻辑和继电接触控制逻辑十分相似,那么 PLC 编程时,这些"线圈""触电"又从何而来?

学习目标

知识目标:

➢ 掌握 S7-200PLC 的编程软元件类型及功能

➢ 了解 S7-200PLC 的数据类型

➢ 掌握 S7-200PLC 的寻址方式

职业素养目标:

➢ 培养清晰的逻辑分析能力

➢ 培养创新意识及创新能力

➢ 养成严谨认真的学习态度

理论知识

8.3.1　S7-200PLC 内部元器件

1.编程软元件

编程软元件是 PLC 内部具有不同功能的存储器单元,每个单元都有唯一的地址,在编程时,用户只需记住软元件的符号地址即可。为了方便不同的编程功能需要,存储器单元作了分区,即 PLC 内部根据软元件的功能不同,分成了许多区域,如输入寄存器、输出寄存器、位存储器、定时器、计数器、通用寄存器、数据寄存器及特殊功能存储器等。

PLC 内部这些存储器的作用和继电接触控制系统中使用的继电器十分相似,也有"线圈"与"触点",但它们不是"硬"继电器,而是 PLC 存储器的存储单元。当写入该单元的逻辑状态为"1"时,则表示相应继电器线圈得电,其动合触点闭合,动断触点断开。所以,内部的这些继电器称为"软"继电器,这些软继电器的最大特点是其触点(包括常开触点和常闭触点),可以无限次使用。

2.软元件的类型与功能

（1）输入继电器(I)

输入继电器又称输入过程映象寄存器,它和 PLC 的输入端子相连,用于接收外部开关信号的控制。输入继电器与开关的连接及内部等效电路,如图 8-5 所示。

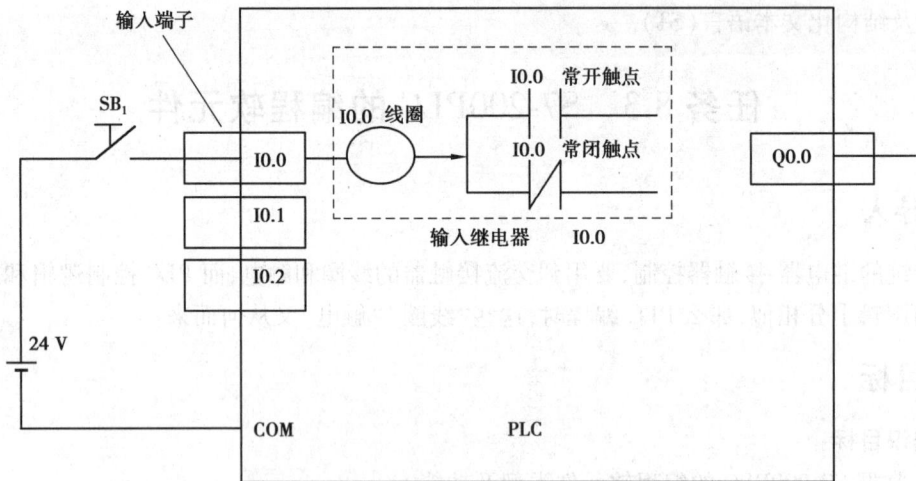

图 8-5　输入继电器外接控制开关及内部等效电路图

例如,当外部的开关 SB_1 闭合后,输入继电器的线圈 I0.0 得电,则该继电器"动作",在程序中表现为常开触点闭合、常闭触点断开。这些触点可以在编程时任意使用,并且使用次数不受限制。

在 PLC 每个扫描周期开始时,PLC 对各个输入端子进行采样,并把采样值送到输入映像寄存器。PLC 在本周期接下来的各阶段不再改变输入映像寄存器中的值,直到下一个扫描周期的输入采样阶段。

输入继电器可以按位来读取数据,其地址格式为 I[字节地址].[位地址],如 I0.1;也可以按字节、字或双字来读取数据,其地址格式为 I[长度 B/W/D][起始字节地址],如 IB1。软元件地址格式的读取方式与此相同,只是继电器符号发生改变。

在编程时应注意以下问题:

①输入继电器只能由输入端子接收外部信号进行控制,不能由程序进行控制。

②其触点只能作为中间控制信号,不能直接输出给负载。

③输入开关外接电源的极性和电压值应符合输入电路的要求,如直流输入、交流输入。

(2)输出继电器(Q)

输出继电器又称输出过程映象寄存器,它和 PLC 的输出端子相连,可以输出负载的控制信号。输出继电器与负载电路的连接及内部等效电路,如图 8-6 所示。

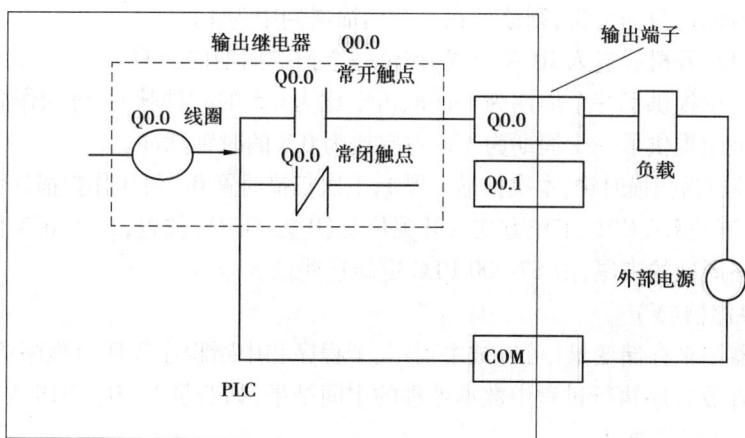

图 8-6　输出继电器外接负载及内部等效电路

例如,当通过程序使输出继电器线圈 Q0.0 得电时,该继电器"动作",在程序中表现为常开触点闭合、常闭触点断开,即输出端子可以作为控制外部负载的开关信号。这些触点可以在编程时任意使用,使用次数不受限制。

在每个扫描周期的输入采样、程序执行等阶段,并不把输出结果信号直接送到输出锁存器(端点),而是送到输出映像寄存器,只有在每个扫描周期的末尾才将输出映像寄存器中的结果几乎同时送到输出锁存器,对输出端点进行刷新。

输出继电器可以按位来写入数据,如 Q1.1;也可以按字节、字或双字来写入数据,如 QB1。

在编程时应注意以下问题:

①输出端点只能由程序写入输出继电器控制。

②其触点不仅可以直接控制负载,同时也可以作为中间控制信号。

③输出外接电源的极性和电压值应符合输出电路的要求,输出继电器的执行部件有继电器、晶体管和晶闸管 3 种形式。在继电器输出形式下,外接电源可使用直流或交流,其输出电流、电压值应满足输出触点的要求。

(3)通用辅助继电器(M)

通用辅助继电器(又称位存储区或内部标志位)在 PLC 中没有输入/输出端子与之对应,在逻辑运算中只起到暂存中间状态的作用,类似于继电器控制系统中的中间继电器。

通用辅助继电器可以按位来存取数据,如 M26.7;也可以按字节、字或双字来存取数据,如 MD20。

(4)特殊继电器(SM)

特殊继电器的某些位(特殊标志位)具有特殊功能或用来存储系统的状态变量、控制参数和信息,是用户与系统程序之间的界面。用户可以通过特殊标志位来沟通 PLC 与被控制对象之间的信息;用户也可以通过编程直接设置某些位来使设备实现某种功能。

特殊继电器有只读区和可读写区。例如,常用的 SMBO 单元有 8 个状态位为只读标志,其含义如下。

• SM0.0:PLC 运行(RUN)指示位,该位在 PLC 运行时始终为 1。

• SM0.1:在 PLC 由 STOP 转入 RUN 时,该位为 ON。在一个扫描周期中,该位常用来调用初始化子程序。

• SM0.2:若保持数据丢失,则该位在一个扫描周期中为 1。

• SM0.3:PLC 开机后进入 RUN 模式,该位一个扫描周期内为 ON。

• SM0.4:该位提供了一个周期为 1 min、占空比为 0.5 的时钟脉冲,可用作简单延时。

• SM0.5:该位提供了一个周期为 1 s、占空比为 0.5 的时钟脉冲。

• SM0.6:该位为扫描时钟,本次扫描时置 1,下次扫描时置 0。可用作扫描计数器的输入。

• SM0.7:该位指示 CPU 工作方式的开关位置(0 为 TERM 位置,1 为 RUN 位置)。

在每个扫描周期的末尾,由 S7-200 PLC 更新这些位。

(5)变量存储器(V)

变量存储器用来存储变量(可以被主程序、子程序和中断程序等任何程序访问,也称为全局变量),可以存放程序执行过程中数据处理的中间结果,如变量 V1.0、VB10、VW10、VD10。

(6)局部变量存储器(L)

局部变量存储器用来存放局部变量(局部变量只在特定的程序内有效),可以用来存储临时数据或者子程序的传递参数。局部变量可以分配给主程序段、子程序段或中断程序段,但不同程序段的局部存储器是不能相互访问的。

(7)顺序控制继电器(S)

有些 PLC 中也把顺序控制继电器称为状态器或状态元件,是顺控继电器指令的重要元件,常与顺序控制指令 LSCR、SCRT、SCRE 结合使用,实现顺序控制或步进控制,如 S2.1、SB4。

(8)定时器(T)

定时器是 PLC 中常用的编程软元件,主要用于累计时间的增量,其分辨率有 1 ms、10 ms 和 100 ms 3 种。定时器的工作过程与继电器控制系统的时间继电器类同。当输入条件满足时定时器开始累计时间增量(当前值),当当前值达到预设值时,定时器触点动作。定时器地址格式为 T[定时器号],如 T24。

(9)计数器(C)

计数器用来累计输入脉冲的个数。当输入触发条件满足时,计数器开始累计输入端脉冲上升沿(正跳变)的次数;当计数器计数值达到预定的设定值时,计数器触点动作。计数器地址格式为 C[计数器号],如 C24。

(10)累加器(AC)

累加器是用来暂存数据的寄存器,可进行读、写两种操作。它可以向子程序传递参数,也可以从子程序返回参数,或用来存储运算中间结果。S7-200 PLC 提供了 4 个 32 位的累加器,其地址格式为 AC[累加器号],如 AC0、AC3 等。累加器的可用长度为 32 位,可采用字节、字、双字的存取方式。按字节、字存取时只能存取累加器的低 8 位或低 16 位,按双字存取时可以存取累加器全部的 32 位。

(11)模拟量输入/输出映像寄存器(AI/AQ)

模拟量输入映像寄存器用于存放 A/D 转换后的 16 位数字量,其地址格式为 AIW[起始字节地址],如 AIW2。注意,必须用偶数字节地址(0、2、4⋯),且只能进行读操作。

模拟量输出映像寄存器用于存放需要进行 D/A 转换的 16 位数字量,其地址格式为 AQW[起始字节地址],如 AQW2:注意,必须用偶数字节地址(0、2、4⋯),且只能进行写操作。

(12)高速计数器(HC)

一般计数器的计数频率受扫描周期的影响,不能太高。而高速计数器可累计比 CPU 的扫描速度更快的事件。高速计数器的当前值是一个双字长(32 位)的整数,且为只读值。高速计数器的数量很少,地址格式为 HC[高速计数器号],如 HC2。

8.3.2　S7-200PLC 的数据类型

1.S7-200PLC 数据类型

S7-200 PLC 数据类型可以是整型、实型(浮点数)、布尔型或字符串型,常用的数据长度有位、字节、字和双字。

位(bit):数据类型为布尔(BOOL)型,有"0"和"1"两种不同的取值,用来表示开关量(或数字量)两种不同的状态,如触电的断开和接通、线圈的通电和断电等。

字节(Byte):由 8 位二进制数组成,其中的第 0 位为最低位(LSB),第 7 位为最高位(MSB)。

字(Word):由字节组成,两个字节组成 1 个字。

双字(Double Word):由字组成,两个字组成 1 个双字。

2.S7-200PLC 的寻址方式

(1)直接寻址

直接寻址方式是指明确指出存储单元的地址,在程序中直接使用编程元件的名称和地址编号。

1)位寻址

位寻址也称字节·位寻址,其格式为 Ax.y,由元件名称、字节地址和位地址组成。如 I3.2,表示输入继电器(I)的位寻址格式,其中"3"表示字节地址编号,"2"表示位地址编号。

2)字节、字、双字寻址

以变量存储器为例,字节、字、双字寻址格式为:

存储区域标识 + 数据类型 + 存储区域内的首字节地址

如 VB100,其中 V 表示存储区域标识符,B 表示访问一个字节,100 表示字节地址。

如 VW100,表示由 VB100 和 VB101 组成的 1 个字(16 位),W 表示访问一个字(Word),100 为起始字节的地址。

如 VD100,表示由 VB100 ~ VB103 组成的双字(32 位),D 表示访问一个双字(Double

Word),100 为起始字节的地址。

（2）间接寻址

S7-200 CPU 允许用指针对下述存储区域进行间接寻址：I、Q、V、M、S、AI、AQ、T（仅当前值）和 C（仅当前值）。间接寻址不能用于位地址、HC 或 L。

在使用间接寻址之前，首先要创建一个指向该位置的指针，指针为双字值，用来存放一个存储器的地址，只能用 V、L 或 AC 做指针。建立指针时必须用双字传送指令（MOVD）将需要间接寻址的存储器地址送到指针中，如"MOVD&VB200，AC1"。指针也可以为子程序传递参数。&VB200 表示 VB200 的地址，而不是 VB200 中的值，该指令的含义是将 VB200 的地址送到累加器 AC1 中。

指针建立好后，可利用指针存取数据。用指针存取数据时，在操作数前加"＊"号，表示该操作数为 1 个指针，如"MOVW ＊AC1，AC0"表示将 AC1 中的内容为起始地址的一个字长的数据（即 VB200、VB201 的内容送到 AC0 中，传送示意图如图 8-7 所示）。

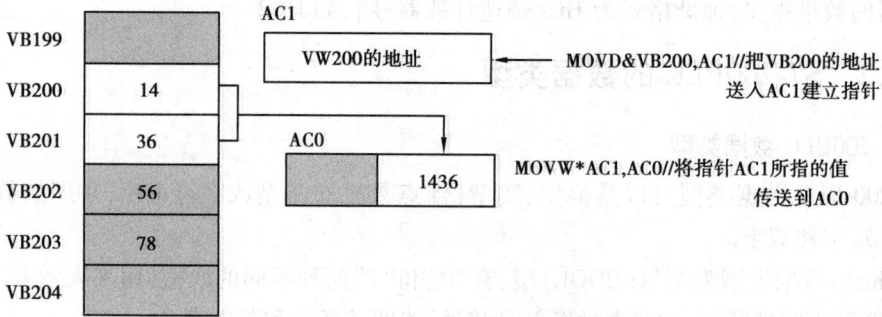

图 8-7 使用指针的间接寻址

任务小结

①编程软元件是 PLC 内部具有不同功能的存储器单元，PLC 内部根据软元件的功能不同，分成了许多区域，如输入寄存器、输出寄存器、位存储器、定时器、计数器、通用寄存器、数据寄存器及特殊功能存储器等。

②S7-200PLC 将信息存储在不同的存储单元中，每个存储单元都有唯一确定的地址。根据存储单元中信息存取形式的不同，可将寻址方式分为直接寻址方式和间接寻址方式。

任务 8.4　S7-200PLC 的基本指令

任务导入

在 S7-200PLC 的编程软件中，用户可以利用梯形图、语句表等编程语言来编制用户程序，其中梯形图是最常用的 PLC 编程语言，那么构成梯形图的基本指令分别是什么格式和功能呢？

学习目标

知识目标：

➢ 掌握 S7-200PLC 的基本逻辑指令

➢ 掌握 S7-200PLC 的定时器指令

➢ 掌握 S7-200PLC 的计数器指令

职业素养目标：

➢ 培养清晰的逻辑分析能力

➢ 培养创新意识及创新能力

➢ 养成严谨认真的学习态度

理论知识

8.4.1　S7-200 PLC 基本指令

S7-200 PLC 用 LAD 编程时以每个独立的网络块（Network）为单位，所有的网络块组合在一起就是梯形图程序，这也是 S7-200 PLC 的特点。S7-200PLC 用 STL 编程时，如果也以每个独立的网络块为单位，则 STL 程序和 LAD 程序基本上是一一对应的，而且两者可以在编程软件环境中相互转换；如果不以每个独立的网络块为单位编程，而是连续编写，则 STL 程序和 LAD 程序不能通过编程软件相互转换。

（1）逻辑取及线圈驱动指令

逻辑取及线圈驱动指令为 LD（Load）、LDN（Load Not）和 =（Out）。

LD（Load）：取常开触点指令。用于网络块逻辑运算开始的常开触点与母线的连接。

LDN（Load Not）：取常闭触点指令。用于网络块逻辑运算开始的常闭触点与母线的连接。

=（Out）：线圈驱动指令。如图 8-8 所示为上述三条指令的用法。

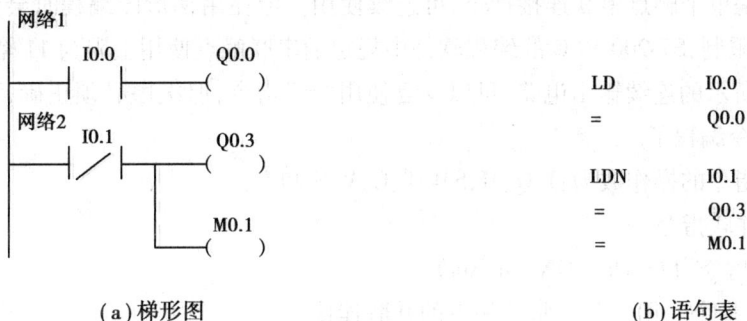

（a）梯形图　　　　　　　　　　（b）语句表

图 8-8　逻辑取及线圈驱动指令

使用说明：

①LD、LDN 指令不只是用于网络块逻辑计算开始时与母线相连的常开和常闭触点，在分支电路块的开始也要使用 LD、LDN 指令，与后面要讲的 ALD、OLD 指令配合完成块电路的编程。

②由于输入继电器的状态唯一的由输入端子的状态决定,在程序中是不能被改变的,所以"="指令不能用于输入继电器。

③并联的"="指令可连续使用任意次。

④在同一程序中不要使用双线圈输出,即同一个元器件在同一程序中只使用一次"="指令,否则可能会产生不希望的结果。

⑤LD、LDN 指令的操作数为:I、Q、M、SM、T、C、V、S、L。"="指令的操作数为:Q、M、S、V、S、L。T 和 C 也作为输出线圈,但在 S7-200 PLC 中输出时不以使用"="指令形式出现,而是采用功能块(见定时器和计数器指令)。

(2)触点串联指令

触点串联指令有 A 和 AN。

A(And):与指令,用于单个常开触点的串联连接。

AN(And Not):与非指令,用于单个常闭触点的串联连接。

如图 8-9 所示为上述两条指令的用法。

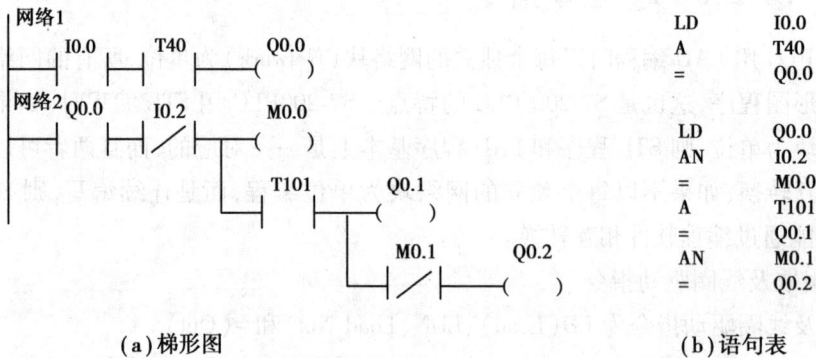

| (a)梯形图 | (b)语句表 |

图 8-9　触点串联指令

使用说明:

①A、AN 是单个触点串联连接指令,可连续使用。但在用梯形图编程时会受到打印宽度和屏幕显示的限制,S7-200 PLC 的编程软件中规定的串联触点使用上限为 11 个。

②图 8-9 所示的连续输出电路,可以反复使用"="指令,但次序必须正确,不然就不能连续使用"="指令编程了。

③A、AN 指令的操作数为:I、Q、M、SM、T、C、V、S 和 L。

(3)触点并联指令

触点并联指令为 O(Or)、ON(Or Not)。

O(Or):或指令。用于单个常开触点的并联连接。

ON(Or Not):或非指令。用于单个常闭触点的并联连接。

如图 8-10 所示为上述两条指令的用法。

使用说明:

①单个触点的 O、ON 指令可连续使用。

②O、ON 指令的操作数为:I、Q、M、SM、T、C、V、S 和 L。

网络1

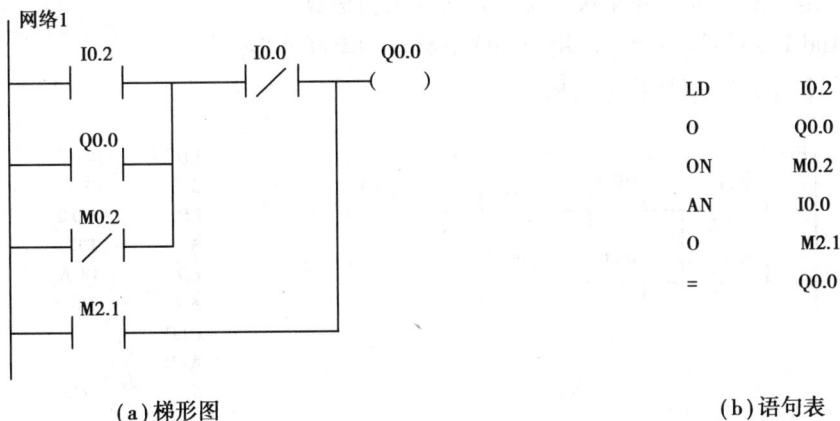

LD	I0.2
O	Q0.0
ON	M0.2
AN	I0.0
O	M2.1
=	Q0.0

(a)梯形图　　　　　　　　　　　　(b)语句表

图 8-10　触点并联指令

（4）串联电路块的并联连接指令

电路块的并联连接指令为 OLD(Or Load)。

两个以上触点串联形成的支路叫串联电路块。当出现多个串联电路块并联时,就不能简单地用触点并联指令,而必须用块或指令来实现逻辑运算。

OLD(Or Load):块或指令。用于串联电路块的并联连接。

如图 8-11 所示为 OLD 指令的用法。

网络1

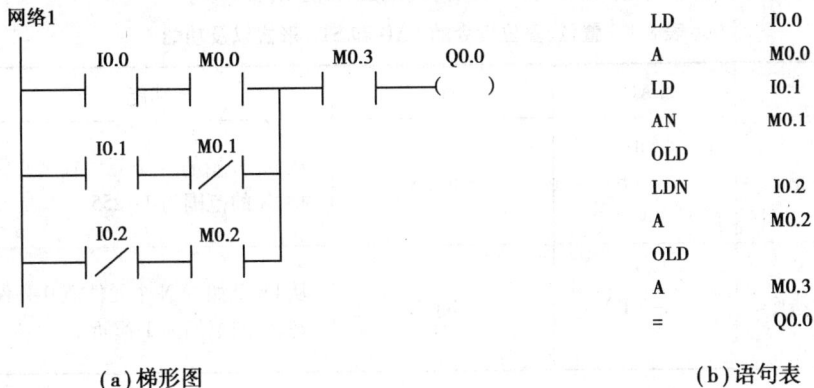

LD	I0.0
A	M0.0
LD	I0.1
AN	M0.1
OLD	
LDN	I0.2
A	M0.2
OLD	
A	M0.3
=	Q0.0

(a)梯形图　　　　　　　　　　　　(b)语句表

图 8-11　串联电路块的并联连接指令

使用说明:

①除在网络块逻辑运算的开始使用 LD 或 LDN 指令外,在块电路的开始也要使用 LD 或 LDN 指令。

②每完成一次块电路的并联时要写上 OLD 指令。

③OLD 指令无操作数。

（5）并联电路块的串联连接指令

电路块的串联连接指令为 ALD(And Load)。

两条以上支路并联形成的电路叫并联电路块。当出现多个并联电路块串联时,就不能简单地用触点串联指令,而必须用块与指令来实现逻辑运算。

ALD(And Load):块与指令。用于并联电路块的串联连接。

如图 8-12 所示为 ALD 指令的用法。

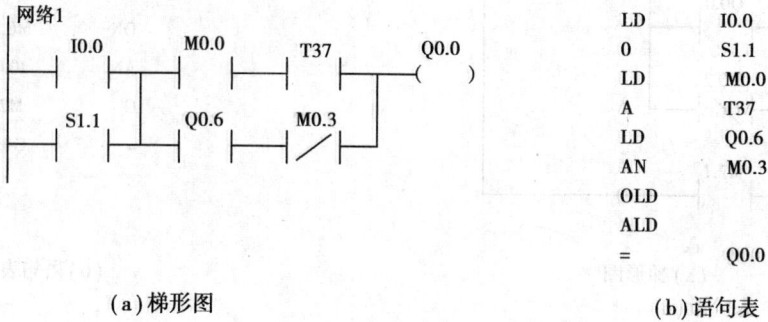

网络1						LD	I0.0
I0.0	M0.0	T37	Q0.0			O	S1.1
S1.1	Q0.6	M0.3	( )			LD	M0.0

网络1
I0.0 M0.0 T37 Q0.0
S1.1 Q0.6 M0.3 ( )

LD I0.0
O S1.1
LD M0.0
A T37
LD Q0.6
AN M0.3
OLD
ALD
= Q0.0

(a)梯形图   (b)语句表

图 8-12 并联电路块的串联连接指令

使用说明:

①在块电路开始时要使用 LD 和 LDN 指令。

②在每完成一次块电路的串联连接后要写上 ALD 指令。

③ALD 指令无操作数。

(6)置位、复位指令

置位(S)、复位(R)指令的 LAD 和 STL 形式以及功能见表 8-1。

表 8-1 置位、复位指令的 LAD 和 STL 形式以及功能

	LAD	STL	功能
置位指令	bit ——(S) N	S bit,N	从 bit 开始的 N 个元件置 1 并保持,N 的范围为 1~255
复位指令	bit ——(R) N	R bit,N	从 bit 开始的 N 个元件清 0 并保持,N 的范围为 1~255

如图 8-13 所示为 S、R 指令的用法。

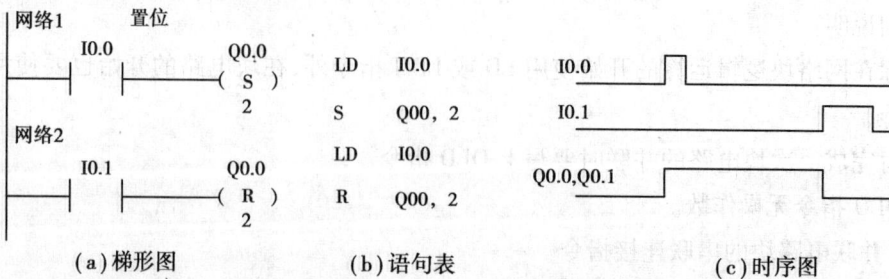

网络1 置位
I0.0   Q0.0
              (S)
              2
网络2
I0.1   Q0.0
              (R)
              2

LD I0.0
S Q00, 2
LD I0.0
R Q00, 2

I0.0
I0.1
Q0.0,Q0.1

(a)梯形图   (b)语句表   (c)时序图

图 8-13 置位、复位指令

使用说明：

①对位元件来说一旦被置位,就保持在接通状态,除非对它复位;而一旦被复位就保持在断电状态,除非再对它置位。

②S、R指令可以互换次序使用,但由于PLC采用扫描工作方式,所以写在后面的指令具有优先权。如在图8-13中,若I0.0和I1.1同时为1,则Q0.0、Q0.1肯定处于复位状态而为0。

③如果对计数器和定时器复位,则计数器和定时器的当前值被清零。

④N的范围为1~255,N可为:VB、IB、QB、MB、SMB、SB、LB、AC、常数。

⑤S、R指令的操作数为:I、Q、M、SM、T、C、V、S和L。

（7）立即指令

立即指令是为了提高PLC对输入/输出的响应速度而设置的,它不受PLC循环扫描工作方式的影响,允许对输入和输出点进行快速直接存取。当用立即指令读取输入点(I)的状态时,相应的输入映像寄存器中的值并未更新;当用立即指令访问输出点(Q)时,新值同时写到PLC的物理输出点和相应的输出映像寄存器。立即指令的名称和使用说明见表8-2。

表 8-2　立即指令的名称和使用说明

指令名称	STL	LAD	使用说明
立即取	LDI bit		
立即取反	LDNI bit	bit —| I |—	
立即或	OI bit		bit 只能为 I
立即或反	ONI bit	bit —|/ I |—	
立即与	AI bit		
立即与反	ANI bit		
立即输出	=I bit	bit （ I ）	bit 只能为 Q
立即置位	SI bit,N	bit （ SI ） N	1.bit 只能为 Q 2.N 的范围:1~128 3.N 的操作数同 S、R 指令
立即复位	RI bit,N	bit （ RI ） N	

（8）边沿脉冲指令

边沿脉冲指令分为上升沿脉冲 EU(Edge Up)和下降沿脉冲 ED(Edge Down)。

边沿脉冲指令的使用及说明见表8-3。

表 8-3　边沿脉冲指令使用说明

指令名称	LAD	STL	功能	说明
上升沿脉冲	–|P|–	EU	在上升沿产生一个扫描周期的脉冲	无操作数
下降沿脉冲	–|N|–	ED	在下降沿产生一个扫描周期的脉冲	

　　EU 指令对其之前的逻辑运算结果的上升沿产生一个宽度为一个扫描周期的脉冲,如图 8-14 中的 M0.0。ED 指令对逻辑运算结果的下降沿产生一个宽度为一个扫描周期的脉冲,如图 8-14 中的 M0.1。脉冲指令常用于复位、启动及关断条件的判定以及配合功能指令完成一些逻辑控制任务。

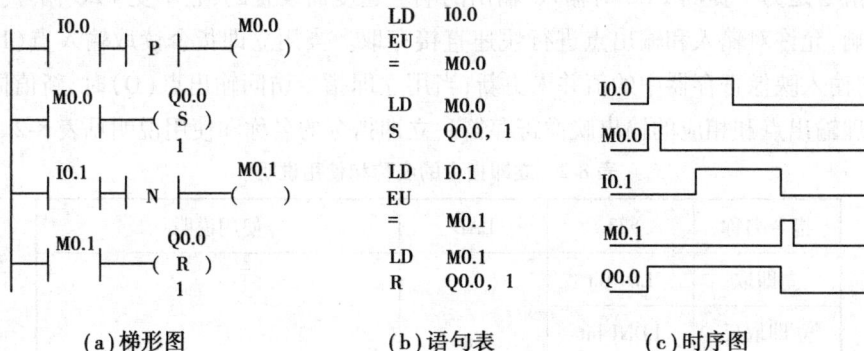

（a）梯形图　　　　　（b）语句表　　　　（c）时序图

图 8-14　边沿脉冲指令

8.4.2　定时器指令

　　按时间控制是最常用的逻辑控制形式,因此定时器是 PLC 中最常用的元件之一。用好、用对定时器对 PLC 程序设计非常重要。

　　定时器是根据预先设定的定时值,按一定的时间单位进行计时的 PLC 内部装置,在运行过程中当定时器的输入条件满足时,当前值从 0 开始按一定的单位增加。当定时器的当前值到达设定值时,定时器发生动作,从而满足各种定时逻辑控制的需要。下面详细介绍定时器的使用。

1.定时器种类

　　S7-200 PLC 为用户提供了三种类型的定时器:接通延时定时器(TON)、有记忆接通延时定时器(TONR)和断开延时定时器(TOF)。对于每一种定时器,又根据定时器的分辨率的不同,分为 1 ms、10 ms 和 100 ms 三个精度等级。

　　定时器定时时间 T 的计算:$T = PT \times S$。式中:T 为实际定时时间,PT 为设定值,S 为分辨率。例如:TON 指令使用 T35(为 10 ms 的定时器),设定值为 100,则实际定时时间为:

$$T = 100 \times 10 \text{ ms} = 1\ 000 \text{ ms}$$

　　定时器的设定值 PT:数据类型为 INT 型。操作数可为:VW、IW、QW、MW、SW、SMW、LW、AIW、T、C、AC、* VD、* AC、* LD 和常数,其中常数最为常用。

　　定时器的编号用定时器的名称和它的常数编号(最大为 255)来表示,即 T×××。如 T40。定时器的编号包含两方面的变量信息:定时器位和定时器当前值。定时器位即定时器触点,与其他继电器的输出相似。当定时器的当前值达到设定值 PT 时,定时器的触点动作。定时器当前值即定时器当前所累计的时间值,它用 16 位符号整数来表示,最大计数值为 32 767。定时器的分辨率和编号见表 8-4。

表 8-4 定时器分辨率和编号

定时器类型	分辨率/ms	最大当前值/s	定时器编号
	1	32.767	T0,T64
TONR	10	327.67	T1~T4,T65~68
	100	3 276.7	T5~T31,T69~T95
	1	32.767	T32,T96
TON,TOF	10	327.67	T33~T36,T97~T100
	100	3 276.7	T37~T63,T101~T255

从上表可以看出 TON 和 TOF 使用相同范围的定时器编号,需要注意的是,在同一个 PLC 程序中决不能把同一个定时器号同时用作 TON 和 TOF。例如在程序中,不能既有接通延时(TON)定时器 T32,又有断开延时(TOF)定时器 T32。

2.定时器指令的使用

三种定时器指令的 LAD 和 STL 格式见表 8-5。

表 8-5 定时器指令的 LAD 和 STL 形式

格式	名称		
	接通延时定时器	有记忆接通延时定时器	断开延时定时器
LAD	Tn ─┤ IN TON ├ ─┤ PT	Tn ─┤ IN TONR ├ ─┤ PT	Tn ─┤ IN TOF ├ ─┤ PT
STL	TON T * * * , PT	TONR T * * * , PT	TOF T * * * , PT

(1)接通延时定时器 TON(On—Delay Timer)

接通延时定时器用于单一时间间隔的定时。上电周期或首次扫描时,定时器位为 OFF,当前值为 0。输入端接通时,定时器位为 OFF,当前值从 0 开始计时,当前值达到设定值时,定时器位为 ON,当前值仍继续计数,直到 32 767 为止。输入端断开,定时器自动复位,即定时器位为 OFF,当前值为 0。

(2)记忆接通延时定时器 TONR(Retentive On—Delay Timer)

记忆接通延时定时器对定时器的状态具有记忆功能,它用于对许多间隔的累计定时。首次扫描或复位后上电周期,定时器位为 OFF,当前值为 0。当输入端接通时,当前值从 0 开始计时。当输入端断开时,当前值保持不变。当输入端再次接通时,当前值从上次的保持值继续计时,当前值累计达到设定值时,定时器位 ON 并保持,只要输入端继续接通,当前值可继续计数到 32 767。

需要注意的是,断开输入端或断开电源都不能改变 TONR 定时器的状态,只能用复位指令 R 对其进行复位操作。

(3)断开延时定时器 TOF(Off—Delay Timer)

断开延时定时器用来在输入断开后延时一段时间断开输出。上电周期或首次扫描,定时器位为 OFF,当前值为 0。输入端接通时,定时器位为 ON,当前值为 0。当输入端由接通到断开时,定时器开始计时。当达到设定值时定时器位为 OFF,当前值等于设定值,停止计时。输入端再次由 OFF—ON 时,TOF 复位;如果输入端再从 ON—OFF,则 TOF 可实现再次启动。

图 8-15 所示为三种类型定时器的基本使用举例,其中 T35 为 TON、T2 为 TONR、T36 为 TOF。

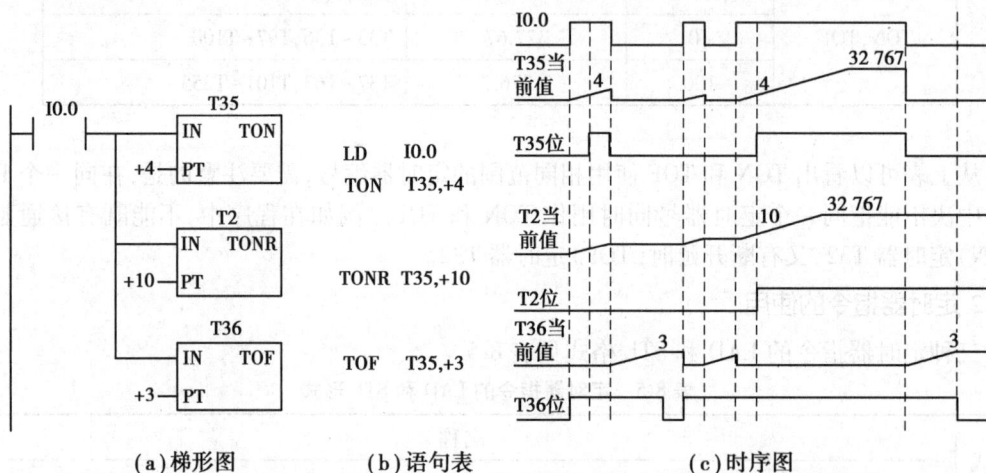

图 8-15　定时器指令

8.4.3　计数器指令

S7-200 系列 PLC 的计数器分为一般用途计数器和高速计数器两大类。一般用途计数器用来累计输入脉冲的个数,其计数速度较慢,其输入脉冲频率必须要小于 PLC 程序扫描频率,一般最高为几百 Hz,所以在实际应用中主要用来对产品进行计数等控制任务。高速计数器主要用于对外部高速脉冲输入信号进行计数,例如在定位控制系统中,位置编码器的位置反馈脉冲信号一般高达几 kHz,有时甚至达几十 kHz,远远高于 PLC 程序扫描频率,这时一般的计数器已经无能为力,PLC 对于这样的高速脉冲输入信号计数采用的是与程序扫描周期无关的中断方式来实现的。这里只介绍一般用途计数器。

1.计数器种类和编号

S7-200 系列 PLC 的计数器有 3 种:增计数器 CTU、增减计数器 CTUD 和减计数器 CTD。

计数器的编号用计数器名称和数字(0~255)组成,即 C×××,如 C6。计数器的编号包含两方面的信息:计数器的位和计数器当前值。计数器位和继电器一样是一个开关量,表示计数器是否发生动作的状态。当计数器的当前值达到设定值时,该位被置位为 ON。计数器当前值是一个存储单元,它用来存储计数器当前所累计的脉冲个数,用 16 位符号整数来表示,最大数值为 32 767。

计数器的设定值输入数据类型为 INT 型。寻址范围：VW、IW、QW、MW、SW、SMW、LW、AIW、T、C、AC、*VD、*AC、*LD 和常数。一般情况下使用常数作为计数器的设定值。

2.计数器指令使用说明

计数器指令的 LAD 和 STL 格式见表 8-6。

表 8-6　计数器指令的 LAD 和 STL 形式

格式	名称		
	增计数器	增减计数器	减计数器
LAD	Cn CU　CTU R PV	Cn CU　CTUD CD R PV	Cn CU　CTD LD PV
STL	CTU C＊＊＊,PV	CTUD C＊＊＊,PV	CTD C＊＊＊,PV

（1）增计数器 CTU(Count Up)

首次扫描时，计数器位为 OFF，当前值为 0。在计数脉冲输入端 CU 的每个上升沿，计数器计数 1 次，当前值增加一个单位。当前值达到设定值时，计数器位 ON，当前值可继续计数到 32 767 后停止计数。复位输入端有效或对计数器执行复位指令，计数器复位，即计数器位为 OFF，当前值为 0。图 8-16 所示为增计数器的用法。需要注意：在语句表中，CU、R 的编程顺序不能错误。

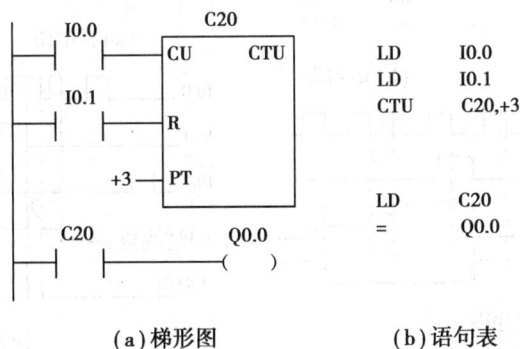

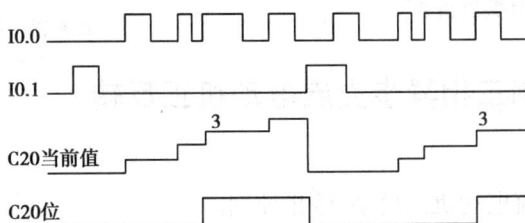

（a）梯形图　　　　　（b）语句表

（c）时序图

图 8-16　增计数器指令

（2）减计数器 CTD（Count Down）

首次扫描时，计数器位为 OFF，当前值为预设定值 PV。对 CD 输入端的每个上升沿计数器计数 1 次，当前值减少一个单位，当前值减小到 0 时，计数器位置位为 ON，当前值停止计数保持为 0。复位输入端有效或对计数器执行复位指令，计数器复位，即计数器位为 OFF，当前值复位为设定值。图 8-17 所示为减计数器的用法。

（3）增、减计数器 CTUD（Count Up/Down）

增减计数器有两个计数脉冲输入端：CU 输入端用于递增计数，CD 输入端用于递减计数。首次扫描时，定时器位为 OFF，当前值为 0。CU 输入的每个上升沿，计数器当前值增加 1 个单位；CD 输入的每个上升沿，都使计数器的当前值减小 1 个单位，当前值达到设定值时，计数器位置位为 ON。

增减计数器当前值计数到 32 767（最大值）后，下一个 CU 输入的上升沿将使当前值跳变为最小值（-32 768）；当前值达到最小值-32 768 后，下一个 CD 输入的上升沿将使当前值跳变为最大值 32 767。复位输入端有效或使用复位指令对计数器执行复位操作后，计数器复位，即计数器位为 OFF，当前值为 0。图 8-18 所示为增、减计数器的用法。

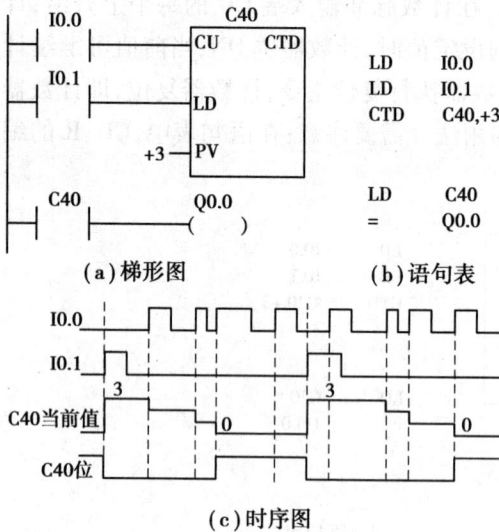

图 8-17　减计数器指令

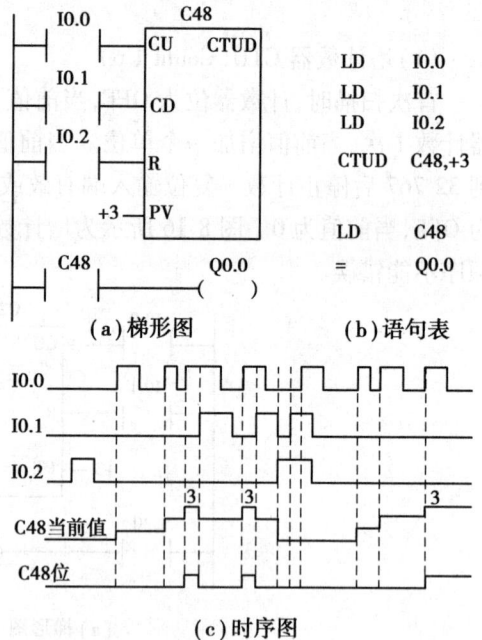

图 8-18　增、减计数器

8.4.4　PLC 控制三相异步交流电动机正反转

（1）控制系统要求

①实现三相异步交流电动机的启动、停止控制。

②实现三相异步交流电动机的正转、反转控制。

③实现三相异步交流电动机的互锁保护控制。

（2）控制系统设计

1）电动机主电路

电动机控制主电路如图 8-19 所示，M 为电动机，继电器 KM_1 和 KM_2 分别控制电动机的正转运行和反转运行。

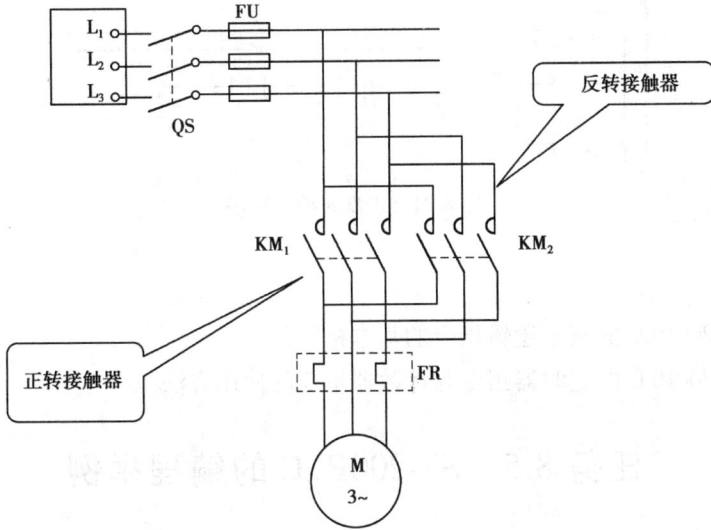

图 8-19　电动机正反转主电路工作原理图

2）I/O 接线图

PLC 的 I/O 接线图如图 8-20 所示，PLC 的输入开关量 I0.0、I0.1、I0.2 能检测来自按钮 SB_1、SB_2、SB_3 的输入信号，PLC 的输出开关量 Q0.0、Q0.1 输出值，用于驱动外部控制继电器，以实现相关的控制动作。

S7-200PLC 的接线

（3）控制程序

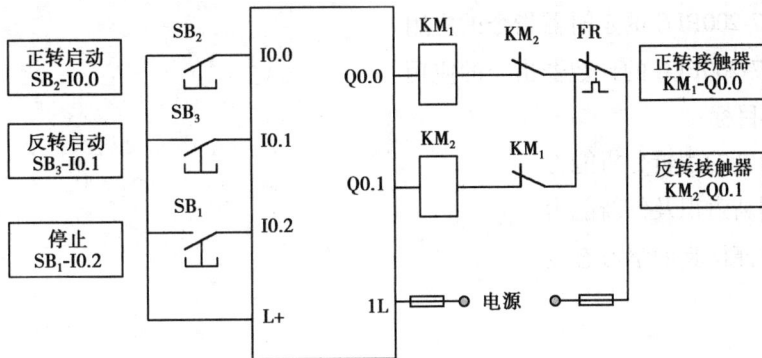

图 8-20　PLC 的 I/O 接线图

三相异步电动机正反转控制程序如图 8-21 所示，当按下正转按钮 SB_2 时，交流接触器 KM_1 的线圈得电，电机正转；当按下反转按钮 SB_3 时，交流接触器 KM_2 的线圈得电，电机反转。当按下停止按钮 SB_1 时，电机停止。

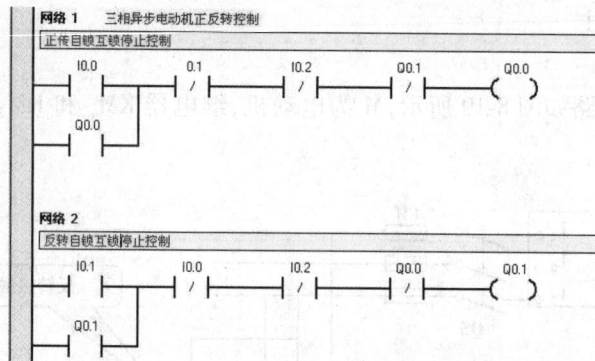

图 8-21　正反转控制程序

任务小结

①掌握 S7-200PLC 的基本逻辑指令的基本格式。

②掌握 S7-200PLC 的定时器指令与计数器指令的使用方法。

任务 8.5　S7-200PLC 的编程举例

任务导入

学习了 S7-200PLC 的基本指令，那么如何利用这些指令来实现一些工程控制呢？

学习目标

知识目标：

➢ 强化 S7-200PLC 的基本逻辑指令的应用

➢ 强化 S7-200PLC 的定时器指令的应用

➢ 强化 S7-200PLC 的计数器指令的应用

职业素养目标：

➢ 培养清晰的逻辑分析能力

➢ 培养创新意识及创新能力

➢ 养成严谨认真的学习态度

理论知识

8.5.1　PLC 控制皮带运输机实例

皮带运输机广泛地用于机械、化工、冶金、煤矿和建材等工业生产中。图 8-22 所示为某原材料皮带运输机的示意图。原材料从料斗经过 PD_1、PD_2 两台皮带运输机送出，由电磁阀 M_0 控制从料斗向 PD_1 供料，PD_1、PD_2 分别由电动机 M_1 和 M_2 控制。

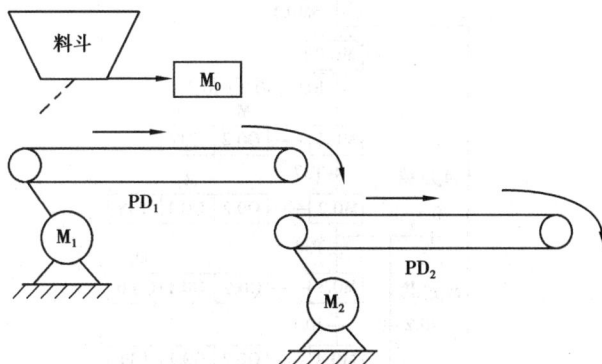

图 8-22　原料皮带运输机的示意图

1.控制要求

①初始状态,料斗、PD_1 和 PD_2 全部处于关闭状态。

②启动操作,启动时为了避免在前段运输皮带上造成物料堆积,要求逆料方向按一定的时间间隔顺序启动。其操作步骤如下:PD_2→延时 6 s→PD_1→延时 6 s→料斗 M_0。

③停止操作,停止时为了使运输机皮带上不留剩余的物料,要求顺物料流动的方向按一定的时间间隔顺序停止。其停止的顺序如下:料斗→延时 10 s→PD_1→延时 10 s→PD_2。

④故障停止,在皮带运输机的运行中,若皮带 PD_1 过载,应把料斗和 PD_1 同时关闭,PD_2 应在 PD_1 停止 10 s 后停止。若 PD_2 过载,应把 PD_1、PD_2(M_1、M_2)和料斗 M_0 都关闭。

2.I/O 元件地址分配表

I/O 元件地址分配表见表 8-7。

表 8-7　I/O 元件地址分配表

输入地址		输出地址	
启动按钮	I0.0	M_0 料斗控制	Q0.0
停止按钮	I0.1	M_1 的接触器	Q0.1
M_1 的热继电器	I0.2	M_2 的接触器	Q0.2
M_2 的热继电器	I0.3		

3.设计顺序功能图

根据皮带运输机控制要求设计的功能图如图 8-23 所示。

4.设计梯形图程序

皮带运输机的 PLC 梯形图程序如图 8-24 所示。

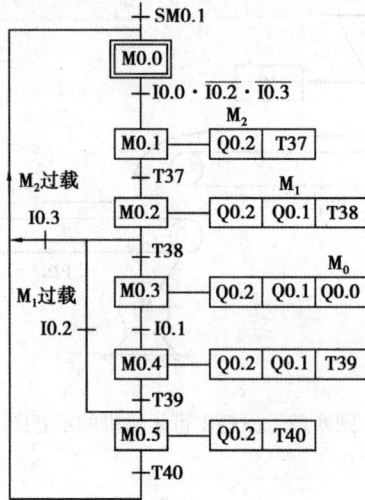

图 8-23 皮带运输机的 PLC 功能图

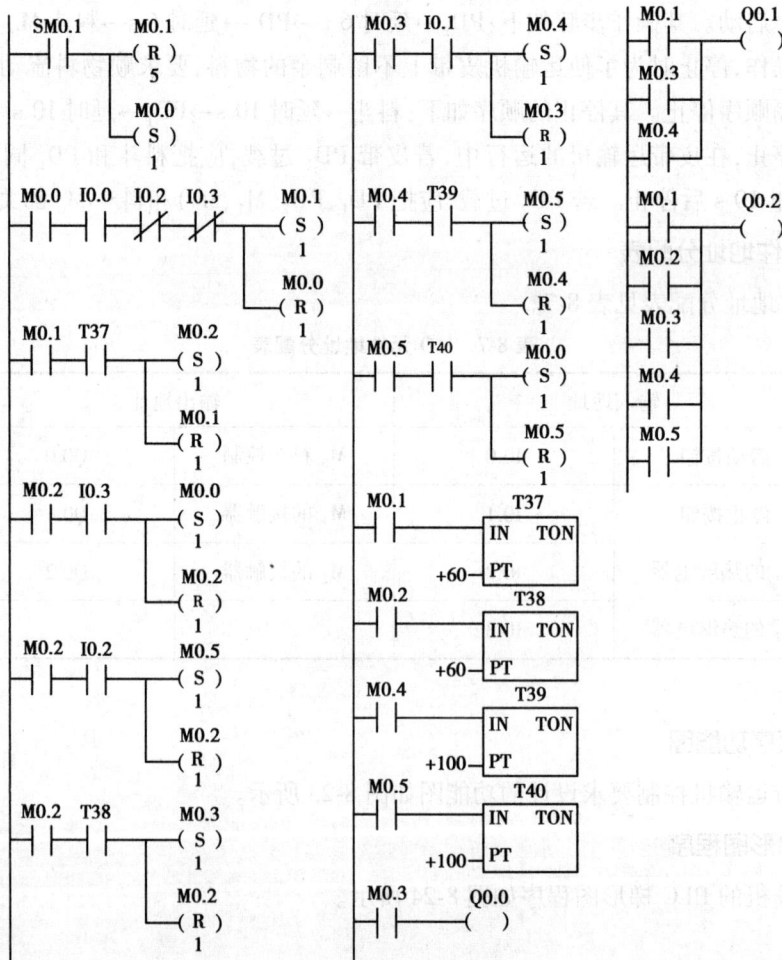

图 8-24 皮带运输机的 PLC 梯形图程序

8.5.2　PLC 控制交通灯实例

1.交通灯的控制要求

当按下启动按钮 SB_1 时,东西方向红灯亮 30 s,南北方向绿灯亮 25 s,绿灯闪亮 3 s,每秒闪亮 1 次,然后黄灯亮 2 s。

当南北方向黄灯熄灭后,东西方向绿灯亮 25 s,绿灯闪亮 3 次,每秒闪亮 1 次,然后黄灯亮 2 s,南北方向红灯亮 30 s,就这样周而复始地不断循环。当按下停止按钮 I0.1 时,系统并不能马上停止,要完成 1 个工作周期后方可停止工作。

2.I/O 元件地址分配表

I/O 元件地址分配表见表 8-8。

表 8-8　I/O 元件地址分配表

输入地址		输出地址	
I0.0	启动按钮	Q0.0	东西红灯
I0.1	停止按钮	Q0.1	东西绿灯
		Q0.2	东西黄灯
		Q0.3	南北红灯
		Q0.4	南北绿灯
		Q0.5	南北黄灯

3.设计顺序功能图

根据控制要求设计的顺序功能图如图 8-25 所示。

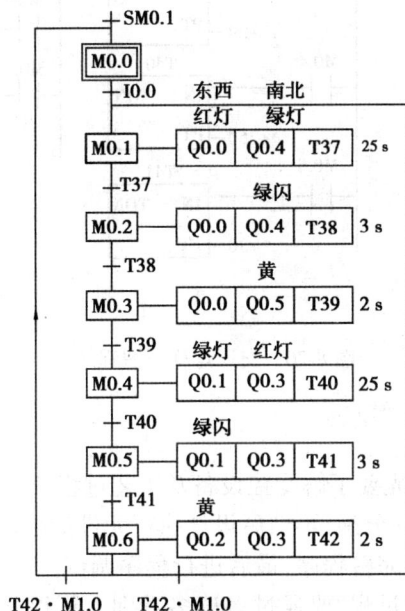

图 8-25　顺序功能图

4.设计梯形图程序

根据顺序功能图使用以转换为中心的编程方法设计出的梯形图如图 8-26 所示。

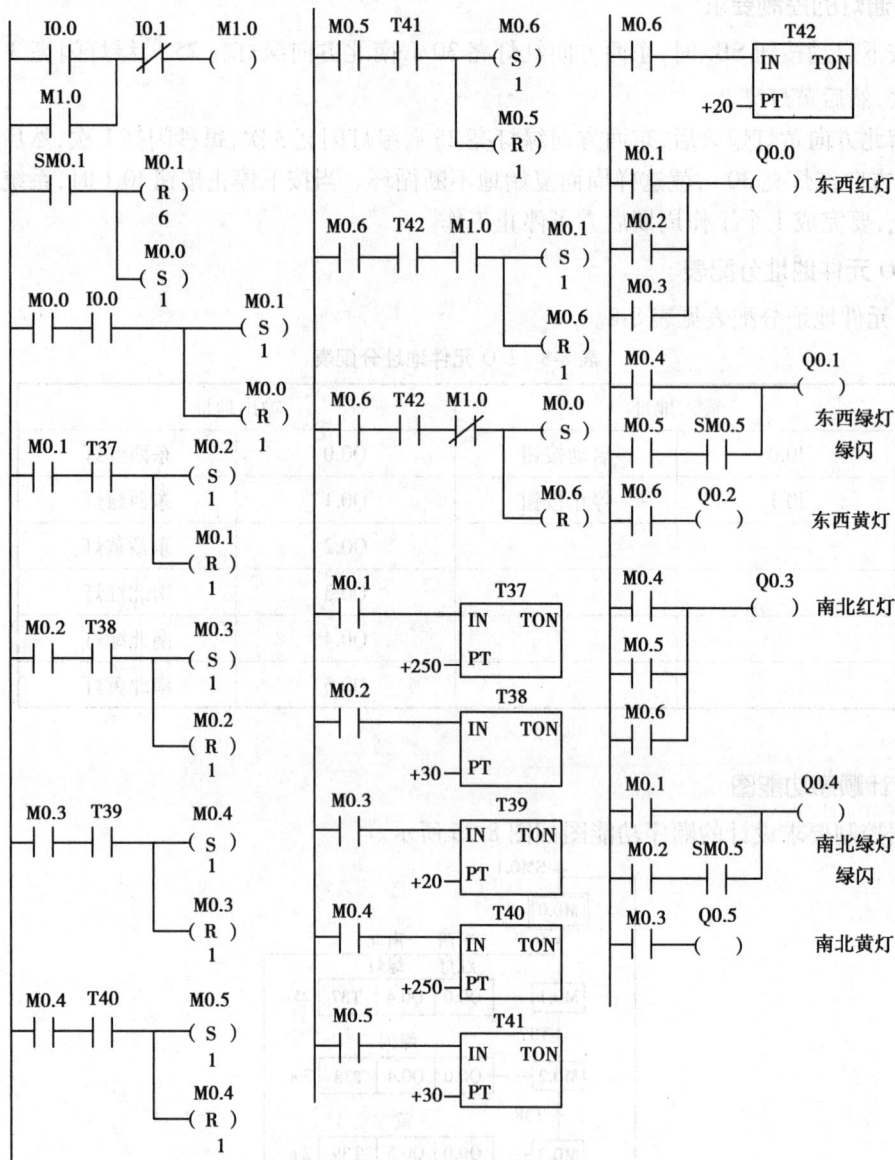

图 8-26 交通灯梯形图程序

任务小结

①在 PLC 编程过程中,首先要了解受控设备及工艺过程、分析控制系统的要求,然后根据受控系统的工艺要求,确定 I/O 分配,再然后设计执行元件的控制程序,加入互锁条件和保护条件,最后根据控制要求修改、完善程序,最后进行程序调试。

②PLC 编程是熟能生巧的过程,要通过多读多看别人写得好的程序来累积经验,并通过自己多次的编写程序来提高自己的编程逻辑与技巧。

参考文献

[1] 童诗白,华成英.模拟电子技术基础[M].4版.北京:高等教育出版社,2006.

[2] 张林,陈大钦.模拟电子技术基础[M].3版.北京:高等教育出版社,2014.

[3] 徐正惠.实用模拟电子技术教程[M].北京:科学出版社,2007.

[4] 孙余凯,吴鸣山,项绮明.模拟电路基础与技能实训教程[M].北京:电子工业出版社,2006.

[5] 苏丽萍.电子技术基础[M].3版.西安:西安电子科技大学出版社,2012.

[6] 刘鹏,李进,刘旭.电子技术基础[M].2版.北京:北京理工大学出版社,2019.

[7] 田淑珍.电机与电气控制技术[M].北京:机械工业出版社,2017.

[8] 刘法治.维修电工实训技术[M].北京:清华大学出版社,2006.

[9] 仇超.电工实训[M].北京:北京理工大学出版社,2015.

[10] 邓妹纯.电工电子基本技能操作项目教程[M].西安:西安电子科技大学出版社,2013.

[11] 华满香,刘小春.电气控制与PLC应用[M].4版.北京:人民邮电出版社,2018.

[12] 赵承荻.电机与电气控制技术[M].4版.北京:高等教育出版社,2018.

[13] 闻跃,高岩,余晶晶.基础电路分析[M].3版.北京:北京交通大学出版社,2018.

[14] 赵全利.电气控制与S7-200PLC应用技术[M].北京:机械工业出版社,2015.